FOLIO POLICIER

Frank Bill

Chiennes de vies

Chroniques du sud de l'Indiana

Traduit de l'américain
par Isabelle Maillet

Gallimard

Titre original :
CRIMES IN SOUTHERN INDIANA

Frank Bill vit dans une petite ville du sud de l'Indiana où il écrit. Après *Chiennes de vies*, sélectionné par le magazine *Lire* comme l'un des dix meilleurs polars de 2013, la Série Noire a publié *Donnybrook* en 2014.

Ce coup d'essai est pour John et Ina Bussabarger,
qui m'ont élevé à l'ancienne.
Et pour ma femme Jennifer, mon roc, le centre de ma vie.

Hill Clan Cross

La porte éraflée s'ouvrit à la volée sur Trident et Darnel, qui déboulèrent dans la chambre de motel comme deux décharges de chevrotine. Se servant du lit à la courtepointe imprimée de marguerites pour établir une frontière entre les acheteurs et les vendeurs, Trident planta le Colt 45 dans sa main droite au milieu de la broussaille des sourcils joints de Karl, en même temps qu'il plaçait entre les yeux verts d'Irvine le canon scié calibre 12 qu'il tenait dans sa main gauche. Il éloigna ensuite du matelas les deux jeunes, les fit s'arrêter devant le mur repeint à la nicotine et ordonna : « Lâche les sacs, Karl ! »

Des spasmes convulsifs contractèrent les bras de débardeur de Karl, qui finit par laisser tomber les deux lourds sacs à dos militaires. Irvine, immobile à côté de lui, la poitrine se soulevant et s'abaissant à un rythme précipité, protesta d'un ton geignard, digne d'un vrai cul-terreux du sud de l'Indiana : « Hé, c'est not' deal, merde ! »

Derrière Trident, son grand frère Darnel repoussa d'un coup de pied la porte de la chambre, puis dirigea les deux acheteurs vers la droite du lit, tout contre la table de chevet, avant d'abattre une matraque en cuir lesté sur la pointe de cheveux en haut du front de Dodo Kirby, permettant ainsi aux genoux de ce dernier de lier connaissance avec la moquette trouée à la cigarette. Le cadet de Dodo, Uhl, avança d'un pas, et, dévoilant une mauvaise dentition en damier, articula : « Bordel, mec, tu peux pas… » Darnel lui fit obligeamment tâter de sa matraque, lui broyant le nez, réduisant ses lèvres à une pulpe couleur myrtille. Glissa le bâton dans sa salopette, sortit de son autre poche un rouleau de fil de fer, secoua la tête et lança : « Je peux pas quoi, hein ? On a jamais donné notre accord pour ce deal. On est venus récupérer ce qui est à nous. »

Trident et Darnel s'étaient aperçus que plusieurs de leurs containers de stockage avaient singulièrement perdu du poids entre le moment où ils avaient été pesés pour un client et celui où le client en question s'était plaint du résultat après les avoir repesés. Il ne leur avait pas fallu longtemps pour identifier les responsables de l'écrémage, vu que les mains fiables ne couraient pas les rues. Alors ils avaient fait passer le mot au shérif du comté de Harrison, Elmo Sig, dont ils graissaient la patte depuis bien dix ans, et qui, en échange, les laissait organiser leurs petits trafics dans le seul motel de la ville. Sig se chargeait également de filer des tuyaux aux agents de la

DEA[1] pour les aiguiller vers d'autres comtés, les détournant ainsi du sien. Il avait une seconde paire d'yeux et d'oreilles en la personne d'un certain AK, qui opérait dans les environs. Celui-ci avait raconté un peu partout qu'il avait entendu parler de ces deux jeunes en possession d'un stock d'herbe premier choix, qu'ils avaient un besoin urgent de transformer en cash. La transaction devait avoir lieu dans le même motel où ils avaient vu Darnel et Trident effectuer les leurs.

Darnel s'accroupit. Appuya un genou sur la flanelle bleue habillant la colonne vertébrale d'Uhl. Entreprit de lui tisser avec le fil de fer un réseau serré de huit entre les poignets. Retira de sa poche arrière une pince coupante. Sectionna le fil de fer.

La sueur inondait la jungle de boutons d'acné rouges et blanc pus sur le front de Karl quand il brailla : « On vous a aidé à récolter, sécher, peser et emballer cette foutue came quand vous étiez tous occupés ailleurs ! On mérite une part du gâteau. »

De son bras droit balafré, Trident déplaça le Colt qu'il lui avait enfoui dans les sourcils pour le lui coller en plein milieu du front. « Putain, non ! » brailla Karl. « Pour mériter un truc, faut l'avoir gagné », décréta Trident.

Derrière lui, de l'autre côté du lit, Darnel achevait d'attacher les poignets de Dodo. Il se releva en disant

1. *Drug Enforcement Administration* : service de police fédérale chargé de la lutte contre le trafic des stupéfiants. (*Toutes les notes sont de la traductrice.*)

à Karl : « Toi, tu serais resté qu'une tache de foutre sur la cuisse de ta mère si j'avais pas décidé d'avoir un fils pour assurer ma descendance. Mais c'est vrai, j'suis pas sûr que tu méritais ça. »

Darnel s'avança vers Karl et Irvine. « Tournez-vous, ordonna-t-il. J'en ai marre de voir vos tronches de débiles. » Les deux jeunes s'exécutèrent et se retrouvèrent face au mur jaunissant. Trident glissa le Colt dans sa ceinture. Laissa le canon scié pendre le long de son flanc. Secoua son crâne tondu ras l'os. « Dire que vous avez même pas pensé à fouiller le parking, des fois qu'y aurait d'autres mecs en planque ! Décidément, y en a pas un de vous deux pour relever l'autre ! À cette heure de la nuit, ils auraient pu vous tomber sur le poil comme on vient d'le faire. Quand je pense qu'on vous a surveillés bien tranquillement du pick-up…

— Je te l'avais dit, qu'on aurait dû inspecter ce putain de parking ! » lança Karl à Irvine.

Trident s'écarta d'eux, tandis que Darnel entravait les poignets d'Irvine en lui demandant : « Qui s'est porté garant de ces deux sous-merdes ? »

De l'autre côté du lit, Karl geignit : « Eugene Lillpop. »

Darnel hoqueta de rire. « Ce dégénéré consanguin qui a une main dans son froc, l'autre sous les jupes de sa mère ? Sa parole vaut même pas le glaviot qui lui sert à se lubrifier la paluche. »

Sa tignasse en bataille lui collant au visage, Uhl, par terre, gémit et cracha entre ses lèvres enflées qui viraient au violet. Puis s'écria de son ton le plus autoritaire : « Foutez-nous la paix, bande d'enculés ! Vous savez qui est notre papa ? »

La question arracha à Trident une moue de dégoût. « Tu parles qu'on connaît cette balance d'Able Kirby ! Y a des années qu'il aurait dû finir enterré sous les chiottes pour avoir donné Willie Dodson. Mais évidemment, vous opérez tous dans un aut' comté… Chez nous, ça se serait pas passé comme ça : les minables dans votre genre, on en fait de l'engrais. »

Uhl toussa. « Notre papa, c'est pas un traître, protesta-t-il. C'est pas lui qui a donné Willie. »

Darnel, qui en avait fini avec les poignets de Karl, rangea pince et fil de fer dans sa poche. Récupéra les deux sacs à dos que Karl avait apportés, en passa les sangles sur chacune de ses épaules. Respira une bonne bouffée de la riche odeur miellée qui s'en dégageait. S'adressa ensuite à Uhl : « Je sais très bien que c'était ton vieux, mon gars, parce que Willie bossait pour moi. Il avait rendez-vous dans votre coin avec Able et sa bande, là-bas, à Orange Holler. Quand y a eu du grabuge, ton père s'en est sorti blanc comme coton. »

Trident posa le canon scié sur le sol. Ouvrit le sac de Dodo et Uhl. Plongea une main à l'intérieur et fourragea parmi les liasses de billets — des Benjamin[1] empilés sur des morceaux de carton beigeasse

1. Billets de cent dollars à l'effigie de Benjamin Franklin.

de taille identique et maintenus par un élastique. Puis il sentit sous ses doigts le poids de l'acier et sortit deux revolvers nickelés calibre 38. Leva les yeux vers les vendeurs. « Vous deux, les raclures de bidet, vous avez même pas vérifié s'ils avaient des flingues ou s'y avait le compte ? Putains d'amateurs de mes deux ! »

Darnel attrapa à pleines mains les cheveux de Karl et d'Irvine en disant : « Z'auriez au moins pu choisir un aut' motel ou un aut' comté. Bah, au point où on en est, on s'en fout. Je crois surtout que vous avez b'soin d'une bonne leçon. » Sans lâcher leurs tignasses grasses, il les traîna vers la porte. L'ouvrit.

Trident plaça les deux 38 dans le sac en cuir avant d'en ajuster la sangle sur son épaule. Récupéra le canon scié. Força d'abord Dodo à se mettre debout. Ensuite Uhl, qui supplia : « Laissez-nous partir. On dira rien. »

Pour toute réponse, Trident se borna à le regarder. « Les clés ? » Sans comprendre, Uhl demanda : « Qu… quelles clés ? — Vous avez fait comment pour conduire la camionnette qui est dehors, pauv' taches ? Vous avez bricolé les fils, p'têt ? » Uhl bredouilla : « P-P-P-Poche de devant. » Trident lui palpa le torse, sortit de la poche les clés de la camionnette et ricana. « Ah, et encore un truc : c'est sûr que vous direz rien, parce que là où on vous emmène, y a personne pour vous entendre. »

Darnel chargea Uhl, Dodo et le sac de billets dans l'Impala de Karl et Irvine. Trident chargea les deux autres garçons et les sacs de marijuana sur le plateau de son pick-up Chevy de 68. Laissa sur place la camionnette de Dodo et Uhl, les clés sur le contact et une liasse sous le siège du conducteur, pour que le shérif Elmo la porte à la casse de Medford Malone. Puis ils se dirigèrent vers le cimetière de Hill Clan Cross, l'endroit idéal pour récupérer les affaires foireuses et enfouir bien profondément dans les crânes les leçons importantes.

Tout était silencieux, à l'exception des crépitements du bloc moteur des deux véhicules que rafraîchissait l'air nocturne. Les phares de l'Impala et du pick-up éclairaient les profils de Dodo et d'Uhl, dont les ecchymoses enflées, jaunes et violettes, qui couvraient leurs visages moites étaient encore assombries par la nuit. Leurs croûtes de sang séché s'émiettaient comme des biscuits vieux de trois jours. Les pelles dont ils s'étaient servis pour creuser la tombe de deux mètres cinquante sur deux mètre cinquante avaient laissé leurs mains tremblantes le long de leurs flancs tandis qu'ils contemplaient leur ouvrage.

Trident se tenait derrière eux, le 45 appuyé contre la tête de l'un, le canon scié contre celle de l'autre. Karl et Irvine, agenouillés sur leur gauche, observaient les trois silhouettes. Dans leur dos, Darnel fit rougeoyer l'extrémité de sa cigarette en tirant une dernière taffe, puis expédia le mégot sur le sol. « Allez, c'est l'heure », dit-il à Trident.

Celui-ci demanda aux deux acheteurs : « Vous avez dit que vous aviez quel âge, déjà ?

— On vous l'a pas dit », sanglota Dodo. Espérant que le cauchemar allait prendre fin et qu'ils seraient libérés, il ajouta : « Moi, trente-cinq, et Uhl…

— Au moins, l'interrompit Trident, z'aurez pas à vous inquiéter que le cancer vous bouffe de l'intérieur ou que l'arthrite vous ronge les os, comme vot' pauvre maman. » Dans la foulée, il pressa la détente du 45. Le crâne de Dodo explosa dans la lumière des phares, pulvérisé. Son corps plongea dans la tombe.

Assourdi par la détonation, Uhl sentit la peur répandre une chaleur humide au niveau de son bas-ventre. « Oh, non, non ! hurla-t-il. Oh, mon Dieu, je vous en prie ! Je vous en prie !

— Putain, t'es la lopette la plus pleurnicharde que j'aie jamais entendue, déclara Trident.

— Mouais, son vieux était pareil, renchérit Darnel. Tu te rappelles le barbecue chez Galloway ? Quand il a mis la main au cul de la gosse à Galloway ? Après, il avait pas assez de ses yeux pour chialer quand le père a voulu en faire de la chair à pâtée.

— Sûr que je m'en souviens, dit Trident. La gamine, elle avait pas treize ans à l'époque. » À l'adresse d'Uhl, il ajouta : « Ton vieux, c'est un grand malade. »

Les traits d'Uhl se convulsèrent. Tout juste si on n'entendait pas ses dents claquer et ses os s'entrechoquer. « Laissez-moi partir. Je… je vous paierai le triple.

— Avec quoi ? gronda Trident. Tu vas foncer dans un fourgon blindé bourré de billets ? » Il secoua la tête. « Nan, c'est pas qu'un problème de fric. C'est une affaire de famille. »

Derrière Karl et Irvine, Darnel déclara : « Faut que ces deux jeunots, là, comprennent bien qu'ils peuvent pas piocher comme ça dans le gagne-pain familial. Ton frangin et toi, enchaîna-t-il à l'intention d'Uhl, vous avez apporté des flingues, et je suis sûr que vous leur auriez pas fait de cadeau non plus dans cette piaule si on s'était pas pointés. Alors ce soir, la leçon s'adresse à tout le monde. »

Karl et Irvine, le visage baigné de sueur, ne le quittaient pas des yeux, les poignets libérés mais douloureux aux endroits où le fil de fer avait entaillé la chair.

La faiblesse d'Uhl se transforma brusquement en témérité : il se retourna d'un coup, et il venait de faire sauter le canon scié dans la main gauche de Trident quand le 45 lui infligea un autre élancement fulgurant à la tête. « Salaud », marmonna-t-il en s'effondrant. Trident lui appuya une botte sur le cou, visa le crâne et pressa la détente en disant : « J'pensais pas que t'avais des couilles, mon gars. Ça m'en boucherait presque un coin. » Le visage d'Uhl disparut dans la terre. Trident coinça le 45 dans sa ceinture, s'agenouilla et poussa le corps vers la fosse.

D'autres larmes réchauffèrent les joues de Karl et d'Irvine. Trident alla s'asseoir sur le capot de l'Impala.

Une nouvelle fois, Darnel attrapa les tignasses trempées de sueur des deux garçons pour les hisser sur leurs pieds. Karl et Irvine sentirent leurs tripes se nouer tandis qu'une révélation leur consumait l'esprit : ne jamais faucher la récolte de son père et de son oncle pour la revendre en douce, car, en fin de compte, qu'il soit versé ou partagé par le clan familial, le sang reste le sang.

Après les avoir forcés à s'arrêter devant la tombe, Darnel récupéra le Colt dans sa poche. Le brandit. Sonna Irvine, puis Karl, vite fait bien fait. Les entendit heurter le fond du trou.

Sur sa droite, Trident s'écarta du capot en demandant : « Tu crois qu'y se sont cassé queq' chose ? »

Darnel fourra le pistolet dans sa poche, se retourna et le rejoignit. « Je voudrais bien. »

La portière du pick-up grinça. Trident se pencha vers l'intérieur, sortit d'une glacière deux bouteilles fraîches de Falls City et en tendit une à Darnel. « À ton avis, ils se réveilleront dans combien de temps ? »

Darnel prit dans sa poche un vieux couteau suisse rouge à la lame ébréchée et se servit du décapsuleur. « Aucune idée. En attendant, on mourra pas de soif.

— J'espère au moins que ça leur servira de leçon… », dit Trident en lui empruntant le décapsuleur.

Darnel inclina sa Falls City, et une mousse cristallisée lui brûla la gorge comme de l'acide quand il avala. « Mouais, pareil. Ça me ferait vraiment chier d'avoir à dégommer nos deux seuls gamins. »

Vieilles rancœurs

On aurait pu croire que c'était Dieu lui-même qui l'avait flingué depuis le ciel, cet enfant de salaud. Pourtant, le Seigneur n'était pour rien dans ce qui arrivait à Able Kirby.

À plat ventre par terre, il avait encore dans les oreilles l'écho des coups de feu de petit calibre qui lui avaient perforé le haut du dos, la poitrine et le ventre. Derrière ses bottes de travail, le sang traçait un chemin jusqu'à la porte-moustiquaire écaillée de la maison d'où il était sorti en chancelant.

Il plaqua ses paumes sur le sol inégal. Rassembla ses forces. Tenta de redresser le buste comme s'il voulait effectuer quelques pompes, pour retomber aussitôt, les narines assaillies par l'odeur de la cendre et de la poussière tandis qu'il regardait de côté, l'esprit envahi par le souvenir de tout le mal qu'il avait fait dans sa vie.

Il avait mis le feu à la maison de son père pour toucher l'argent de l'assurance. Buté le chien d'Esther MacCullum sous le nez de ce dernier pour une sombre histoire de dette. Grimpé sur la fille de Needle Galloway, treize ans à l'époque. Défoncé le crâne de Nelson Anderson avec un marteau à la Leavenworth Tavern, parce que cet enfoiré l'avait ouvertement accusé d'avoir balancé Willie Dodson sur un deal intercomtés, alors qu'il avait agi pour le compte du shérif.

Et aujourd'hui, il venait de vendre sa petite-fille Audry, la P'tiote, au clan de Hill, pour qu'elle tapine. Avec le fric qu'elle gagnerait, il pourrait payer les médicaments anticancéreux de sa femme Josephine. Mouais, y a pas de doute, j'suis qu'un enfant de salaud, pensa-t-il.

Josephine se tenait immobile dans la cuisine, environnée par l'odeur de sa chair flasque qui pendait, sèche et grise comme des rideaux moisis sur une tringle rouillée, regrettant de ne pas avoir arrêté Able tant qu'il en était encore temps. Repensant à toutes ces nuits où, allongée dans son lit, elle l'avait entendu s'extirper de sous les draps, traverser la pièce et faire grincer les gonds de la porte de la chambre occupée par leur petite-fille. À ce moment où elle finissait par se lever elle aussi, respirant avec peine et grognant sous l'effort, et où, après être passée à son tour devant la chambre de la P'tiote, elle découvrait Able dans la cuisine, une bière à la main. « Je pouvais pas dormir, alors je suis venu boire un coup », disait-il invariablement en la voyant. C'est pour ça qu'elle avait caché le Ruger sous son oreiller — un pistolet calibre 22 qu'elle utilisait pour débarrasser le poulailler et le jardin de la vermine et des serpents. Elle se savait beaucoup trop faible aujourd'hui pour pouvoir lutter physiquement.

Au fil des années, elle avait feint de ne pas remarquer la drôle de lueur qui éclairait les yeux d'Able pendant les fêtes du comté ou à l'épicerie quand il reluquait les jeunettes, et surtout les endroits où leurs formes s'épanouissaient. Il avait commencé à lorgner la P'tiote alors qu'elle préparait le dîner, faisait la vaisselle, donnait à manger aux poules et ramassait les œufs. Lorsque Jo l'avait questionné sur ces regards, il avait répondu : « Bah, c'est qu'elle s'est vite transformée en vraie p'tite femme, la bougresse ! Je me souviens d'un temps où t'étais aussi mignonne. »

Son intonation autant que la comparaison avec la chair de sa chair avaient fait naître une boule de dégoût dans les tripes de Jo. Là-dessus, les rumeurs au sujet de la fille Galloway lui étaient revenues aux oreilles.

Redoutant la réponse, elle avait interrogé Able au sujet de la gamine. Il n'avait rien nié. Au contraire, il avait même réaffirmé ses motivations : « Qu'est-ce que tu crois, bon Dieu ? Une jeunesse comme ça, un homme comme moi... C'est elle qui m'a fait de l'œil. Moi, je lui ai juste offert ce qu'elle réclamait. Un homme, ça a des besoins que tu peux pas satisfaire dans ton état. »

Trente-cinq ans de mariage, et les mots avaient tranché dans le vif, encore plus douloureux que le cancer. Le temps avait transformé Able en une espèce de maladie que Josephine avait ignorée beaucoup trop longtemps et ne savait pas comment traiter. Quelques minutes plus tôt, il était entré dans la chambre, un sourire diabolique éclairant son visage au-dessus de son cou de poulet. Il avait posé sur le lit une petite sacoche brune remplie de billets froissés. Dans ses yeux brillait une lueur trouble. En principe, leur petite-fille était partie avec lui faire une course en ville, alors Jo avait demandé : « Où est la P'tiote ? »

Devant elle, Able avait frotté ses paumes l'une contre l'autre, un filet de sueur dégoulinant de son front. Il s'était humecté les lèvres. L'avait regardée droit dans les yeux avant de dire : « Écoute, Jo. Toi et moi, on en a bavé ces derniers temps, entre les médocs à payer et les garçons qui ont filé. Faut que la P'tiote mette aussi sa part dans le bocal à billets. Alors je l'ai fourguée à Trident et à Darnel pour qu'elle nous donne un coup de main. Quand elle aura gagné suffisamment de fric, elle pourra revenir. Je voyais pas comment on pourrait s'en sortir autrement. »

Les yeux chassieux de Josephine s'étaient dessillés. Elle avait sorti le Ruger, pressé la détente et logé une balle dans le ventre d'Able.

J'aurais dû agir beaucoup plus tôt, avait-elle pensé. Pour protéger les miens. Son esprit s'était interrogé sur les conséquences durant une fraction de seconde, mais trop tard ; ce qui arrivait aujourd'hui était sa faute autant que celle d'Able, avait-elle compris. Le souffle court, elle avait soulevé du lit ses vieux os, arrachant des protestations à ses articulations et déclenchant un afflux d'acide lactique dans ses muscles, et lancé : « Oh si, y a d'autres façons de s'en sortir, sauf que j'ai attendu trop longtemps qu'on me montre la voie. »

Able avait bien essayé de rester debout, mais, sous le choc, il avait heurté le plancher de la chambre. Il venait de se redresser tant bien que mal quand Josephine lui avait encore tiré dans l'épaule. Puis dans la poitrine. Il s'était écroulé sur la commode en hurlant : « Putain de vieille peau ! » Une main plaquée sur la poche de chaleur humide au niveau de son ventre, il avait tâtonné de l'autre jusqu'à la pièce voisine.

Les pieds de Josephine avaient trouvé d'eux-mêmes ses bottes délacées. Négligeant le fauteuil roulant pliable poussé dans un coin, elle avait traîné sa bouteille d'oxygène jusqu'au salon, où Able s'était affaissé contre un mur. Elle avait visé la poitrine, la main aussi incertaine que sa vision. Pressé la détente. « Merde ! » avait-il piaillé. Un nouveau rond rouge était apparu sur son T-shirt blanc tandis qu'il se laissait guider par la cloison vers une autre pièce.

Elle s'appuyait à présent sur le support argenté à roulettes de la bouteille d'oxygène. Un tube transparent en partait, qui se scindait sous son nez pour entrer dans chacune de ses narines, et elle inspira en se demandant comment Able avait pu vendre comme du bétail leur petite-fille de quatorze ans au clan de Hill. Comment il avait pu vendre la P'tiote à des individus comme ces deux assassins, Trident et Darnel Crase.

Able et elle venaient de perdre leurs deux fils, Dodo et Uhl, le père de la P'tiote. Jamais à court de mauvaises idées, ils avaient pris la poudre d'escampette tous les deux. Quitté la maison un soir tard, des mois plus tôt, pour ne jamais revenir. Négligeant toute responsabilité. Les laissant, Able et elle, élever Audry, qui allait désormais être obligée d'offrir à des rebuts de l'humanité son corps d'adolescente aux courbes de femme contre une poignée de billets crasseux.

Josephine plissa ses yeux jaunâtres, profondément enfoncés dans leurs orbites, pour les forcer à accommoder. Serra la poignée du Ruger dans sa main droite, convaincue au plus profond d'elle-même qu'elle devait franchir cette satanée porte et détruire définitivement la maladie d'Able avant que celle-ci ne la détruise.

L'une des balles rebondit à l'intérieur d'Able jusqu'à lui sectionner un nerf, et ses jambes perdirent leur allant.

Il entendit la porte-moustiquaire grincer derrière lui. Des poumons chercher désespérément à aspirer de l'air. Des roulettes et des bottes racler le sol. Et la voix de Josephine : « J'espère que la terre de not' Seigneur t'apporte tout le réconfort dont t'as besoin, parce que t'en auras pas d'autre. »

Alors qu'il tentait de contracter les muscles de ses jambes, Able prit conscience du froid qui lui raidissait le corps. Serra les dents. Cilla pour chasser les larmes de ses yeux. « Merde, Jo, attends ! On en a besoin, de ce fric. Quand elle l'aura gagné, on la reprendra. »

Les sons accompagnant les mouvements de Josephine se firent plus aigus, jusqu'à ce que ses paroles résonnent juste au-dessus de lui. « La reprendre ? C'est notre petite-fille ! Un être humain. Contrairement à toi. » Able enfonça ses doigts dans le sol, tordit le cou, et, quand il distingua la silhouette de sa femme, supplia : « Aide-moi, Jo, je sens même plus mes… »

De minuscules éclairs de feu jaillirent autour de ce qu'il pensait être Josephine. Ses lèvres remuèrent, mais les mots ne trouvèrent pas d'écho dans son esprit. Les crampes qui lui paralysaient le dos progressèrent jusqu'à sa nuque, tout comme l'obscurité qui annihilait ses sensations. Josephine demeura immobile à côté de lui, le pistolet vide dans une main, des douilles éparpillées autour d'elle. Elle avait beau ne plus le voir bouger, savoir qu'il était mort et qu'elle avait mis un terme à cette maladie dont elle n'avait pas tenu compte pendant si longtemps, elle ignorait comment ramener la P'tiote dans son foyer.

Tout le mal

Agrippant d'une main les poignets d'Audry, l'homme les lui cloua sur le sol au-dessus de sa tête. Elle se cambra dans une vaine tentative pour se débarrasser de ce poids sur elle. De son autre main, il tripotait les rondeurs sous le débardeur crasseux qu'elle portait. La P'tiote ferma les yeux. Refoula ses larmes en sentant contre son cou des lèvres tachées de tabac et une haleine qui empestait le bourbon.

« T'aimes ça, hein ? »

Il s'appelait Melvin et puait autant qu'une viande faisandée, restée trois jours dehors par près de quarante degrés. Il avait filé quatre cents billets froissés au clan de Hill pour passer trois heures avec elle.

Elle était étendue entre des rangées de maïs qui ombraient son teint laiteux. Ses cheveux mi-longs, couleur de caoutchouc brûlé, se déployaient autour de sa tête en touffes sales tout emmêlées. Melvin grogna. En un éclair, la P'tiote repensa à la façon dont son grand-père, qui devait l'emmener en ville faire une course, avait changé de cap en cours de route, lui imposant un détour afin de régler une histoire de fric dans un autre comté. Où un dénommé Darnel était parti d'un gros rire en disant à Able Kirby : « T'as vraiment pris goût à la trahison, toi ! D'abord tu donnes tes deux fils, le père de cette gamine et son oncle, au shérif Sig. Et aujourd'hui, tu nous refourgues ta petite-fille. Merde, t'as bien dû balancer à Sig la moitié des types de ce comté ! »

Able avait hoché la tête. « J'ai besoin de cash. Ça coûte cher, les médocs anticancer de ma femme.

— Ton penchant pour la bouteille aussi », avait répliqué Darnel, avant de lui tendre une sacoche.

Tout en regardant Able feuilleter les liasses de billets dans la sacoche brune, la P'tiote tentait de donner un sens aux paroles de Darnel. L'esprit enflammé par la confusion et par la colère, elle se sentait complètement dépassée. Pour elle, son père et son oncle Dodo avaient fui le comté. Incapable de s'adresser directement à son grand-père, elle avait crié à Darnel : « Où sont mon papa et mon tonton ? »

Il avait gloussé en dardant sur elle un regard aussi pénétrant que deux balles à tête creuse. « Morts et enterrés. »

Elle s'était tournée vers Able, espérant qu'il allait rectifier. Mais comme il gardait le silence, la main toujours plongée dans la sacoche, elle avait lancé : « Qu'est-ce que t'as fait, papy ? Qu'est-ce que t'as fait ? »

C'était Darnel qui avait répondu : « Il leur a fait pareil qu'à toi, ma belle. » La P'tiote avait esquissé un geste vers Able, en proie à une folle envie de le secouer pour obtenir des réponses. Il avait reculé sans cesser de compter son argent pendant qu'elle le questionnait. « Qu'est-ce qu'il raconte, papy ? » Alors qu'elle essayait de comprendre, la poigne de Darnel, aussi sèche que du talc, l'avait retenue. Quand elle s'était contorsionnée pour se dégager, il l'avait giflée d'un revers de main. « Il t'a vendue pour que tu donnes du plaisir aux hommes de ce comté. »

De sa langue, elle avait essuyé le sang sur sa lèvre fendue tandis que Darnel l'entraînait jusque dans une chambre au papier peint maculé de taches de thé et de sueur. La dernière chose qu'elle avait vue avant qu'il claque la porte et la verrouille, c'était la silhouette d'Able de dos, qui repartait dans la direction d'où ils étaient venus.

Elle avait martelé de coups de poing le battant en pin tout en se demandant ce que son grand-père avait pu faire, ce que Darnel avait voulu dire lorsqu'il avait affirmé qu'Able avait balancé ses deux fils au shérif Sig. Et pourquoi il l'avait échangée contre une sacoche de billets, soi-disant pour payer le traitement de sa grand-mère. Le dénommé Darnel avait parlé de « donner du plaisir aux hommes » ; donc, il était question de sexe. Mais sa grand-mère n'aurait jamais laissé faire une chose pareille.

En larmes, les bras raidis et les mains enflées, elle s'était assise par terre devant un matelas défoncé, recouvert d'un drap sans doute blanc à l'origine mais désormais gris et poisseux. Les bras passés autour des genoux, elle s'était balancée d'avant en arrière pendant ce qui lui avait paru des heures, tandis que la vérité s'imposait progressivement à son esprit : son père et son oncle étaient morts à cause d'Able. Puis elle avait distingué un vrombissement de moteur au-dehors. Une portière avait claqué. Plusieurs hommes avaient discuté, et l'un d'eux avait dit : « Quatre cents billets. Elle est là-bas. Prends ton temps. Nous, on a des gens à voir. » Elle avait ensuite entendu des pas lourds qui sortaient de la maison, un véhicule qui démarrait, et le grincement métallique du verrou qui coulissait de l'autre côté de la porte. Un grand costaud était entré. Vêtu d'un pantalon de flanelle rouge coupé aux genoux, il s'était accroupi près d'elle avec un sourire tout en dents tachées par le tabac, et avait fait courir sur sa joue un doigt maculé de cambouis en disant : « Salut. Moi, c'est Melvin. »

Il l'avait saisie par ses bras fermes pour la hisser sur ses pieds avant de la faire reculer vers le matelas. Dans ses yeux, la P'tiote décelait la même lueur de convoitise malsaine qu'elle s'efforçait d'ignorer dans ceux de son grand-père depuis des mois, quand il la regardait briquer la maison. « Je vous en prie, non », avait-elle imploré. Du coup, il l'avait giflée. Feignant d'être déséquilibrée, elle lui avait échappé et s'était ruée hors de la chambre, puis hors de la maison.

Melvin l'avait suivie, plaquée dans le champ entre les rangées de maïs, frappée encore une fois. Il lui avait déchiré son short et sa culotte. Avait débouclé la ceinture de son propre bermuda, improvisé une couche sur la terre desséchée.

Tout ce qu'elle voulait à présent, c'était survivre, mais il était plus grand qu'elle, plus fort aussi. Elle devait faire semblant, se transformer en caméléon. Se concentrer sur ce qui se passait entre les hommes et les femmes. Sur les marques d'affection, et sur ce garçon du voisinage qui l'avait embrassée, lui effleurant l'oreille de sa langue ; elle se rappelait encore la sensation de feu et de glace provoquée par ce geste le long de sa colonne vertébrale. Alors elle tortilla sa langue dans l'oreille de Melvin, tâchant d'ignorer le goût répugnant — un crapaud mis à mariner dans le purin. Il pressa ses lèvres contre les siennes, fendues et ensanglantées. « C'est ça, t'es une brave fille. » Lui libéra les poignets. Les paupières hermétiquement closes, elle força ses doigts à s'aventurer sur le cul velu de son assaillant. Refoula son envie de vomir quand il lui souffla son haleine chaude à la figure : « Ouais, c'est bon, ça. » Laissa sa main gauche descendre de l'autre côté de la fesse dénudée, jusqu'au tissu du bermuda repoussé sur les cuisses. Tâtonna le long de la ceinture de cuir jusqu'à la hanche, sentit le manche qui en émergeait. Ouvrit l'étui. Dégaina un redoutable arc de métal.

La P'tiote engloutit l'oreille de Melvin d'un côté. Lui planta le couteau dans le cou de l'autre. Le retira en même temps que, de ses dents, elle arrachait du crâne tissus et cartilages. Melvin tressauta violemment contre son épaule, cria : « Espèce de sale… »

Elle ne le laissa pas terminer ; déjà, elle lui plongeait une seconde fois la lame dans la gorge. Il gargouilla, s'effondra sur elle comme de la mélasse tiède. Sa respiration ralentit peu à peu, jusqu'à s'arrêter. La P'tiote repoussa le sol de ses paumes pour s'extirper de sous la créature dégénérée, se releva et cracha le bout d'oreille. Son buste et ses jambes couverts de sang tremblaient. Les fesses à l'air, elle courut le long de la rangée de maïs en direction de la maison qu'elle avait fuie. Espérant que Darnel et Trident n'étaient pas encore revenus, qu'ils n'avaient pas fini de régler leurs affaires.

Elle voulait rentrer. Raconter à sa grand-mère Jo tout le mal qu'avait fait le grand-père Able, lui expliquer qu'il avait donné leurs deux fils au shérif Sig, qu'ils avaient été tués à cause de lui. Elle voulait lui infliger un sort semblable à celui de Melvin.

Des feuilles de maïs pareilles à des rasoirs miniatures lui entaillaient le visage et les bras. Ses pieds nus frappaient la terre entre les rangées de plants. Enfin, ils foulèrent l'herbe verte. La chaleur jaune du soleil la guida jusqu'à la porte-moustiquaire décorée de mouches. La présence de Karl, l'un des garçons du clan de Hill, de l'autre côté, la prit de court — elle ne l'avait pas vu en arrivant, un peu plus tôt. « Hé, c'est quoi, ce bordel ? » s'écria-t-il.

Il poussa la porte, avança la jambe gauche. La P'tiote se jeta de tout son poids contre lui, le coinçant entre le battant et l'encadrement. « Sale garce ! » beugla-t-il en reculant dans la maison.

Prise de panique, la P'tiote fila vers un séchoir à maïs abîmé par les intempéries, près duquel s'entassait du bois coupé. Entendit la porte-moustiquaire claquer derrière elle. Sentit des bottes talonner ses pieds nus. Parvenue à la hauteur du tas de bois, elle attrapait une bûche quand elle aperçut le manche de l'outil. Ses deux mains se refermèrent dessus à l'instant précis où les menaces de Karl éclataient derrière sa tête : « J'vais te faire tâter de mes poings et de ma bite en même… » La P'tiote souleva la hache à double tranchant, presque aussi grande qu'elle, et fit volte-face. La lame rencontra la cage thoracique de Karl. L'interrompant net. Le bruit produit par l'outil en s'enfonçant fut terrible, mais lorsque la P'tiote le retira pour assener le coup de grâce, le son émis par Karl fut encore plus atroce — comme un chien déchaîné qui poursuit et mord les pneus d'une voiture, dont les aboiements cèdent soudain la place au craquement de son crâne broyé entre le caoutchouc et le goudron. Sous le choc, il tomba à genoux. La P'tiote recula. Frappa encore une fois. Sans un mot, Karl s'effondra sur la terre chaude.

Elle entra dans la maison en tremblant. Irvine, l'autre fils du clan de Hill, était parti. La P'tiote n'était que sang et puanteur de la tête aux pieds. Elle avait l'impression de sentir les os de ses mains souillées s'entrechoquer tandis qu'elle luttait contre l'eau qui affluait à ses yeux et l'horreur qui envahissait son esprit. Affolée, elle chercha des vêtements pour se couvrir. Finit par dénicher dans un placard une vieille robe parfumée à la naphtaline, qu'elle enfila sur son corps meurtri.

Dehors, elle fonça droit vers le pick-up rouge de Melvin, trouva les clés sur le contact. Des magazines illustrés par des photos de filles très jeunes traînaient sur le plancher, parmi des chiffons et des papiers froissés, des canettes de Miller écrasées et des cadavres de Wild Turkey. La P'tiote tourna la clé. Le moteur démarra dans un toussotement. Elle enclencha la position Drive. Écrasa la pédale d'accélérateur.

À son retour, le clan de Hill découvrit Melvin entre deux rangées de maïs, le cou mutilé, le couteau encore planté dedans. Et aussi Karl dehors, près du tas de bois voisin du séchoir à maïs, une hache ensanglantée à côté de lui, le visage présentant une teinte inédite pour un mort. Il leur sembla qu'ils s'étaient offert la fille d'Ed Gein, le célèbre serial killer du Wisconsin.

Quand il s'engagea dans la longue allée de gravier qui conduisait chez Able Kirby, Trident ruminait sa fureur. Son frère Darnel voulait voir la P'tiote souffrir et les supplier. Au détour du dernier virage, ils aperçurent le pick-up rouge de Melvin.

« J't'avais bien dit que cette garce avait nulle part où aller.

— Si on la descend, on peut faire une croix sur not' blé.

— Able doit toujours l'avoir. »

Près des marches menant à la maison, taillées dans la roche de rivière, des nuées de mouches se partageaient le cadavre gonflé d'Able Kirby. Des rapaces tournoyaient dans le ciel au-dessus de leurs têtes.

« Je crois que ce coup-ci, il est définitivement hors circuit.

— Il a dû mettre Jo sacrément en rogne.

— En attendant, il est raide mort. »

L'intérieur de la maison était aussi silencieux qu'un gosse endormi, et les voix de Trident et de Darnel se répercutèrent sur les murs et le plafond recouverts de papier peint vinyle. Rien dans la cuisine, rien non plus dans la salle à manger. Aucune présence ni aucun son à l'étage. La chambre de la P'tiote était intacte. Et vide, à l'exception de vieilles photos de famille en noir et blanc, montrant des hommes, des femmes, des mômes : Able, Jo, les deux frangins que Trident avait liquidés. Ils redescendirent au salon. Trident s'était muni d'un calibre 45, Darnel d'une matraque. Ce dernier s'avança vers les deux portes en bois qui se rejoignaient au milieu de la pièce. Tendit la main, les écarta en criant : « Si t'es là, la P'tiote, prépare-toi à payer pour c'que t'as fait ! On va se rembourser tous les deux, l'un après l'autre. »

Les portes coulissèrent, révélant Josephine assise dans un fauteuil roulant aux chromes ternis. Un tube transparent, qui se divisait en deux sous ses narines, lui insufflait de l'air contenu dans un cylindre argenté posé à ses pieds. Moins de trois mètres séparaient la poitrine de Darnel du semi-automatique Remington 11 qu'elle cramponnait. Un œil fermé, l'autre ouvert, elle tenait les deux hommes en joue.

À côté d'elle, la P'tiote, les nerfs encore ébranlés par le cauchemar qu'elle venait de vivre, faisait de son mieux pour affermir sa prise sur un 410 chargé, armé et prêt à tirer.

Darnel leva ses mains couturées de cicatrices, paumes tournées vers les deux femmes, laissant pendre la matraque dont il avait passé le cordon à son pouce. « Écoutez, vous deux, on peut…

— C'est toi qui vas écouter, Darnel, l'interrompit Josephine en articulant distinctement. Ce que vous avez fait, c'est l'œuvre du diable.

— Hé, on était pas les seuls à… »

La détonation rendit sourd Dieu lui-même. Le recul du calibre 12 fut tel que Jo en eut les os fracturés. Le genou droit de Darnel explosa en petits tas gélatineux blanc-rouge qui se disséminèrent sur le parquet. Trident n'eut que le temps de se débarrasser de son 45 pour rattraper son frère, qui lâcha sa matraque.

« T'as pas tort, répliqua Josephine d'une voix éraillée. C'est tout le clan de Hill qui est dans le coup. »

Darnel déglutit et serra les dents avant de gronder : « Ta P'tiote a tué mon gamin. »

D'un léger mouvement du poignet, la P'tiote baissa le 410 pour lui en braquer le canon sur le visage. « Comme ça, on est presque à égalité. » Elle marqua une pause. Jeta un coup d'œil à sa grand-mère. Avala sa salive. Ajouta : « Vu que vous avez tué mon papa et mon tonton Dodo. »

À ces mots, l'index de Jo se mit à palpiter sur la détente du calibre 12. Son champ de vision se rétrécit, le reste de la pièce devint noir autour des meurtriers des deux garçons qu'elle pensait en cavale, qui allaient devoir payer pour tout le mal qu'ils avaient fait.

Sans savoir si elle en serait capable, la P'tiote lui dit alors : « Ça suffit, mamy Jo. Ça suffit, laisse tomber. »

La pénitence de Scoot McCutchen

Les ressorts du siège conducteur perçaient le vinyle usé comme Deets imaginait qu'ils devaient percer les couchettes en cellule, harcelant sa conscience de prisonnier enfermé dans son purgatoire personnel, fait des souvenirs de cette dernière journée et de toutes celles qui avaient suivi. Jouant distraitement avec les clés sur le contact, il avait fini par accepter sa décision tant il était las de chercher, de fuir. Il ne lui restait plus désormais qu'à attendre l'arrivée de la bonne personne. En regardant par la vitre le bureau du marshal de Mauckport, il vit derrière la fenêtre une femme parler dans son micro, probablement avec le dispatcheur. Mais le dispatcheur ne pouvait rien pour lui. Un coup d'œil aux affiches posées sur le siège passager, roulées et attachées par de la ficelle — des photos d'identité judiciaire, l'ombre d'un homme en cavale —, lui confirma qu'il avait besoin de s'entretenir avec le marshal, alors il se résigna à prendre son mal en patience et laissa ses pensées vagabonder.

Elle lui semblait remonter à une éternité, cette scène du dernier jour, et pourtant tout était si clair dans son esprit… Même l'oreiller plaqué sur le visage cireux d'Elizabeth n'avait pas rendu les choses plus faciles. Il aurait tout fait pour ne plus voir sa figure. Pour ne plus entendre la bouillie de mots qui s'échappait de sa bouche, le mettant au supplice comme un raclement d'ongles sur un tableau noir. Pour ne plus sentir la pression de ses doigts… Toujours entravé par la ceinture de sécurité, il ferma les yeux, imaginant l'ultime expression de son regard. Tellement figée, tellement définitive.

C'était la première pensée qui, pareille à une gorgée de café corsé, réveillait Deets le matin — celle qu'il ressassait ensuite toute la journée et emportait au lit le soir. Elle le hantait encore dans ses rêves, tandis qu'une question tournait en boucle dans sa tête : « Comment ai-je pu ne rien deviner ? »

Après, il avait dû rouler pendant des jours et des jours. Jusqu'à cette ville du Tennessee qui ne figurait même pas sur la carte — si petite que le journal local ne faisait qu'une page, recto verso, avec une rubrique nécrologique pas plus grande qu'une bulle de BD. C'était là que Deets Merritt avait résolu de se donner une chance, de se chercher, de se forger une nouvelle identité. Mais malgré ses efforts pour trouver du boulot, pour tout recommencer, il n'avait pas tardé à découvrir qu'il n'échapperait ni à l'ombre du passé ni à la culpabilité qui le rongeait : faire un choix reviendrait désormais pour lui à jouer à pile ou face en se sachant d'avance condamné au même destin. Un pan entier de son existence s'était volatilisé. Il ne pourrait pas recréer ce qu'il avait perdu — juste en porter le poids sur sa conscience. Plus jamais la vie ne serait douce ; de toute façon, elle l'est seulement pendant l'enfance, ce dont on s'aperçoit toujours trop tard.

Il n'avait cependant pas renoncé. Il avait poursuivi sa quête. S'installer dans une nouvelle ville signifiait exercer un métier différent. Accepter un autre job. Il avait bossé sur des chantiers, monté des charpentes, construit des maisons. Retourné des steaks sur le gril de rades miteux dans des bourgades dont le nombre total d'habitants ne dépassait pas le prix d'un plein d'essence — des bourgades tellement minuscules qu'il suffisait de cligner des yeux entre la poste et le bureau du shérif pour avoir l'impression de s'être trompé de direction, vu que tout d'un coup il n'y avait plus rien dans le rétroviseur latéral.

Il ne s'était pas écoulé un seul jour sans qu'elle lui manque ; pour autant, il n'avait aucune envie de revenir en arrière. Parce qu'il savait qu'il referait exactement la même chose, dût-il aboutir au même dénouement.

Ce soir-là, alors qu'il attendait dans son 4 × 4 Scout International de 61, il vit le soleil se coucher au bout de la rue. La poussière, qui dessinait sur son pare-brise un paysage à la Van Gogh, contribuait à assombrir l'habitacle à mesure que le jour déclinait, et, avant qu'il s'en rende compte, la nuit était tombée.

Deets ne se rappelait que trop bien comment tout avait commencé. Il avait acheté ce Scout en 1961, l'année où il avait été lancé sur le marché. Son père l'avait emmené exprès à Indianapolis, depuis la petite ville de Corydon où ils habitaient. Deets avait payé le 4 × 4 avec l'argent économisé dans son enfance, quand il donnait un coup de main à la ferme familiale, et celui gagné ensuite chez Keller, le fabricant local de meubles, où il maniait la scie à ruban pour couper le bois. Il avait vu plus que son lot de doigts sectionnés par cette scie, et jamais remplacés.

Tout fier de son achat, il sillonnait la ville quand il l'avait vue pour la première fois longer la place municipale. Il avait ralenti pour venir se ranger à sa hauteur. Lui avait demandé si elle voulait qu'il la dépose quelque part. Quand elle avait tourné la tête vers lui, elle arborait un sourire trompeur ; en réalité, ses lèvres lui disaient d'aller se faire foutre. Elle n'avait pas besoin qu'un autre bon à rien se mette en tête de s'occuper d'elle. Elle avait déjà été mariée une fois, à un bagarreur porté sur la bouteille qui avait fini par se faire la malle avec une fille plus jeune et plusieurs mandats sur le dos. Il l'avait laissée régler non seulement les frais du divorce mais aussi un grand nombre de dettes en tout genre, et il n'était pas question pour elle d'accepter qu'un inconnu la raccompagne chez elle. À partir de là, ce premier souvenir d'elle devait se graver dans l'esprit de Deets sous forme de mots plus que d'images — à travers ce langage simple, brutal, qu'elle utilisait.

Un langage qui avait le mérite d'être honnête.

Il s'était excusé avant de rentrer chez lui, convaincu qu'il venait de rencontrer sa future femme.

Chaque jour après le boulot, la figure baignée de sueur et les cheveux mouchetés de sciure, il la voyait passer à pied. Et chaque jour il lui demandait s'il pouvait la déposer quelque part. Il lui avait dit que quelqu'un d'aussi agréable à regarder ne devrait pas être obligé de marcher, et encore moins de travailler. Elle lui avait répondu de se mêler de ses affaires, qu'il ferait mieux de se récurer à la brosse et au savon noir. Et il avait éclaté de rire, réjoui par son franc-parler.

Mais finalement elle avait cédé, et il l'avait raccompagnée. Elle lui avait donné son nom : Elizabeth Slade. Tel un criminel ignorant sciemment les avis de recherche placardés sur les murs d'un bureau de poste, Deets avait renoncé à toute prudence pour l'inviter à déjeuner. Elle avait d'abord hésité, avant d'accepter. Ils avaient pris un café et une part de tarte aux pommes au Jocko's Diner, à la sortie de la ville, où elle lui avait confié qu'elle était employée chez Arpac, l'abattoir de volailles, à trancher le cou des poulets. Quand il s'était étonné qu'une personne aussi fragile, aussi belle, puisse gagner sa vie en exerçant une activité d'une telle violence, elle lui avait expliqué que c'était le seul job correctement payé que pouvait décrocher une femme capable de manier un couteau.

Ce premier rendez-vous avait débouché sur un autre, et encore un autre, jusqu'à ce qu'il aille rendre visite aux Slade pour solliciter l'autorisation d'épouser leur fille. Les parents d'Elizabeth, qui ne l'avaient pas vue aussi heureuse depuis qu'elle était petite, avaient donné leur bénédiction à Deets, tout comme ses propres parents, et il avait fait sa demande. Elizabeth avait emménagé chez lui, dans la maison en rondins qu'il avait construite de ses mains sur un terrain d'environ vingt-cinq hectares. Il lui avait dit qu'il avait largement de quoi subvenir à leurs besoins et qu'elle n'était pas obligée de travailler si elle n'y tenait pas. Alors elle avait rendu son tablier chez Arpac, et ils avaient prononcé leurs vœux deux semaines plus tard.

Au bout de cinq ans, ils étaient unis par un lien que la plupart des couples mariés ne réussissent jamais à établir, même après trois gosses et vingt ans de fidélité. Ils n'avaient pas d'enfants, se contentant du bonheur qu'ils s'apportaient mutuellement.

Certains soirs, en rentrant, Deets la retrouvait dans le potager qu'ils cultivaient tous les étés. Si les mains d'Elizabeth étaient mises à rude épreuve par tout le boulot qu'elle abattait — cueillir et équeuter les haricots, enlever les spathes des épis de maïs, déterrer les pommes de terre et les oignons, préparer les conserves pour l'hiver —, il ne se lassait pas de les sentir sur lui, calleuses et pourtant aussi douces que la langue d'un faon, aussi chaudes que l'innocence.

Sa chevelure bouclée, mi-longue, était pareille à ses yeux, réchauffée par différentes nuances de brun, comme un marron, et le soleil dorait sa peau quand elle jardinait pieds nus, en jean coupé aux genoux sous un vieux T-shirt Hanes qu'elle empruntait à Deets et imprégnait de sueur après une journée à s'activer dans la fournaise.

D'autres soirs, après le travail, il allait chasser pour approvisionner leur congélateur en gibier. Avec le fusil juxtaposé calibre 12 à deux coups légué par son grand-père. Quelquefois, le percuteur se bloquait, et le coup ne partait pas dans le canon droit. Il suffisait alors de réarmer le chien et de réessayer.

C'était au retour d'une de ces expéditions de chasse, alors qu'il rapportait plusieurs lapins éviscérés et écorchés, prêts à être plongés dans l'eau salée, qu'il l'avait trouvée par terre à la cuisine. En lui posant la main sur la joue, il avait décelé la chaleur moite de la fièvre. Comme s'il avait soudain marché sur un nid de frelons, Deets avait senti le venin de la panique déferler dans ses veines, et il avait téléphoné au Dr Brockman pour lui demander de passer de toute urgence. Puis il avait déshabillé Elizabeth et l'avait allongée dans la baignoire. Elle ne voulait pas entendre parler de traitements médicamenteux ni de l'hôpital du comté ; elle n'en avait que pour les méthodes traditionnelles, parce que c'était ainsi que ses parents l'avaient élevée. Du savon noir pour venir à bout de la sciure et de la sueur rapportées de l'usine. Un grog bien chaud pour soigner une migraine ou un coup de froid. Du bacon sur une piqûre de guêpe, jusqu'à ce que le dard soit visible et puisse être retiré avec une pince à épiler. De la pulpe de tomates fraîchement écrasées, mélangée à du vinaigre et à un trait d'eau-de-vie Everclear pour récupérer d'une gueule de bois. Et si elle avait un chien qui, faute d'avoir eu ses vaccins à temps, avait attrapé le Parvo, elle mettait un terme à ses souffrances en plaçant le canon d'une arme sur sa tête. Elle avait aidé plus d'une fois son père à le faire.

Deets, lui-même élevé selon les mêmes principes, avait brisé de gros morceaux de glace dont il avait rempli la baignoire. Il l'avait forcée à avaler une tasse de Jell-O[1] tiède pour la réhydrater et faire tomber la fièvre — cette fièvre qui avait duré plus longtemps qu'un accouchement : des jours, pas des heures.

Au début, il avait eu peur que le cerveau d'Elizabeth ne soit touché. Il se rappelait encore les histoires racontées par sa mère quand il était gosse, de ces hommes et de ces femmes en proie à de terribles accès de fièvre, dont le cerveau avait frit tels ces lapins qu'il enduisait de babeurre, roulait dans la farine de froment, puis faisait revenir au saindoux dans une grande poêle.

Une fois la crise passée, elle avait perdu la mémoire des noms et des visages, des lieux et des dates. Elle avait aussi eu des difficultés d'élocution pendant un moment, comme si elle avait été frappée à la mâchoire par la crosse d'un 38.

Mais le Dr Brockman lui avait prescrit des vitamines et avait assuré à Deets qu'elle se rétablirait.

1. Dessert à base de gélatine.

Et peu à peu, au fil des jours, elle était redevenue la femme qu'il avait épousée quelques années plus tôt.

Plus tard, il en viendrait à se dire qu'il n'aurait jamais dû la confier à ce médecin. Qu'il n'aurait jamais dû mettre la vie d'Elizabeth entre les mains d'un homme pareil. Pourtant, il l'avait fait.

La femme qui s'était entretenue avec le dispatcheur sortit du bureau, s'éloigna sur le trottoir dans un ballottement de graisse, passa devant le magasin TOUT À UN DOLLAR, puis tourna au coin de la rue, juste après la banque. Le marshal ne s'était toujours pas montré. C'était sans doute le genre de lambin bien capable d'arriver en retard à sa propre conception, comme aurait dit le père de Deets.

Peu importe, il attendrait, songea ce dernier. S'il y avait bien une chose dont il ne manquait pas, c'était le temps. Il avait traversé tellement de petites villes durant son périple qu'il n'aurait su dire s'il en était à la dixième ou à son vingtième boulot. Elles se ressemblaient toutes, et s'organisaient autour des quatre mêmes pivots : la poste, le bureau du shérif ou du marshal, la banque et le cimetière. Il faisait toujours un détour par la poste pour récupérer les avis de recherche de cet homme qui le hantait ; il en avait ainsi trouvé dans chacune des villes où il s'était arrêté. Cette identité-là l'empêchait d'oublier. De repartir de zéro.

Le jour, il traînait devant la banque et devant le bureau du marshal. La nuit, il rôdait dans les cimetières en se demandant comment étaient morts ceux qui y étaient enterrés. Dans un accident ? D'une maladie ? De la main d'un être aimé, d'un parent ?

Il était descendu vers le sud jusqu'à Greenville, Alabama. Avant de remonter par Dayton, Tennessee. Il avait fait étape à Manchester, à Milan et à Dyersburg. Traversé la frontière pour se rendre à Poplar Bluff et à Garwood, Missouri. Au fil des ans, il était peu à peu revenu sur ses pas : Illinois, Indiana, et enfin retour dans le Kentucky. Il avait vu Owensboro, Elizabethtown, Bardstown, Mount Sterling. Découvert la singularité des collines. Il avait poussé jusqu'à Morehead, puis rebroussé chemin en direction de Pine Ridge, Campton, Jackson, Hazard. Et Whitesburg, où chacun connaissait l'arbre généalogique de son voisin, pêchait à la dynamite et chassait avec un calibre 12 à deux coups. Tous les pères de famille possédaient de grandes exploitations ou travaillaient dans les mines de charbon des comtés environnants, comme Harlan, qui payaient bien. Personne ne manquait l'office du dimanche, et peu importait le montant de l'obole au moment de la quête ; c'était un endroit où les gens menaient une vie simple, sans prétention. Et c'était là que Deets avait compris qu'il avait voyagé pendant si longtemps pour oublier qui il était, et ce qu'il essayait de fuir.

Dans toutes les villes, il y en avait toujours quelques-uns pour lui parler de cette histoire. Ils l'avaient lue dans les journaux s'ils savaient lire ou l'avaient entendue raconter à la télévision s'ils possédaient un téléviseur muni d'une parabole. Ils avaient vu les traits du jeune homme qu'il était autrefois, son visage poupin et rasé de près — aujourd'hui camouflé par l'âge, usé comme des pneus qui ont trop souvent roulé sur des petites routes gravillonnées, assombri par le remords et le regret qui avaient recouvert ses joues d'un chaume dru et allongé ses cheveux. Cette tignasse, aussi épaisse que du crin de cheval, il la portait désormais nattée dans le dos. La personne en photo sur ces affiches à côté de lui et l'homme qui les collectionnait étaient deux identités distinctes partageant les mêmes tourments.

Assis dans son 4 × 4, Deets s'efforça de ravaler les larmes que faisaient naître les souvenirs. Il s'essuya le nez sur sa manche, sortit une Pall Mall de son paquet et la plaça entre ses lèvres sans l'allumer, perdu dans ses pensées. Pourquoi n'avait-il pas vu venir la maladie, senti sa présence ? L'amour d'Elizabeth était comme un petit être estropié luttant contre la morsure du froid ; les sentiments en elle s'étaient peu à peu engourdis, et lui-même ne pouvait qu'assister au déclin, parce qu'il n'existe pas de remède contre les gelures.

Il aurait dû s'inquiéter plus tôt de son manque d'appétit, des repas qu'elle oubliait de préparer, du potager qu'elle négligeait, des haricots qu'elle ne cueillait plus, du maïs qui n'était plus effeuillé, des pommes de terre enfouies dans le sol.

Toute la récolte gâchée. Pourrie sur pied. Elizabeth disait qu'elle se sentait trop faible. Qu'elle était trop fatiguée ou qu'elle avait perdu la notion du temps. Qu'il ne faisait pas jour assez longtemps.

C'est l'explication qu'elle lui avait donnée après cette première fois où il l'avait découverte par terre dans la cuisine, dévorée par la fièvre. Et la nuit, quand ils étaient couchés l'un à côté de l'autre, quand il laissait courir ses mains sur le corps chaud d'Elizabeth, explorant sa beauté du bout des doigts, elle lui disait qu'elle essaierait peut-être le lendemain, qu'elle avait juste besoin de se reposer, de rester allongée près de lui, contre sa peau. Dans les bras de son mari.

Et puis, en rentrant de l'usine un soir, il l'avait trouvée étendue sur le canapé, affaiblie par une autre crise. Un court-circuit dans son cerveau. Elle s'était traînée jusqu'au téléphone pour appeler Brockman, qui avait parlé d'un taux de glycémie probablement trop bas. Par la suite, cependant, les chutes s'étaient multipliées, son équilibre devenant aussi précaire que celui d'un danseur de quadrille affligé d'un pied bot ou d'une malformation à la jambe. Elle ne parvenait plus à tenir debout ni à rythmer sa démarche quand elle se déplaçait dans la maison, incapable qu'elle était de reconnaître la position verticale.

Deets faisait toujours confiance à Brockman, Elizabeth aussi. Mais bientôt il avait fallu compter avec les hallucinations, les débordements d'émotion incontrôlables. Elle croyait qu'une de ses oreilles était plus grosse que l'autre. Elle demandait à Deets de regarder. De comparer. D'essayer de voir ce qu'elle-même voyait tous les matins dans le miroir de la salle de bains. Au cours d'une conversation tout à fait banale, il lui arrivait d'éclater brusquement en sanglots, bouleversée par la beauté de la journée ou par la caresse de l'air sur son visage, qui séchait les larmes sur ses joues. Il ne voyait rien, et, tout comme elle, il comprenait de moins en moins.

Les visites de Brockman et les vitamines qu'il prescrivait ne se comptaient plus, désormais. Elles étaient semblables aux visites de la Grande Faucheuse, qui prélevait chaque fois en guise de tribut un peu de l'âme du malade impuissant.

Enfin, Deets avait perdu confiance en Brockman et en ses vitamines. Il avait obligé Elizabeth à monter dans le Scout pour l'emmener à l'hôpital du comté, où il avait expliqué la fièvre, les pertes d'équilibre et les chutes, les hallucinations et les accès de larmes. Elle avait été admise en urgence. On lui avait fait des radios et des analyses de sang, pour découvrir un problème dans sa tête à un stade si avancé qu'il était incurable. Son esprit avait fermenté, produisant un terreau propice au développement d'une minuscule racine de ginseng malin.

Après coup, Deets se demanderait encore et encore pourquoi il s'était ainsi fié à Brockman, pourquoi il avait attendu si longtemps, toujours remis à plus tard cette consultation à l'hôpital. Et il s'en voudrait terriblement.

Le mal dont elle souffrait allait faire de son cerveau un terrain en friche en six mois, peut-être moins. Alors avait commencé l'effeuillage inexorable des pages de l'éphéméride, lui dérobant le peu de jours qu'il lui restait, emportant aussi le lien qui les unissait jusque-là. Quand Deets rentrait le soir, il n'avait qu'une envie : la réconforter, se coucher auprès d'elle, sentir la chaleur de son corps près du sien. Il aurait voulu la baigner, lui préparer à manger, la nourrir. Il espérait un miracle, mais elle avait déjà renoncé à ce qu'il ne pouvait pour sa part se résoudre à perdre. Elle le suppliait à voix basse, disant qu'elle était comme un chien atteint du Parvo, qu'elle avait mal, qu'elle ne pouvait plus vivre ainsi, qu'il fallait l'euthanasier. Or c'était un choix qu'un mari ne voulait pas entendre, encore moins assumer.

Alors qu'il allumait son Zippo dans son Scout, l'odeur familière qui accompagnait l'étincelle jaillie de la pierre pour embraser sa Pall Mall lui rappela celle qu'il avait sentie autrefois. Sauf que ce jour-là, c'était comme si le Zippo avait refusé de s'allumer, comme si la molette avait tourné dans le vide encore et encore, sans rien pour l'enflammer. Pas de gaz. Juste une étincelle soufrée. Il se revoyait arriver chez lui de bonne heure, un bouquet-surprise à la main. La Cadillac du Dr Brockman stationnait dans l'allée. Le cœur battant à tout rompre, Deets avait lâché les fleurs pour se précipiter dans la maison. Le claquement de la porte-moustiquaire et le grincement des gonds qui avaient besoin d'être huilés avaient étouffé la détonation, ne lui laissant percevoir que cette odeur dans l'air. Elle l'avait guidé jusqu'à leur chambre, où il avait trouvé Brockman assis dans le fauteuil près du lit, lui masquant Elizabeth. Il avait agrippé le médecin par l'épaule pour le forcer à se retourner, et découvert ainsi ce qu'il n'avait pas vu tout de suite : la tache sur le mur identique à celle sur le lit. Une tache constituée de petits morceaux de sa femme qui, malgré tout, était toujours en vie, et dont les doigts s'activaient sur la main du médecin comme si elle jouait de la clarinette — cette même main qui l'avait peut-être aidée à diriger le fusil vers sa bouche, ou qui avait peut-être essayé de l'empêcher de tirer ce coup de feu lui ayant emporté le côté droit de la mâchoire. Avaient-ils tout planifié ensemble ? Ou, ainsi que Deets, le médecin était-il arrivé au moment où elle s'apprêtait à commettre l'irréparable ?

Les doigts d'Elizabeth tremblaient, glissaient, privés de force par sa tentative avortée pour mettre fin à ses souffrances. Pour se suicider. C'était une chose que Deets n'accepterait jamais.

Elle avait gémi, laissant échapper gargouillements et bulles, tandis que ses pouces tentaient d'armer le chien du côté droit, où la cartouche n'avait pas percuté. Sous l'effet de l'adrénaline, Deets, incapable de se contenir plus longtemps, avait libéré la rage qui bouillonnait en lui et refermé les deux mains sur la trachée de ce bon vieux docteur. Brockman avait lâché le fusil tandis que Deets serrait toujours plus fort jusqu'à le renverser par terre, puis lui frappait le crâne sur le plancher en hurlant : « Qu'est-ce que vous avez fait ? Qu'est-ce que vous avez fait ? »

Quand il s'était rendu compte de ce qu'il était lui-même en train de faire, le vieux médecin n'était plus qu'un poids inerte entre ses bras, mais Elizabeth, elle, était encore vivante. Défigurée, elle s'évertuait à former des mots malgré sa langue déchiquetée et ses dents brisées. Cette fois, il avait compris qu'il n'avait plus le choix.

Depuis, c'était la familiarité dérangeante de ce souvenir qui accompagnait Deets partout, le poursuivant dans chaque ville qu'il traversait, dans chaque chambre de motel ou dans chaque lit de ferme où il dormait. S'il était capable de faire abstraction des émotions, la culpabilité restait néanmoins profondément ancrée en lui. Enracinée dans son esprit. Comme une maladie incurable qui continuait de contaminer sa conscience, même après tout ce temps, toute cette distance parcourue. Ce qui lui manquait le plus, c'était la voix d'Elizabeth, ces paroles qui donnaient corps à sa présence contre la sienne. La chaleur rassurante de leur complétude — disparue.

Lorsqu'il vit enfin le marshal entrer dans le bureau, Deets écrasa son mégot dans le cendrier du Scout et rassembla sur le siège passager tous les avis de recherche — les pages d'une histoire qui ne lui permettait ni de fuir ni de se cacher.

Dans le bureau où flottait l'arôme du café fraîchement moulu, rehaussé d'une pointe d'Old Forester, Deets flanqua les avis sur la table de travail. Sa tasse à la main, le marshal fit claquer ses lèvres, savourant le mélange caféine-bourbon, avant d'esquisser un sourire de fin de nuit et de demander : « C'est quoi, tout ça ? » Il ôta les ficelles, puis déroula les affiches que Deets avait glanées dans les bureaux de poste au fil du temps.

Deets lui raconta que cinq ans plus tôt, dans la petite ville de Corydon près de la Highway 135, un mari était rentré chez lui pour découvrir sa femme gravement malade en compagnie d'un homme qui l'aidait à tenir un fusil. Il avait aussitôt pensé à une tentative de suicide ratée. Cet homme qui tenait le fusil était le Dr Brockman. Dans un accès de rage, le mari l'avait assassiné à mains nues. Il s'était ensuite retrouvé seul avec sa femme, dont le visage avait été partiellement emporté du côté droit, la cartouche n'ayant pas percuté dans l'un des canons. Le mari n'avait pas voulu la tuer, mais, devant l'horreur de la mutilation qu'elle s'était infligée, il n'avait pas eu le choix ; elle n'avait fait qu'accentuer sa douleur au lieu de la soulager. Alors, la gorge nouée, le mari lui avait posé un oreiller sur le visage pour cacher ce qu'il restait d'elle, et l'avait aidée à son tour à cramponner le fusil puis à armer le chien. De ses doigts tremblants, elle lui avait ensuite pris la main pour la guider vers la détente. Il avait détourné la tête tandis qu'elle lui pressait l'index, jusqu'au moment où une secousse lui avait ébranlé l'épaule, où les tremblements de la femme avaient cessé. Elle avait réussi à détruire la minuscule racine de ginseng dans son cerveau qui, loin de lui apporter de l'énergie, lui en dérobait. Le mari l'avait enterrée dans le jardin qu'elle avait autrefois cultivé, mais avait abandonné le docteur sans vie sur le parquet de la chambre. Il avait ensuite rassemblé quelques affaires et fui loin de ce qu'il avait fait, loin de la partenaire qu'il avait perdue. Il avait erré d'un État à l'autre, à la recherche de l'identité de Deets Merritt — le nom d'un défunt qu'il avait lu dans la rubrique nécrologique d'une petite ville du Tennessee. Mais il n'était pas parvenu à oublier qui il était réellement : Scoot McCutchen, l'homme dont la photo figurait sur les avis de recherche remis au marshal.

Celui-ci, que tout le monde à Mauckport appelait Mac, inspira plusieurs fois à fond, reposa les affiches sur son bureau, prit une Lucky Strike dans son paquet, l'alluma à la flamme d'une allumette puis souffla la fumée en murmurant : « Et après toutes ces années à cavaler partout, faut que vous débarquiez ici pour vous rendre… »

Et d'ajouter, en regardant Scoot droit dans les yeux : « La culpabilité, c'est un paquet rudement lourd à porter. Un homme doit compter avec le poids de ses fautes, qui sont autant de leçons données par la vie pour qu'il les commette plus. » Il lui confia qu'il connaissait déjà son histoire. Il avait vu passer les avis de recherche, entendu les alertes. Il avait également lu dans les journaux que les autorités avaient fait exhumer le corps de la femme et demandé à ses parents, les beaux-parents de Scoot, de venir identifier celle qu'elles pensaient être Elizabeth. La dépouille avait ensuite été replacée à l'endroit où elle avait été découverte, par égard pour les convictions de la famille, respectueuse des usages ancestraux. Poussière tu es, poussière tu redeviendras. Et une stèle avait été érigée sur la tombe. Le marshal ne savait pas en revanche où était enterré le docteur ; il avait juste entendu dire que sa voiture avait été vendue aux enchères, vu qu'il n'avait pas d'héritiers.

Il parla ensuite de la lettre laissée par la femme.

« Quelle lettre ? » s'étonna Scoot.

Jamais, dans toutes ces villes qu'il avait traversées et dans tous ces routiers où il s'était arrêté, dans tous ces endroits où il avait prêté l'oreille aux histoires qui circulaient, il n'avait entendu la moindre allusion à une putain de lettre.

Le marshal hocha la tête, avant d'expliquer que la femme avait rédigé une lettre annonçant son intention d'en finir ; elle avait cherché le soutien de son mari, expliquait-elle, mais elle avait compris qu'il ne le ferait pas pour elle, qu'il refuserait de l'abattre comme un chien atteint du Parvo, de mettre un terme à ses souffrances. Elle avait donc décidé d'agir seule, ou de demander à son docteur de l'assister. Le marshal avoua à Scoot qu'il le comprenait, car lui-même aimait son épouse plus que tout — plus que la beauté de tout ce que Dieu crée et détruit, plus que les deux gosses qu'ils avaient mis au monde pour perpétuer leur lignée. Alors, si elle avait dû subir une épreuve pareille — Oh, Seigneur ! —, endurer tous ces tourments en sachant que chaque nouvelle journée raccourcissait d'autant le compte à rebours jusqu'à la dernière, il aurait voulu lui aussi profiter au mieux du temps qu'il leur restait, et non l'abréger. Et s'il était rentré chez lui pour trouver un homme en train de l'aider à mourir, eh bien, il aurait sans doute fait pareil, voire pire.

Mac aurait voulu rompre le serment qu'il avait juré de respecter. Il aurait voulu brandir les affiches au-dessus de la poubelle près de son bureau, craquer une allumette, les brûler et dire à Scoot qu'il ne révélerait pas son identité tant qu'il serait marshal. De son point de vue, coupable ou non, l'homme avait suffisamment souffert. En même temps, il se doutait bien que ce n'était pas la solution.

Pour Scoot, qui vida ses poches puis laissa le marshal le conduire jusqu'à une cellule et l'enfermer derrière les barreaux, l'existence de cette lettre ne changeait pas grand-chose. Mais si, à aucun moment, il n'eut à se plaindre des ressorts de la couchette, il sentit bel et bien s'alléger le fardeau de culpabilité qu'il avait porté pendant des années tandis qu'il attendait sa punition, sa pénitence.

Un homme à terre (Junkies)

Merde, il était beaucoup trop tôt pour ce genre de connerie ! songea l'agent de la protection de l'environnement Moon qui, suant le bourbon par tous les pores, s'efforçait de guider son Expedition sur la petite route de campagne. Les battements de son cœur résonnaient dans son crâne, qui lui semblait sur le point d'exploser à cause du Knob Creek sur lequel il s'était jeté la veille au soir après que sa femme, Ina, l'eut traité de raciste.

Moon lui avait parlé du camion d'immigrants clandestins qu'il avait arrêté pour excès de vitesse. Et aussi de la came dont il avait senti la présence sans pouvoir en trouver la moindre trace sur eux ou dans le véhicule. Il avait raconté à Ina qu'il leur avait demandé leurs permis de conduire, sachant pertinemment qu'ils étaient tous faux. Il avait contacté par radio les services de l'immigration, pour se faire envoyer sur les roses : d'un côté, il ne pouvait pas prouver que ces hommes étaient en situation illégale ; de l'autre, leurs équipes n'avaient ni la place de les accueillir ni le temps de s'en occuper. Moon avait dit à Ina qu'un des immigrants avait un permis au nom d'un certain Bob. C'est à ce moment-là qu'elle avait piqué sa crise, l'accusant de faire du profilage raciste.

« Les clandestins peuvent très bien avoir un nom américain, avait-elle affirmé.

— Ce permis-là était au nom de Bob Dylan. »

Alors Ina lui avait reproché de ne plus s'intéresser à elle, de n'en avoir que pour que son boulot, la chasse et ses chiens, et la pêche au poisson-chat dans la Blue River. Ajouté qu'elle en avait marre, avant de s'enfermer dans sa chambre.

Moon était parti s'immerger dans des flots de bourbon sur le canapé du sous-sol.

Il avait téléphoné chez lui toute la matinée, entre le moment où il avait été appelé pour une intrusion sur une propriété privée et celui où il avait dû intervenir auprès de chasseurs occupés à vider des bières à la station de pesage du comté de Harrison. Quand arrivait la saison de la chasse aux cerfs, il était plus occupé que le champion d'une lignée de *mountain curs*[1] faisant des saillies pour transmettre ses gènes. C'est ce qu'Ina ne comprenait pas, songea Moon : en tant qu'agent de la protection de l'environnement, il avait des pouvoirs beaucoup plus étendus que ceux d'un policier lambda ; il pouvait tout aussi bien arrê-

1. Race américaine de chiens de chasse.

ter un chauffard ivre qu'intervenir dans une querelle domestique, voire faire une descente dans une ferme de marijuana ou dans un labo de meth.

Il était maintenant presque l'heure du déjeuner. Sa femme n'avait toujours pas répondu. Il savait qu'il l'avait blessée en lui disant de se trouver un putain de hobby. En attendant, elle n'aurait pas dû le traiter de raciste sans cœur. « Sans cœur », passe encore, mais « raciste », non. Il se considérait comme impartial, et il ne supportait pas qu'on puisse l'accuser du contraire. Plongé dans ses réflexions, il aperçut soudain un pick-up au loin, arrêté en plein milieu de la route, feux de détresse clignotant, radiateur défoncé, un des phares sorti de son logement, retenu seulement par les fils. Il activa son micro :

« Earleen ?

— Je t'écoute, Moon.

— Semblerait que j'aie un 10-50.

— Encore quelqu'un qui s'est payé un cerf ?

— Ça m'en a tout l'air. »

Moon se gara devant le pick-up, sur le bas-côté de la petite route creusée de nids-de-poule, le long d'un champ d'herbe desséchée que bordait une pinède — une pinède qui appartenait autrefois à Rusty Yates, un homme qu'il n'avait pas revu, et auquel il n'avait même pas pensé, depuis une bonne dizaine d'années. À l'époque, ils avaient fait pas mal de virées ensemble jusqu'à Jackson ou Hazard, dans le Kentucky, pour chasser le raton laveur, échangeant leur Thermos de café Folgers ou leur bouteille de bourbon et moult griefs au sujet de leurs épouses respectives, aussi indociles que des jeunes chiots. Et déplorant de ne pas pouvoir venir à bout de ces têtes de lard, ainsi qu'ils auraient maté de jeunes chiots. Avec le recul, c'était comme si la terre avait avalé Rusty après que sa femme l'eut quitté.

Ce fut seulement en descendant de l'Expedition que Moon reconnut le pick-up : celui de Brady Basham, un petit Noir qui habitait dans le coin, pas loin de l'endroit où se dressait l'ancien moulin, détruit par un incendie quelques années plus tôt. Brady était de la vieille école. Un des meilleurs pêcheurs de carpe et de poisson-chat de tout le comté.

Un sourire aux lèvres, Moon demanda : « T'as tapé un cerf ? » Coiffé d'une casquette de chasse à carreaux noirs et rouges d'où émergeaient des cheveux frisés gris écureuil, Brady leva vers lui des yeux aux pupilles énormes, sillonnés de minuscules veines pourpres. « Mouais, et même que j'ai bien failli avoir la nuque brisée à cause de cette foutue bestiole. »

Il tendit la main pour indiquer la direction d'où l'animal avait surgi, précisant qu'il avait pilé net. Le cerf avait néanmoins reçu un sacré choc, et sérieusement cabossé en retour l'avant de la Ford Courier rouillée, qui, malgré tout, roulait encore.

Alors qu'il examinait les dégâts sur le véhicule, Moon décela dans la fraîcheur de l'air campagnard une faible odeur d'ammoniaque chauffée. Une main sous le phare qui pendait comme un globe oculaire sorti de son orbite, Brady raconta que le cerf tombé sur la route s'était relevé en le voyant descendre du pick-up, et qu'il s'était éloigné dans le champ.

Moon hocha la tête, avant de dire : « Je peux te poser une question ? Est-ce que tu me trouves raciste ? »

Brady suça l'une des quatre seules dents que l'alcool et le tabac n'avaient pas noircies, fit courir sa langue sur ses gencives et répondit : « Nan, Moon, après toutes ces nuits qu'on a passées ensemble à se partager une bouteille quand on allait pêcher le poisson-chat dans la Blue River, je dirais que t'es aussi juste que n'importe quel frère de couleur que j'ai connu. »

Moon scruta le regard du vieil homme, cherchant à sonder son âme imbibée de *sour mash*[1], puis le remercia de sa gentillesse et expliqua que sa femme l'avait traité de raciste lorsqu'il lui avait parlé de ce camion de clandestins qu'il avait arrêté pour excès de vitesse. Il avait beau savoir que c'étaient des clandestins, ajouta-t-il, il n'avait rien pu faire.

« Ah, les femmes..., commenta Brady. Pour ma part, j'en ai jamais trop vu l'utilité, sauf pour échanger de la salive, si tu vois ce que je veux dire. » D'une main légère, aussi fragile qu'une aile de pigeon, il assena une petite tape sur l'épaule de Moon, et les deux hommes éclatèrent de rire.

Brady déclara ensuite qu'il voulait bien le cerf si Moon le retrouvait ; il avait envie de gibier frais,

1. Résidu de distillation incorporé avant fermentation du whiskey.

surtout de morceaux dans le filet et de viande hachée pour faire des saucisses d'été maison. Il montra la direction prise par l'animal, et Moon lui dit d'attendre près du pick-up ; il l'appellerait ou reviendrait le chercher s'il tombait sur la dépouille.

Une fois dans le pré, Moon se mit à tourner en rond comme un chien qui aurait perdu une piste. Malgré les quatre ou cinq comprimés d'aspirine qu'il avait déjà avalés, une douleur sourde pulsait toujours sous son crâne. En suivant du regard les haies d'épineux qui s'étendaient sur les côtés du champ, il se rappela les lapins qu'il chassait autrefois avec Rusty, lorsque tous deux partageaient une bouteille de whiskey pour essayer de réchauffer leurs carcasses transies.

Il n'avait aucune idée de ce qui avait pu arriver à son ancien compagnon de chasse. Il lui semblait qu'avec l'âge et les exigences du travail les responsabilités de la vie quotidienne éloignaient peu à peu les amis, jusqu'au moment où chacun s'apercevait qu'il avait oublié l'autre.

Inspirant l'air froid, il remarqua que l'odeur d'ammoniaque devenait plus forte, mais il n'aurait su dire de quelle direction elle provenait. Il demeura un moment immobile, à regarder autour de lui, lâcha un : « Et merde ! », puis sortit de sa poche son portable pour voir s'il recevait un signal. Bon, il allait rappeler Ina tant qu'il y avait encore du réseau. Une nouvelle fois, il n'obtint pas de réponse.

Chacun de ses pas déclenchant un nouvel élancement dans sa tête, il explora la terre sous les feuilles mortes à la recherche de traces de sang, persuadé que le cerf gisait quelque part à proximité. Il songea à tous les animaux blessés par un véhicule qu'il avait traqués au fil des ans ; jamais un cerf n'avait parcouru plus de quelques mètres avant de tomber raide mort, quand il ne s'était pas écroulé sur les lieux mêmes de l'accident. Mais celui-là était un dur à cuire, apparemment, qui avait continué de cavaler. Or, Brady le voulait. Qu'est-ce qu'il comptait en faire, ce vieux hibou pratiquement édenté ? Le suçoter avec ses gencives ? Le passer au mixeur et aspirer à la paille la bouillie de gibier ?

Un peu plus loin, il découvrit des pans entiers d'herbe colorée en rouge. Il étala sur ses doigts un peu de liquide épais, encore tiède. La bête était blessée. Galvanisée par l'adrénaline.

Moon suivit la piste sanglante à travers le champ jusqu'à un bosquet de pins.

Les arbres disséminés autour de lui semblaient s'élever jusqu'au ciel couvert. Ici et là, plantes grimpantes et taillis s'enchevêtraient. Moon avançait dans l'air humide et froid, faisant craquer sous ses bottes la couche d'aiguilles de pin jaunies, éclaboussées de sang. Le bruit lui paraissait résonner de plus en plus fort dans le silence du sous-bois.

Au bout d'un moment, il marqua une pause, la tête en vrac et les tripes nouées. Il avait la gueule de bois et l'estomac dans les talons. Il pesta contre sa femme, qui n'avait toujours pas répondu, et contre Brady, qui avait heurté le cerf. Mais avec un peu de chance, Ina lui aurait préparé du poulet frit quand il rentrerait du boulot, accompagné d'une purée de pommes de terre, d'épis de maïs et de petits pains chauds. Pour finir, il imaginait bien quelques pommes au four saupoudrées de cannelle. Cette seule pensée lui contracta douloureusement le ventre. Au diable ce vieil édenté de Brady et son foutu cerf !

Il fit encore quelques pas, pour constater que la piste sanglante s'arrêtait brusquement. L'odeur d'ammoniaque chaude lui irrita soudain les yeux et le nez. Tout en fouillant du regard les alentours, il se rappela, pour avoir chassé dans le coin des années plus tôt, que la ferme de Rusty se situait juste de l'autre côté du bosquet de pins. Il ne sut jamais s'il commença par l'entendre ou par la sentir, mais une explosion déchira le silence en même temps que son épaule gauche, lui infligeant une douleur plus vive que la piqûre d'un frelon. On lui avait tiré dessus.

Les oreilles bourdonnantes, submergé par un flot d'adrénaline, il se laissa tomber à terre comme un sac de patates. Le temps de dégainer son Glock calibre 40, et il roula jusqu'à un arbre, contre lequel il s'appuya pour limiter les risques d'être touché dans le dos. Il avait l'impression que ses poumons poussaient ses côtes pour trouver de l'air, et des taches rouges souillaient sa veste. Son bras gauche, en sang, pesait de plus en plus lourd. De toute évidence, son épaule avait été fracturée par un coup de fusil. C'était peut-être un chasseur qui l'avait pris pour un cerf, ou un dingue de la gâchette.

Après avoir posé son pistolet, il attrapa sa radio accrochée du côté de son bras ankylosé, et l'activa. « Earleen ? 10-78. Je me suis pris une putain de balle. À un peu plus d'un kilomètre de l'endroit où je me suis garé, sur Rothrock's Mill Road. Je me suis retranché dans un bosquet de pins, sur les terres de Rusty Yates.

— Bien reçu, Moon. Tiens le coup. Je préviens une autre unité de l'environnement, les flics du comté et la police d'État. »

Moon récupéra son Glock. L'adrénaline se mua en panique quand des pas firent craquer les aiguilles de pin aux alentours. Mais il eut beau scruter le sous-bois, il ne distingua aucun mouvement. Il se demanda une nouvelle fois d'où venait le coup de feu, se rappela qu'il était en service et cria : « Arrêtez de tirer, bon Dieu ! Je suis l'agent Moon Flisport, de la protection de l'environnement ! » Il n'avait même pas fini sa phrase qu'une voix s'éleva : « Va te faire foutre, poulet des champs ! »

Exactement ce dont il avait besoin, songea Moon : un putain de bouseux dégénéré. Il espéra que cette vieille carcasse de Brady n'allait pas débarquer dans ce merdier après avoir entendu la détonation, pensant peut-être que Moon avait trouvé le cerf et abrégé ses souffrances.

Il entendit des brindilles se briser autour de lui, de plus en plus près, mais il ne voyait toujours rien. La perte de sang l'affaiblissait rapidement, commençait à lui donner le tournis. Son esprit lui jouait des tours, des vibrations le secouaient tout entier, se propageant jusqu'au plus profond de son sternum.

Les paupières closes, il tenta de recouvrer son souffle en même temps qu'il luttait pour se ressaisir. C'était ce qu'on leur avait enseigné quand il était à l'école de police : se battre ou fuir. Or Moon était chasseur. Qu'est-ce qu'il s'imaginait, l'autre cinglé ? Qu'on pouvait comme ça prendre pour cible un agent de l'environnement ? Il ne se contentait pas de vérifier la validité des permis de pêche et de chasse, ni d'appréhender les braconniers ; il avait plus d'autorité que la police de la ville, du comté et même de l'État.

Les pas se rapprochèrent encore, puis s'arrêtèrent, et Moon cria : « Pour la dernière fois, posez votre arme, ou… » Désorienté, il distingua ce qui ressemblait à des bottes aux pieds d'un individu affublé de frusques bariolées, sur lesquelles se mêlaient le vert vomi, le noir et le brun boue, qui braquait sur lui le canon d'un fusil. Son visage vérolé était recouvert de croûtes, fendu par des favoris rouquins, et dans ses yeux des toiles d'araignée rouges avaient remplacé le blanc. C'était Rusty Yates, et il dit à Moon : « Faut que tu mettes les pieds là où t'as rien à faire, poulet des champs. Tu croyais me serrer, c'est ça ? »

Moon repensa à Ina, à leur dispute, à ses tentatives avortées pour lui parler, et brusquement la déflagration déchira le silence. Il s'affaissa sur sa gauche en pressant la détente du Glock. Une fois. Deux fois.

Étendu de côté, il regarda Rusty allongé de tout son long sur le sol. Tremblant. Toussant. Essayant de respirer alors que ses poumons se remplissaient de liquide. Il agonisait. Le hurlement des sirènes retentissait au loin, étouffé par les arbres. Quelque part derrière Moon, quelqu'un s'exclama : « Bordel de merde ! Fait chier ! »

Moon se sentait vidé. Rusty l'avait manqué de peu, mais il lui semblait que son corps était imbibé d'eau. Il avait du mal à distinguer la voix qui jurait des autres qui appelaient : « Moon ! Moon ! »

Il agrippa son pistolet, redoutant toujours de prendre une balle dans le dos, les yeux rivés sur le torse de Rusty qui se soulevait avec peine. Son ancien copain de chasse avait été touché en pleine poitrine, et des gouttes écarlates giclaient hors de sa bouche. Moon aurait voulu l'aider, le faire rouler sur le flanc, mais peu à peu le froid envahissait son corps, les bruits s'atténuaient et les bois environnants perdaient leurs couleurs.

Moon était assis dans un fauteuil en bois, le bras raidi par sa blessure, les oreilles résonnant encore de la détonation du fusil calibre 12, de celle de son Glock calibre 40 et du dernier souffle rendu par Rusty Yates.

Il avait rejoué la scène dans son esprit encore et encore. Son arrivée aux urgences du comté de Harrison. Le coup de téléphone donné à Ina. Mais tout comme les infirmières qui avaient tenté de la joindre, il n'avait jamais eu de réponse. Il était sorti le lendemain matin. Fisher, une nouvelle recrue à l'Environnement, l'avait escorté jusqu'au poste de la police d'État de Sellersburg pour un récapitulatif de ce qui s'était passé. Là, un homme avait enregistré la succession d'événements : Brady, le cerf, l'odeur corrosive de l'ammoniaque. Le silence oppressant dans le sous-bois. Et la douleur qui avait embrasé le bras de Moon avant de répandre ce grand froid dans ses membres.

La police d'État de l'Indiana, ayant bien compris que Moon n'avait pas d'autre solution, avait conclu à la légitime défense. Après le débriefing, Fisher avait ramené Moon chez lui.

Il était à présent assis à la table de la cuisine, devant une enveloppe en papier Kraft, ouverte, comportant son nom tracé à l'encre en majuscules. Une lettre d'Ina, posée près de son verre aussi vide que la maison. Il secoua la tête, accablé.

Il n'avait pas seulement abattu un homme, il avait tué un compagnon de chasse. Un vieux copain. Et pour la première fois de sa vie, il ne pouvait pas en parler à Ina, car elle n'était plus là.

Après avoir de nouveau rempli son verre, il avala une gorgée de bourbon couleur thé, savoura la brûlure de l'alcool le long de sa gorge et jusque dans ses tripes. Quand on décide de représenter la loi et l'ordre, il faut savoir faire des choix. Or, des choix, Moon en avait fait beaucoup dans son existence, impliquant toujours des membres de la communauté et leur famille. Il s'efforçait de gérer les conflits incessants entre eux — entre les différents clans, les différentes branches. Dans un monde qui prend toujours plus au travailleur, le point de rupture est vite atteint.

Il n'avait pas vu Rusty Yates depuis des années. Sa femme était partie après qu'il avait perdu son emploi, une bonne place dans une usine de retraitement d'accumulateurs qui avait été revendue et déplacée au Mexique, où les investisseurs pouvaient compter sur une force de travail moins onéreuse. Une décision qui avait privé de revenus beaucoup d'hommes et de femmes.

Rusty possédait plus de cent hectares en plein milieu de nulle part, et, comme il avait besoin de s'en sortir, il s'était associé avec Ray Ray, l'autre homme que Moon avait entendu jurer, pour cuisiner de la meth. Et par un malencontreux hasard, Moon était tombé sur eux en suivant la piste du cerf pour Brady Basham. Rusty et Ray Ray, partis chasser dans les bois, complètement défoncés aux amphétamines, avaient cru, en le voyant en uniforme, qu'il rôdait à leur recherche, déterminé à les coincer.

Fisher lui avait dit que leurs collègues avaient arrêté Ray Ray et renvoyé Brady chez lui sans le cerf qu'ils n'avaient jamais trouvé.

Dans sa lettre, Ina écrivait qu'elle était malheureuse, fatiguée des jugements racistes qu'il portait sur les autres et du peu d'attention qu'il lui accordait.

En allant de la cuisine à la chambre, son verre de bourbon à la main, Moon constata que les placards étaient vides. Les valises d'Ina avaient disparu. Il avait trop honte pour appeler le poste et demander une localisation du Toyota Land Cruiser de 85 qu'elle conduisait. Alors qu'il portait une nouvelle fois le verre à ses lèvres, faisant s'entrechoquer les glaçons, il songea que le pire de tout, c'était qu'il était lui-même trop bourré pour se lancer à sa recherche.

Pulsion

En abordant trop vite la courbe décrite par l'allée de gravier, Wayne perdit le contrôle de la Ford Courier. Accéléra encore au lieu de freiner. Fit rugir le moteur et percuta de plein fouet la jungle d'ormes devant lui. Sa tête étoila le pare-brise et son front se couvrit de gouttelettes tièdes, tandis que l'image d'une lame fendant la peau d'une femme hurlante s'éclairait brusquement dans sa mémoire.

Le sang séché s'écailla sur ses mains quand Wayne serra les poings, conscient de la Pulsion qu'il ne pouvait plus contenir.

Derrière lui, des faisceaux lumineux grignotèrent la nuit, puis balayèrent la Ford. Wayne se retourna et scruta les phares éblouissants qui lui tatouèrent les yeux de taches vert sombre, jusqu'au moment où il distingua le clignotement rouge et bleu au-dessus.

La portière de la voiture de patrouille claqua. Des bottes raclèrent les gravillons. Dans son rétroviseur latéral, Wayne regarda approcher l'agent dont il ne voyait pas le visage à contre-jour. Sa main droite agrippa la crosse en bois de la Marlin 30-30 à levier de sous-garde posée sur le siège à côté de lui, dont il s'était servi quelques heures plus tôt pour abattre des biches. La Pulsion dansait le quadrille avec les amphétamines dans son sang, enfiévrant son cerveau, quand il ouvrit sa portière.

L'agent Fisher, dit le Bleu, activa son micro.

« Moon ? T'es dans le coin ?

— Je viens juste de finir avec cette bande de gamins au moulin.

— C'est loin de Wyandotte Road ?

— Pas plus de quelques minutes. Pourquoi ? Qu'est-ce qui se passe ?

— On dirait bien que Brady Basham a encore voulu tester un échantillon de sa gnôle. Il a planté sa Courier dans un fouillis d'ormes à environ un kilomètre et demi de la 62, sur Wyandotte Road.

— Merde. Ce vieux dingo est pas censé conduire à cette heure de la nuit. OK, j'arrive. »

En braquant sa Maglite sur la bâche bleue qui recouvrait le plateau de la Ford, Fisher aperçut les traînées de fluides qui assombrissaient les rebouchages au mastic.

La portière de la Ford s'ouvrit à la volée côté conducteur. Une silhouette s'avança sur le gravier. Fisher cria : « Ça va, Brady ? J'ai l'impression que tu t'es fourré dans un sacré merdier, là ! Moon est en route, il nous donnera sûrement un coup de main pour te sortir de ce… » Le faisceau de sa lampe éclaira un visage osseux, aux traits convulsés par une fureur inouïe.

Le canon de la 30-30 expulsa une flamme orange. Sépara la chair et l'os dans l'épaule droite de Fisher, qui eut l'impression d'avoir été frappé par un coup de pioche assené avec une force incroyable. Sa Maglite tomba sur le gravier, et il suivit le même chemin en tentant de former des mots : « Tu… tu… tu m'as tiré dessus. »

Wayne éjecta la douille vide. Se campa devant Fisher en écoutant le son sifflant produit par les poumons du jeune agent, sans doute sous l'effet conjugué de l'asthme et du choc. Fisher porta la main à sa poitrine, essaya d'atteindre son Glock. Wayne lui appuya le canon de son arme sur l'épaule gauche. Pressa la détente. Terre et os explosèrent. L'agent se raidit brusquement. Wayne éjecta de nouveau la douille avant de s'agenouiller. Les oreilles résonnant encore des coups de feu, il posa la 30-30 à côté de Fisher, dont les yeux papillotants rencontrèrent son regard vide. La bouche du jeune agent se mit à mousser comme une pression quand il lâcha dans un souffle : « P-p-p-pourquoi t'as f-f-f-fait ça, Wayne ? »

Sans répondre, celui-ci dégaina de sa main droite son couteau à écorcher au tranchant affûté. Plaqua la gauche sur la bouche écumante de Fisher pour étouffer ses cris. La Pulsion affermissait sa prise sur le couteau. Il en appuya la lame entre les mèches de cheveux humides et l'oreille jusqu'à sentir les cartilages mous sous la pointe. Des visages barbus, salis par la guerre, lui emplissaient la tête de leurs cris dans des langues à la fois étrangères et familières. Il détacha l'oreille du crâne comme il l'avait fait dans les montagnes. Fisher se débattit avec la dernière énergie, avant de retomber, inerte.

La Pulsion propageait des fourmillements dans le corps de Wayne quand il ramassa l'oreille et l'ajouta à l'autre dans son treillis imprimé désert. Après avoir rengainé le couteau, il saisit sa 30-30.

Derrière lui, une voix accompagnée de grésillements s'éleva de la radio accrochée à la ceinture de l'agent : « Fisher ? Brady va bien ? » Wayne connaissait le nom associé à cette voix : Moon. Souvenirs de ces années avant qu'il s'engage et parte pour l'Afghanistan ; de son père et lui chassant le raton laveur avec cet homme… Wayne entendit un moteur vrombir au loin, vit encore la cime des arbres s'éclairer comme des chandelles romaines, et s'évanouit dans les bois.

Des pneus dérapèrent sur le gravier en s'arrêtant. Moon s'avança dans la lumière des phares, où tournoyait la poussière, et découvrit la forme humaine allongée sur la route.

« Merde ! »

Il posa ses doigts dans le cou de Fisher. Sentit le pouls battre à toute vitesse. Saisit sa radio, le front soudain moite.

« Earleen ?

— Je t'écoute, Moon.

— J'ai un homme à terre. Toujours vivant. À environ un kilomètre et demi de la 62, sur Wyandotte Road. Envoie une ambulance de toute urgence !

— Elle est en route. »

Une entaille béante s'ouvrait dans l'épaule droite de Fisher. Un coup de feu tiré à une distance d'un mètre vingt à un mètre quatre-vingts, estima Moon. Des lèvres du jeune agent s'échappait une écume blanchâtre semblable à un comprimé d'Alka Seltzer en pleine effervescence, qui dégoulinait dans le col de sa chemise réglementaire marron. Quant à son épaule gauche, elle était déchiquetée comme si on l'avait fait sauter avec un petit bâton de dynamite. Tir à bout touchant. Et brusquement, Moon remarqua la tache sombre à la place de l'oreille gauche.

« Putain de fumier ! Tiens bon, Fish. »

Moon se retourna, la main sur son H & K calibre 40. Dirigea sa Maglite vers les bois environnants. Rien. Il fouilla l'intérieur de la Ford. Une caisse presque vide de Milwaukee's Best sur le plancher, côté passager. Une bouteille vide d'Old Forester. Un gros boîtier noir sur le siège rafistolé avec du Scotch : un projecteur. Un Ziploc ouvert sur le tableau de bord, où subsistaient des traces de poussière de cristal. De la meth. Brady n'a jamais touché à ça, songea Moon.

Il braqua sa lampe sur la bâche bleue qui recouvrait le plateau du pick-up de Brady Basham. La souleva. L'odeur du gibier frais l'assaillit en même temps qu'il distinguait trois corps. On n'était encore que début octobre, la chasse aux cerfs n'était pas ouverte, pourtant il avait devant lui deux biches braconnées et éviscérées. Ainsi qu'un humain : un ami mort. Moon pinça les lèvres, puis saisit sa radio.

« Earleen ?

— Oui, Moon.

— En plus de l'agent blessé, on a deux biches braconnées et une victime. Brady Basham a été assassiné.

— J'envoie tout de suite une unité. »

Moon examina le visage de Brady, la peau aussi tannée qu'un vieux cuir. Ses touffes de cheveux crépus, gris ardoise, qui formaient de courtes piques sur sa tête, ses yeux tuméfiés réduits à des fentes à peine visibles. Son nez n'était plus que cartilage aplati et, comme Fisher, il lui manquait l'oreille gauche.

Aucun doute : ce n'était pas lui qui avait défoncé sa Ford Courier.

La gorge nouée, Moon contempla la dépouille de son partenaire de pêche en murmurant : « Dans quel genre d'enfer t'as mis les pieds ce soir, Brady ? » Il le savait déjà plus mort que les poissons-chats qu'ils rapportaient souvent en fin de nuit pour les vider, les découper en filets et les faire bouillir dans la cuisine du vieil homme — des moments passés ensemble à boire du whiskey en se racontant des histoires de femmes et en échangeant légendes et secrets de chasseurs. Il lui posa néanmoins deux doigts dans le cou afin d'estimer la température du corps. Pour autant qu'il pût en juger, le décès de Brady remontait à moins d'une heure.

Et, de toute évidence, le salopard qui l'avait tué était parti à pied. Mais dans quelle direction ? Sans doute vers le bas de la colline, par facilité. Il ne devait cependant pas avoir beaucoup d'avance.

Il pressa le bouton de son micro.

« Earleen ?

— Je t'écoute.

— Réveille l'inspecteur Mitchell et aussi Owen, le coroner. Ah, et demande aussi à Sparks d'amener ses chiens. Pour moi, le suspect s'est enfui à pied. Il est armé et dangereux. Et envoie une unité chez Brady. Sa fille habite avec lui. Espérons qu'elle est encore en vie. »

Moon éclaira Fisher pour vérifier qu'il respirait toujours. Remarqua l'éclat luisant du laiton à côté de lui. S'agenouilla. Des douilles de 30-30, encore chaudes. Très certainement le calibre qui avait déchiqueté les épaules de Fisher.

Les poumons en feu, Wayne écrasait les feuilles desséchées sous ses semelles. Ses yeux s'étaient accoutumés à la pénombre ambiante, et, la 30-30 sanglée en travers de son dos, il courait, évitant les troncs autour de lui, sautant par-dessus les branches mortes. Quand les sirènes retentirent, il se jeta à terre derrière une souche pourrie. Perçut le hululement rouge orangé d'une ambulance puis les stridences bleu-rouge des deux voitures de patrouille qui la suivaient, éclairant de leurs lueurs clignotantes les arbres le long de Wyandotte Road.

Le cœur de Wayne battait comme une mule botte : fort. Il s'assit pour reprendre son souffle en se remémorant le raclement de doigts osseux sur la porte de sa caravane. Il avait ouvert, pour découvrir Brady dans le champ de son propre père, tenant une canette de Milwaukee's Best encore humide de condensation. Il voulait braconner quelques cerfs à la lumière d'un projecteur.

« Ça marche, avait dit Wayne.

— Tu prends ta 30-30 ? Moi, j'ai emporté que ma 22. »

Wayne avait attrapé une boîte de cartouches et la carabine posée près de son matelas aux draps malodorants.

Brady avait avalé une gorgée de bière, puis indiqué sa canette. « J'en ai une caisse pleine, et aussi une bouteille de whiskey. »

Wayne n'avait pas dormi depuis des jours, et ses yeux semblaient cerclés d'ecchymoses. Il faisait de son mieux pour étouffer la Pulsion, fumait cigarette sur cigarette, noyait les amphétamines dans le bourbon. Chaque fois qu'il entamait la descente, les visions se rapprochaient furtivement, grognant et piaillant. Alors il avait aligné les rails, inhalé la poudre humide, fine comme du talc, qui lui brûlait les narines et lui consumait le cerveau, jusqu'à annihiler tout sentiment de peur et toute envie de meurtre.

En sortant de sa caravane, il avait entendu claquer une porte-moustiquaire au loin et aperçu la silhouette d'un homme âgé qui émergeait de la maison en grès où il avait lui-même grandi. Son père, Dennis, le laissait loger dans la caravane où ils campaient tous les deux autrefois lorsqu'ils allaient à la chasse et à la pêche. Wayne n'avait pas passé une seule nuit dans la maison familiale depuis son retour de l'étranger et la mort de sa mère, Dellma. Il ne l'avait jamais pleurée ni ne lui avait jamais fait ses adieux, mais il regrettait leurs conversations quand les choses allaient mal, sa manière de lui dire que tout irait bien. Que tout finissait toujours par s'arranger. Il avait la nostalgie des draps en flanelle et des courtepointes cousues main, des ragoûts et des rôtis préparés avec le gibier que son père et lui avaient abattu, toujours accompagnés des légumes frais qu'elle avait ramassés dans le jardin et mis en conserve. La nostalgie des parfums, des textures. Elle savait comme personne rendre leur existence plus douce, leur foyer plus douillet. Mais pour Wayne, cette vie-là était définitivement enterrée dans les montagnes afghanes.

Le crâne de Dennis s'auréolait de cheveux couleur tourterelle. En pantalon cargo de chez Dickies et T-shirt Hanes blanc rentré dans sa ceinture, il avait demandé : « Tu sors ? »

Lui-même vétéran du Vietnam, il était à même de comprendre la façon dont son fils affrontait ce qu'il avait vu et fait.

« Je rentrerai tard », s'était contenté de répondre Wayne.

Son père avait hoché la tête.

« Sois prudent », lui avait-il recommandé. Comme s'il se doutait qu'un jour, à force d'être remuée, la merde finirait par jaillir. Wayne le voyait à l'attitude de son père, à ses mains obstinément fourrées dans les poches de son pantalon bleu passé, à son pas traînant, à ses regards dont il s'efforçait d'exclure tout jugement : il redoutait le moment où son fils péterait les plombs. Dennis ne savait pas tout, évidemment, mais il en devinait une bonne partie ; pour avoir connu les jungles du Vietnam, il était conscient de la part d'ombre en lui. Il avait dit à Wayne qu'une thérapie l'aiderait peut-être, même s'il n'en avait lui-même jamais suivi à son époque. En ce temps-là, personne ne respectait les soldats qui rentraient au pays. On attendait d'eux qu'une fois revenus ils reprennent leur vie comme s'il ne s'était rien passé, qu'au pire ils plongent dans l'alcool à la recherche de la personne qu'ils étaient avant de partir.

« Est-ce qu'une thérapie peut aider ceux qui ont changé de camp ? » l'avait questionné Wayne.

Son père n'avait pas cherché à savoir ce qu'il entendait au juste par là, se bornant à répondre : « La guerre est une méthode brouillonne pour résoudre les problèmes d'un pays. Notre mode de vie ne convient pas à tout le monde, mais quand l'Oncle Sam décide de s'en mêler, personne n'a le choix. »

Ce soir-là, Wayne lui avait adressé un signe de la

main que son père lui avait rendu avant de rentrer. Puis, le reste de la meth en poche et sa 30-30 à la main, il avait rejoint Brady. Jamais Wayne n'avait vu le vieil homme conduire après la tombée de la nuit — même avant qu'il parte à l'armée, quand ils allaient encore tous les deux à la pêche au poisson-chat dans la Blue River —, si bien qu'une fois de plus il avait pris le volant. Ils avaient sillonné les petites routes tortueuses autour du vieux moulin incendié par des gosses des années plus tôt. Les champs se déployaient devant eux sur des centaines d'hectares — le royaume des arbres, de la végétation, de la vie sauvage et du silence.

De son bras maigre, Brady tenait le projecteur pour éclairer les tiges de maïs coupées et laissées à sécher sur la terre qu'ils longeaient lentement. Jusqu'au moment où la lumière s'était réfléchie sur les yeux de créatures à l'affût des épis tombés au sol. Wayne s'était arrêté, avait serré le frein à main et attrapé sa carabine, puis, stimulé par l'adrénaline, s'était penché par-dessus le capot. Des coups de feu avaient déchiré la nuit.

La première biche s'était écroulée. La douille vide éjectée de la carabine avait roulé sur le capot. Une autre explosion avait crevé le silence nocturne, et une seconde biche s'était effondrée.

Wayne les avait toutes les deux éviscérées sur place, se servant de son couteau pour pratiquer une incision de l'arrière-train au sternum. Sans toucher à l'estomac, il leur avait plongé une main dans le thorax pour découper l'œsophage, et une bouffée d'allégresse l'avait saisi en même temps que le cœur et les intestins se déversaient hors des dépouilles.

Les deux hommes étaient ensuite retournés jusqu'à la bicoque grisâtre de Brady pour préparer le gibier. Quand elle les avait entendu arriver, la fille de Brady, Dee Dee, s'était portée à leur rencontre. Elle leur avait préparé un petit déjeuner de fin de nuit, mais Wayne n'avait pas faim lorsqu'il s'était assis à la table de la cuisine ; il voulait s'occuper de la viande au plus vite, avant qu'elle ne se gâte. Brady avait balayé d'un geste les inquiétudes de son compagnon, disant qu'ils avaient tout le temps de partager une bouteille de Boone's Farm — qu'il appelait de « la limonade version corsée ».

Dee Dee avait commencé à flirter avec Wayne, lui chatouillant le cou de ses longs ongles laqués d'une nuance rose langue. Il avait tenté d'ignorer la façon dont elle se penchait devant lui pour poser sur la table un bol de sauce blanche, un plat de biscuits recouverts d'un torchon et une assiette de bacon. Dont ses yeux bruns le fixaient, encadrés par des cheveux mi-longs aussi noirs que du bois calciné. Dont sa chemise flottant autour d'elle dévoilait un décolleté couleur caramel.

Soudain, la main de Brady s'était refermée sur le bras de sa fille, qu'il avait écartée de la table sans ménagement. Des assiettes s'étaient entrechoquées avant de se briser sur le plancher en pin. Voyant son père lever sa main libre, Dee Dee avait supplié : « Papa ! Non ! »

La Pulsion née dans les villages de montagne avait brusquement assombri le cœur de Wayne. L'alcool et les drogues circulant dans son organisme avaient décuplé sa rage. Il avait saisi le poignet de Brady par-derrière pour l'empêcher de frapper sa fille, puis l'avait fait pivoter vers lui. Le vieil homme avait libéré Dee Dee, qui était tombée par terre. Au même moment, Wayne lui expédiait un direct dans le rein gauche. Le sang déferlait furieusement dans ses veines, grondait à ses oreilles. Il avait aveuglé Brady à coups de poing avant de lui aplatir le nez. Puis il lui avait broyé d'une seule main son cou de dindon. Les os avaient cédé aussi facilement qu'une mine de crayon tendre.

Dee Dee lui criait d'arrêter. Brady ne ressemblait déjà plus à rien. C'est alors que Wayne avait franchi la ligne de démarcation qui le séparait de l'Autre. Il avait dégainé son couteau, appuyé la pointe de la lame contre le crâne du vieil homme, et il venait de lui trancher l'oreille quand il avait senti quatre minuscules dents d'acier perforer un muscle dans son dos.

Dee Dee l'avait frappé avec une fourchette. La fureur avait débordé les instincts de Wayne, qui avait forcé la jeune femme à reculer contre l'évier. Les larmes aux yeux, elle l'avait imploré : « S'il te plaît, s'il te plaît. Je regrette, je regrette… » Il l'avait cependant saisie à la gorge, et il avait serré, et serré encore, tandis que les souvenirs affluaient. Images de sites gravées dans son esprit. Coordonnées de grottes et de villages. Un homme ligoté, un bandeau sur les yeux, ruisselant de sueur tandis qu'une innocente hurlait. Bruit de vêtements déchirés et suppliques dans une langue étrangère.

Sous ses doigts, il avait senti le corps de Dee Dee se relâcher. Il l'avait étouffée jusqu'à l'inconscience. Il n'avait encore jamais tué de femme et n'avait pas l'intention de commencer. Alors il l'avait étendue sur le sol, puis il avait chargé Brady à l'arrière du pick-up, près des deux biches. Dans les montagnes, on parlait de « rassembler les morts » ; on empilait les cadavres, parfois pour les enterrer, parfois pour les brûler. Il avait récupéré l'Old Forester sur le plancher de la Ford, sans savoir où il irait ni ce qu'il ferait, se contentant de rouler et de boire du whiskey jusqu'à ce que tout devienne noir dans sa tête et qu'il se retrouve sur Wyandotte Road, à accélérer au lieu de freiner. À foncer droit dans les ormes tandis que la Pulsion lui fouaillait les entrailles.

Il entendait maintenant les aboiements d'un chien de l'unité cynophile se répercuter dans les bois d'où lui-même venait d'émerger. Des phares trouèrent l'obscurité, éclairant Wyandotte Road au loin. Les arbres réfractèrent la lumière d'un projecteur. Le cœur de Wayne rua de nouveau comme une mule. Il se leva. Voulut courir vers la faible lueur qui brillait au pied des collines, où se trouvait une vieille cabane. Mais, brusquement, les crocs d'une gueule grondante s'enfoncèrent dans son mollet, déchirèrent tendons et ligaments, puis remontèrent jusqu'à la cuisse. La douleur n'atteignit cependant pas la conscience de

Wayne, qui tituba, chuta et roula dans la pente en étreignant le chien, la 30-30 toujours sanglée dans son dos. Les feuilles mortes craquaient tels des sacs en papier sous leurs deux corps enlacés, des branches se brisaient et les écorchaient, jusqu'au moment où ils s'immobilisèrent sur le quartz concassé, recouvert d'un voile de rosée, dans la cour de la vieille cabane qui se dressait le long de la Highway 62.

Le berger allemand plaqué contre son corps noueux, Wayne parvint à le maîtriser en le serrant comme dans un étau. Il lui comprima les muscles et les os, agrippant à pleines poignées le pelage de son cou. Puis, après avoir dégainé son couteau de la main droite, il immobilisa de l'autre les mâchoires de l'animal et lui enfonça la lame dans la gorge.

Les quatre pattes du chien ne tressaillirent même pas quand il lui coupa l'oreille gauche pour la fourrer dans son treillis.

Les 4 × 4 de l'unité du comté et de la protection de l'environnement freinèrent sur Wyandotte Road. Le projecteur de Moon illumina l'herbe mouillée, révélant l'homme qui se tenait devant lui en T-shirt gris et tenue de camouflage du désert, maculé de sang animal et humain. Des bras et un visage comme taillés dans de la glace, dure et froide. Sa lame brillait dans la clarté du faisceau. Des lueurs rouges et bleues dansaient dans l'obscurité derrière les agents Sparks et Moon, descendus de leurs véhicules. Ils n'étaient plus qu'à une dizaine de mètres de Wayne quand Moon, qui venait de dégainer son H & K, le reconnut. Il avait chassé autrefois avec Dennis, le père de Wayne, et avec Wayne lui-même avant que celui-ci ne parte à la guerre. Refusant encore de croire qu'il avait en face de lui l'assassin de Brady, il ordonna : « Lâche ce couteau, Wayne ! »

Sparks braqua sa Maglite sur la silhouette inerte de son chien un peu plus loin.

« Putain, ce salopard a tué Johnny Cash ! »

Moon gardait son H & K braqué sur Wayne. « Ne m'oblige pas à faire ça », implora-t-il.

Wayne évalua la distance entre eux. À l'entraînement, il avait déjà touché des cibles aussi éloignées. Conscient toutefois qu'il était en danger, qu'il pouvait mourir, il lâcha son couteau. Mais cette pensée lui fouetta le sang, et il tourna soudain le dos aux policiers. S'éloigna en boitillant, puis se mit à courir. Sentit une boule de feu lui déchirer l'épaule gauche quand il traversa la Highway 62. Entendit crier : « Il a coupé l'oreille de mon Johnny Cash ! »

Plusieurs autres détonations éclatèrent, mais Wayne n'éprouva aucune douleur lorsqu'il franchit d'un bond la glissière de sécurité de l'autre côté de la 62, pour retomber sur le versant abrupt de la colline, plongé dans l'obscurité. Branchages et épineux lui griffèrent le corps tandis que resurgissait dans son esprit l'image de tous ces visages. Ceux des hommes dans les villages. Entravés.

Wayne pataugea dans la rivière jusqu'au plus fort de ce courant qu'il avait chevauché dans une chambre à air autrefois, quand il était tout gamin. Tomba et heurta le fond rocheux plat. Refit surface. Hoqueta. Se laissa dériver sur le dos telle une feuille d'arbre, indifférent aux fractures à l'intérieur, aux zones meurtries et ensanglantées à l'extérieur. Sachant qu'il n'était qu'à une dizaine de kilomètres de chez lui, peut-être moins, se rappelant qu'il était parti en vrille à cause de cet homme — un paysan comme son père, vêtu de vieilles nippes élimées, grises et brunes, qui arborait une stalactite de barbe.

Les huit soldats dans l'unité de Wayne croyaient que cet homme et ceux qui étaient assis par terre contre un mur de boue séchée, pieds et poings liés, étaient des Talibans déguisés en fermiers, qu'ils communiquaient des informations sur les troupes américaines et leurs déplacements quand ils les voyaient passer dans la vallée en contrebas du village.

Le fermier les avait suppliés, affirmant qu'il n'était pas un Taliban. Trois soldats l'avaient traité de menteur. Lui avaient craché dessus, avaient voulu faire de lui un exemple pour impressionner les autres. Lui avaient tranché les muscles fléchisseurs des coudes avant de siphonner un vieux générateur rouillé pour l'arroser d'essence. Sous les yeux de sa femme et de sa fille.

Wayne avait objecté que ce n'était pas comme ça qu'on obtenait des renseignements.

Mais c'étaient les cinq soldats qui avaient traîné les femmes dans la pièce au fond de la construction de boue séchée, les cris qu'elles poussaient dans une langue étrangère et le bruit de leurs vêtements déchirés qui lui avaient fait franchir le point de non-retour.

Il s'était rué à l'intérieur, sur le sol de terre battue, pour découvrir ses compagnons hilares. L'un tenait les femmes en joue, les incitait à crier. Deux autres en plaquaient une plus jeune à terre tandis qu'un quatrième s'était débarrassé de son attirail et déboutonnait déjà son treillis.

Wayne l'avait attrapé par l'épaule pour le tirer en arrière. Ce dernier avait grondé : « Hé, attends ton tour, OK ? », avant de reporter son attention sur la fille. Quand Wayne l'avait de nouveau fait pivoter, le soldat l'avait attaqué, lui enfonçant son épaule dans le ventre. Le repoussant contre le mur. Lui coupant le souffle. Lui expédiant des coups de tête en pleine figure. Hors d'haleine, il l'avait traité de tous les noms. Wayne avait senti des flots tièdes couler de son nez cassé et de ses lèvres fendues. Entendu le fermier dehors hurler en percevant l'odeur de sa propre chair embrasée. Alors il avait réagi.

Il avait repris conscience avec une lame dans une main, un 9 mm dans l'autre, une pile d'oreilles gauches sur ses genoux et la Pulsion en lui. Tous les hommes de son unité avaient une oreille en moins et le même impact de balle dans le crâne. On ne pouvait plus rien pour l'Afghan, brûlé au dernier degré. Les femmes étaient horrifiées, en état de choc. Les autres villageois, encore sous le coup de la peur mais bien vivants, gardaient leurs distances ; dans leurs yeux se lisait un mélange d'admiration et de peur. Il les avait aidés à enterrer le fermier et à incinérer les huit soldats qu'il avait abattus, puis à disperser leurs cendres le long de la vallée.

Wayne avait ensuite fait cavalier seul. Connaissant tous les itinéraires empruntés par les troupes américaines dans les montagnes, il avait tendu des embuscades à ses frères d'armes. Il avait été entraîné par l'élite, il savait comment les Talibans rassemblaient leurs informations. Lente éviscération. Promesses de nourriture et même de libération en échange d'informations, puis décapitation. Des méthodes héritées de l'époque médiévale, approuvées par de saints hommes. Il avait tué les bons comme les méchants. Mené une guerre acharnée contre lui-même pendant six mois. Vivant dans ces montagnes au milieu des paysans. Essayant de donner un sens à ce qu'il faisait. À ce qu'il était devenu. Jusqu'à ce qu'il se rende compte que rien n'avait de sens. Mais trop tard.

C'est ce qui arrive quand un jeune paysan du sud de l'Indiana réussit brillamment le test d'aptitude pour entrer dans les forces armées. Wayne savait manier une lame bien mieux qu'un lanceur de couteaux philippin. Un fusil à la main, il était capable d'atteindre en plein dans le mille une cible située à l'autre bout d'un champ. Il possédait des talents de comique dignes de Mohamed Ali avant son incorporation. Pistait le gibier plus sûrement qu'un limier. Il voulait servir son pays, utiliser les ressources que Dieu lui avait données. Malheureusement, Dieu avait d'autres projets pour lui.

Alors que la rivière l'emportait toujours plus loin dans la vallée obscure, il se souvint du jour où les Américains avaient envahi le village. Après l'avoir découvert parmi les fermiers, ils lui avaient demandé ce qu'il fabriquait là et où étaient les autres.

Ils l'avaient placé en isolement pendant deux ans. Ils voulaient savoir ce qui s'était passé là-bas, dans les montagnes. Wayne leur avait raconté qu'il n'en gardait aucun souvenir. Il s'entretenait quotidiennement avec des médecins. Il leur avait parlé de sa rage, de cet immense bouleversement en lui. Des morts qu'il avait vus, de ceux qu'il avait lui-même mis dans cet état. On lui avait prescrit des médicaments, posé des questions, encore et encore, fait passer des tests. Pour finir, ayant été jugé inapte au service, il avait été démobilisé et gratifié d'une pension modeste.

Wayne, qui dérivait toujours au fil de l'eau, attrapa soudain les racines d'un arbre charrié par le courant et s'y cramponna en sachant bien que, quel que soit l'endroit où l'entraînerait la rivière, la distance qu'elle lui ferait parcourir, la Pulsion serait encore là, en lui, n'attendant que le moment de resurgir.

Belle même dans la mort

Bishop se tenait dans le courant glacé de la Blue River, de l'eau jusqu'aux genoux, le poing refermé sur sa canne à pêche. Il tournait le dos à Christi. Quand elle lui effleura de nouveau le cou du bout de ses doigts aussi légers que des pétales, il ne s'écarta pas, cette fois, et se borna à la chasser de la main tel un insecte agaçant.

« Pourquoi tu me repousses ? demanda-t-elle.

— Je t'ai déjà dit qu'on devait plus se voir.

— Ah oui ? Pourtant, t'as pris ton pied tout à l'heure comme si t'avais tout l'été devant toi. »

Christi habitait à environ un kilomètre et demi de la rivière. Tout avait commencé entre eux par un béguin de jeunesse qui avait débouché sur un flirt, puis sur une véritable liaison.

« Je suis venu pour pêcher, répliqua-t-il. Et aussi pour te dire de plus téléphoner chez nous ni débarquer à l'improviste. On est cousins germains. Vaut mieux en rester là. »

En équilibre précaire, Christi lâcha sa canne à

pêche et approcha ses lèvres de la chaleur rude dégagée par la peau vieillissante de Bishop. Après avoir pris une profonde inspiration, elle implora : « Fais pas ça, s'il te plaît. » Devant le silence qu'il lui opposait, elle insista : « Si tu veux, je la tuerai pour toi. Plus de Melinda. Juste toi et moi, Christi et Bishop. »

Ces paroles résonnèrent comme une menace dans la tête de Bishop, défiant la conception du bien et du mal qu'il s'était forgée en quarante et quelques années. Si quelqu'un apprenait ce qui s'était passé entre Christi et lui, ils seraient maudits par leur famille, par la communauté tout entière. Il n'avait plus le choix : puisque les mots n'avaient aucun sens pour elle, il allait devoir employer un autre moyen pour mettre un terme à leur histoire.

Il abandonna sa canne et lui plaqua brutalement ses larges paumes sur les oreilles. Christi ravala un cri. Les doigts de Bishop s'insinuèrent dans son épaisse chevelure noire striée de mèches grises aussi fines que des aiguilles de pin, en même temps qu'il la déséquilibrait d'un coup de pied. Il l'accompagna dans sa chute pour mieux la maintenir sous la surface, puis s'assit à califourchon sur sa poitrine. Les jambes de Christi s'agitaient frénétiquement. De ses énormes paluches, il immobilisa les mains menues qui, toutes griffes dehors, cherchaient à l'atteindre — ces mêmes mains qui, pendant vingt ans, avaient trié le courrier au bureau de poste, de huit heures à dix-sept heures du lundi au vendredi. Il les lui ramena sur la gorge. Regarda les petites bulles d'air échappées de sa bouche exploser dans l'eau froide en se répétant qu'il n'avait pas d'autre solution, qu'elle ne l'aurait pas écouté de toute façon.

Il entendit soudain un véhicule dévaler la route de gravier un peu plus haut dans la vallée. Les efforts de Christi pour se dégager diminuèrent en même temps que le régime du moteur. Il y avait quelque chose dans le grincement de la direction qui semblait familier à Bishop, mais le bruit se mêlait au rythme inégal de la pulsation sourde dans son crâne, l'empêchant de l'identifier. Puis le vrombissement se tut. Submergé par la folie meurtrière qui déferlait dans son sang, Bishop pesait de tout son poids sur Christi pour la plaquer sur le lit rocheux.

Une portière claqua, mais il n'aurait su dire dans quelle direction ; entre le tumulte en lui et la rumeur du courant, il avait l'impression que son ouïe lui jouait des tours. Il distingua néanmoins des pas qui faisaient crisser le gravier, des craquements de brindilles et de tiges écrasées. Il se figea pour scruter la berge, sans parvenir à localiser la source de ces sons que, dans son état de fébrilité, il imaginait rebondir sur la surface du cours d'eau.

Lorsqu'il ne sentit plus ni sa prise dans le courant glacé ni aucun mouvement en dessous de lui, il se redressa et laissa le corps remonter légèrement, venir s'appuyer par les aisselles contre ses tibias immergés. Il ne voyait toujours rien le long de la route en surplomb, envahie par les herbes folles. Il avait dû rêver. Il poussa le corps vers la berge. Prit une Miller

High Life dans le pack de six posé au bord de l'eau. Tira la languette d'un coup sec. Vida la canette à longs traits en se demandant ce qu'il allait faire du cadavre.

Après l'avoir écrasée entre ses doigts, il en ouvrit une autre. Avala une gorgée de bière, ferma les yeux, secoua la tête et éclata de rire, envahi par une sensation grisante de toute-puissance.

Debout au-dessus de Christi, il se dit qu'elle n'avait pas l'air d'une noyée quand il examina ses yeux ouverts à l'aspect vitreux, comme recouverts de Cellophane. Son teint devenu d'un blanc crayeux sous le choc. Les ecchymoses qui, pareilles à des taches d'encre, apparaissaient déjà autour de sa gorge et de ses poignets. Le tissu mouillé de sa robe à imprimé fleuri, qui moulait les globes parfaits de ses seins. Belle même dans la mort, conclut-il.

Toujours immobile, il se souvint que son père l'avait emmené pêcher dans ce coin dès qu'il l'avait jugé en âge d'attacher le fil à une canne et d'accrocher un appât. Se rappela les black-bass, les perches-soleil grandes comme la main et les barbues de rivière qu'ils attrapaient. Sortit de sa poche de chemise une cigarette qui n'était pas mouillée, ainsi que la pochette d'allumettes Ohio Blue Tip également sèche. En craqua une, puis s'agenouilla en tirant sur le filtre jusqu'à faire rougeoyer l'extrémité tandis que ses yeux suivaient la fuite du courant vers l'aval. Il exhalait la fumée quand une image s'imposa à son esprit telle une vision envoyée par son Créateur : celle d'une fosse si profonde que même les ténèbres s'y égaraient — une tombe anonyme pour Christi.

Il longea le chemin de terre tracé par une multitude de bottes entre les hautes herbes flétries, parsemées d'arêtes de poisson et de vieilles canettes de bière, jusqu'à la route de gravier où il avait garé sa vieille Chevy. Explora encore une fois la vallée du regard, sans repérer le moindre véhicule stationné sur le bas-côté. Fit quelques pas dans la pente puis se ravisa. Il n'avait pas de temps à perdre.

Après avoir ouvert la portière du pick-up, il retira de derrière le siège les sacs de toile dont il se servait pour transporter les ratons laveurs, lapins ou écureuils qu'il abattait pendant la saison de la chasse. Prit sa grosse chaîne rouillée. Récupéra une pince dans la boîte à gants, puis un rouleau de fil barbelé qui traînait sur le plancher. Scruta de nouveau la route. Tendu, aux aguets. Un brusque coup de vent lui fouetta le visage, faisant tomber quelques branches mortes des arbres au feuillage couleur citrouille, précipitant les battements de son cœur. Il n'y avait personne à part lui. De retour sur la berge, il remplit les sacs de toile de morceaux de silex et de calcaire, avant de les refermer soigneusement. Il les glissa ensuite sous la robe trempée de Christi et se remémora le parfum sucré de sa peau, pareil à du cidre. Lorsqu'il enroula le fil barbelé autour d'elle, ce fut le souvenir de ses seins tressautant et se frottant contre son propre torse sur le siège avant du pick-up qui lui traversa l'esprit. Il ne le tendit pas moins, à l'aide de la pince, sur la peau blanche comme de la farine. Les pointes métalliques entaillèrent la chair de Christi et donnèrent naissance à de minuscules rivières pourpres qui altérèrent sa beauté. Il la lesta ensuite de la chaîne rouillée, dont il l'entoura avant d'accrocher entre eux les mousquetons à chaque extrémité. Enfin, il traîna dans le courant, tel un canot, le corps déjà rigide, jusqu'à ce qu'il atteigne le coin de pêche de sa jeunesse, où il se rappelait que son père lui avait confié autrefois, alors qu'ils contemplaient tous les deux les eaux vert foncé dont les profondeurs viraient au noir d'encre, que si quelqu'un voulait un jour planquer quelque chose, ce serait la cachette idéale.

Il essuya la sueur sur son front en regardant les cheveux de Christi déployés dans le courant qui faisait remonter sa robe sur ses cuisses — ces mêmes cuisses qu'il avait caressées si souvent alors qu'elle lui débouclait sa ceinture et que leurs lèvres se joignaient —, et il cilla, mais pas elle ; Christi le fixait de ses yeux éteints comme si elle voulait le transpercer. Lui étouffer le cœur sous le poids de leurs souvenirs communs. Lorsqu'il mourrait, pensa-t-il, il serait jugé pour ce qu'il avait fait. Et, le jour venu, il dirait : « Je voyais pas d'autre solution. » Il espérait qu'on lui pardonnerait.

Il la poussa sous la surface, vers les ténèbres opaques. Plongea pour guider le corps lesté, sentit l'eau glacée lui tétaniser les muscles, bloquer chacune de ses articulations. Descendit jusqu'au fond où, à force de tâtonnements, il parvint à coincer

Christi sous une saillie rocheuse. Un espace fait pour accueillir une forme humaine. Les yeux clos, il enfonça la dépouille toujours plus loin, jusqu'au moment où la paroi rocheuse arrêta ses épaules et son visage, où ses bras tendus ne rencontrèrent plus que le néant obscur.

Tout son être lui réclamait désespérément de l'air quand il refit surface, et ses poumons contractés se dilatèrent aussitôt. Il eut l'impression de respirer à travers un câble de frein.

Ruisselant dans le couchant, Bishop se laissa tomber sur la rive sablonneuse, couverte d'éclats de silex. Il grelottait. Se répétait qu'il avait le devoir de protéger sa famille des fautes qu'il avait commises.

Un peu plus haut sur la route, un nouveau claquement de portière fut suivi par le faible ronronnement d'un moteur qui s'éloignait dans la vallée.

Le plat fumait sur la table en hickory. Bishop, qui s'était douché pour se débarrasser de la puanteur de la rivière imprégnant ses vêtements humides, mangeait son chou bouilli. Il se servit un épi de maïs beurré. Planta sa fourchette dans deux côtes de porc pour les transférer sur son assiette en se demandant si sa femme, Melinda, attendait qu'il confesse ses péchés. Qu'il lui avoue comment il s'était occupé tout l'été à la fin de sa journée de travail à la fabrique de meubles. Qu'il lui parle de ce qu'il avait fait ce jour-là. Du corps caché au fond de la rivière.

« T'as croisé Fenton pendant que tu pêchais ? s'enquit-elle.

— Ben non, pourquoi ? »

Melinda, devant la gazinière, tourna le bouton du brûleur et fit jaillir une flamme bleue. Puis elle pivota en tirant sur la Lucky Strike fichée entre ses lèvres. Ses yeux noisette plongèrent dans les prunelles bleues de Bishop. Pouvait-elle voir l'âme de la morte flotter dans le feu de son regard ? s'interrogea-t-il.

« Ce soir, il devait aussi aller pêcher dans la Blue River.

— J'ai vu personne, affirma Bishop. Si ça se trouve, il y est même pas allé. Je parie qu'il est encore parti boire un coup avec le fils Beckhart.

— Tu peux parler ! C'est toi qui as bu.

— Juste quelques verres, se défendit Bishop. Merde, j'ai quarante-quatre piges, je suis pas un gamin rebelle de vingt ans !

— C'est la troisième fois cette semaine. Avant, tu ne buvais que le week-end.

— Au lieu de m'emmerder, tu ferais mieux de te demander où est passé ce petit con. Je te préviens, il est plus question que je paie sa caution pour le sortir de taule.

— Oh, je suis sûre qu'il va bientôt rentrer, affirma Melinda. Il aime trop les petits plats de sa maman pour sauter un repas. »

À peine avait-elle prononcé ces mots qu'ils entendirent le pick-up de leur fils se garer devant la maison dans un crissement de pneus accompagné par le grincement de la direction.

La porte-moustiquaire s'ouvrit puis claqua. Fenton fit irruption dans la cuisine, crinière brun-roux rejetée en arrière, visage pareil à celui de Bishop jeune, comme frotté au papier de verre pour lui donner la patine du bois clair. Celui de son père avait désormais l'aspect du bois déjà ancien virant au gris — un bois qui, passé au papier de verre, n'en paraîtrait que plus vieux.

« Je t'avais bien dit qu'il aimait trop les petits plats de sa… »

La remarque de Melinda fut interrompue par le cliquetis de la fourchette que Bishop venait de laisser tomber sur son assiette, et par le raclement des pieds de sa chaise sur le linoléum lorsqu'il la repoussa de la table avant de feindre une quinte de toux et de se lever d'un bond. Il se campa devant Fenton, tremblant de colère, et le regarda droit dans les yeux. La folie qu'il avait découverte en lui au bord de la Blue River tournoyait furieusement dans sa tête comme une nuée d'abeilles chassées de leur ruche. « Où t'étais ? » gronda-t-il.

Silence. Puis : « Je roulais.

— Tu traînais encore avec le fils Beckhart, c'est ça ? T'as oublié que t'avais un boulot ? »

Fenton contourna son père sans se presser, soutenant son regard d'un air insolent, laissant derrière lui une piste boueuse sur le lino usé quand il se dirigea vers l'évier. Melinda secoua la tête. Fenton ouvrit le robinet puis savonna ses mains tremblantes. Il avait vu son père tordre d'innombrables cous de poulet. Abattre des lapins et des écureuils. Fendre leur ventre blanc avec une lame d'une main et arracher de l'autre leurs entrailles violettes et opalines. Faire subir le même sort aux black-bass et aux perches-soleil. Autant de vies sacrifiées pour approvisionner le congélateur et la table de cuisine. Mais jamais auparavant il ne l'avait vu tuer un être humain, et il ferma les yeux à cette pensée. Il venait de passer une heure à sillonner les petites routes du comté pour essayer de donner un sens aux images qui s'étaient gravées dans sa tête — celles de son père assassinant Christi.

Figé entre le plan de travail en Formica et le frigo d'un blanc nacré, il déclara : « J'avais pas d'articles à emballer aujourd'hui. Alors je suis parti faire un tour en bagnole. »

Sans réfléchir, Bishop demanda : « T'es allé où ? »

Fenton raccrocha le torchon avec lequel il s'était essuyé en imaginant la sensation de froid glacial qui avait dû saisir ce corps de quadragénaire dans la rivière. Le sien, dissimulé dans les herbes flétries, s'était rigidifié sous l'effet de la panique, devenant aussi inflexible qu'un poteau totémique. Il se retourna pour dévisager l'homme qu'il appelait « père » depuis vingt ans. Qu'est-ce qui avait bien pu le pousser à tuer l'un de ses semblables ? Un conflit quelconque ? Un problème d'argent ? Il avait du mal à le croire ;

jamais il n'avait assisté à la moindre dispute entre son père et Christi. Au contraire, ils étaient toujours en train de rire, de blaguer. Christi était la seule femme de sa connaissance à boire de la bière, à pêcher et même à chasser.

« J'ai traîné du côté de la Blue River, répondit-il enfin. Je pensais te retrouver là-bas… »

À cet instant, Bishop lut clairement dans l'expression de son fils la peur inspirée par ce qu'il l'avait vu faire, et il haussa la voix pour dire : « T'as traîné, hein ? T'as encore vidé des bouteilles au volant, c'est ça ? »

Melinda ne bougeait pas, paralysée par la tension ambiante, oppressante et suffocante. Enfin, n'y tenant plus, elle ordonna : « Fenton ! Réponds à ton père ! »

L'énoncé de son prénom ne fit qu'accentuer la confusion qui régnait dans l'esprit de Fenton, déjà dépassé par la réaction de ses parents. Ses lèvres se retroussèrent comme s'il venait de mordre dans un fruit pourri, et il essaya d'expliquer : « Je t'ai vu dans la rivière, tu tirais… »

Bishop se rapprocha de son fils, le regard rivé à la bouteille d'Early Times derrière lui sur le plan de travail. D'une voix plus forte, il l'interrompit de nouveau : « C'est vraiment pas malin de ta part, mon gars, de rentrer à la maison complètement bourré avant même le coucher du soleil. T'as pas retenu la leçon, c'est évident.

— J'ai vu ce que t'as… », risqua une nouvelle fois Fenton.

La paume de Bishop, aussi dure et rugueuse que de la terre desséchée, lui mit la bouche en sang, et Fenton se retrouva plaqué contre le plan de travail. Cendres et fragments de tabac s'éparpillèrent quand Melinda lâcha sa cigarette sur le lino. Déjà, Bishop attrapait la bouteille d'Early Times derrière son fils et la lui fourrait sous le nez.

« Puisque t'as tout vu, j'aurais apprécié que tu me donnes un coup de main.

— Vu quoi ? s'écria Melinda. Qu'est-ce que t'as vu, Fenton ?

— Il a vu son père se casser la gueule, un point c'est tout ! gronda Bishop. Ce putain de poisson-chat m'a fait perdre l'équilibre, et j'ai bien failli m'exploser le crâne sur les rochers. C'est ce que je t'ai expliqué tout à l'heure, quand je suis rentré trempé comme une soupe. Mais bien sûr, ton gamin était trop occupé à téter sa bouteille pour prêter main-forte à son père… »

Bishop huma ostensiblement le souffle échappé des lèvres fendues de Fenton. Avec un petit sourire suffisant, il ajouta : « Tu pues l'alcool à plein nez. Ça schlingue autant que le fumier fraîchement répandu dans un champ. »

Il disait vrai. Après avoir assisté à la scène de la rivière, Fenton avait descendu les bières éventées cachées sous son siège pour tenter de se calmer. Aussi vif qu'un crotale enfonçant ses crochets dans sa proie pour lui injecter son venin, Bishop le saisit par son T-shirt, lui fit décrire un demi-cercle abrupt et le projeta au milieu des plats fumants et des assiettes sur la table de la cuisine qui, sous le choc, glissa sur le lino. « Non ! Arrête ! » hurla Melinda. Fenton se redressa rapidement, pour recevoir la gifle magistrale assenée par son père. La panique le propulsa vers la porte-moustiquaire tandis que son nez se mettait à pisser un liquide aussi chaud que de la graisse de bacon, et il déboucha sur le ciment graveleux au-dehors. Pieds nus, Bishop le suivit en rugissant : « C'est ça, fous le camp, espèce de mauviette ! Fous le camp ! »

Qu'avait vu au juste son bon à rien de fils ? Qu'avait-il entendu ?

Il dévissa prestement le bouchon de la bouteille de bourbon, puis agrippa l'épaule de Fenton comme un chien de chasse referme les mâchoires sur sa proie, et l'obligea à se retourner.

« T'as envie de boire, c'est ça ? Ben vas-y, te gêne pas ! »

Il expédia l'alcool au visage ensanglanté de son fils.

« Arrêtez ! cria Melinda de la cuisine.

— Toi, te mêle pas de ça », rétorqua Bishop.

La folie qui l'avait saisi sur les bords de la Blue River se déchaînait en lui. D'un coup de poing, il envoya valdinguer Fenton à quelques mètres. Dans son esprit, ce n'était plus son fils, la chair de sa chair, mais un danger menaçant son existence au quotidien, tout comme Christi l'avait été. S'il le fallait, il n'hésiterait pas à lui arracher la langue, ni même à l'éliminer.

Lui serrant la gorge de la main gauche, il le fit

reculer jusqu'à un orme dans la cour. Le visage de Fenton vira au rouge vif. L'air expulsé par ses poumons sortait par saccades précipitées de sa bouche en sang.

Bishop inclina la bouteille qu'il tenait toujours, le força à desserrer les lèvres puis à avaler le bourbon, ignorant ses crachotements et ses clignements d'yeux frénétiques.

« Alors, t'aimes ça, mon gars ? Ça t'amuse de te pinter, de manquer de respect à ton père et de mettre ta mère dans tous ses états ? Je vais t'apprendre, moi !

— Arrête, connard », hoqueta Fenton.

Bishop lâcha la bouteille. Sortit de sa poche son couteau Case XX. Fit jaillir la lame qui avait écorché et éviscéré d'innombrables ratons laveurs, écureuils et lapins.

« Dis : "Ahhhh" ! »

Fenton agrippa son père par l'un de ses poignets épais et lui écrasa les pieds de toutes ses forces.

« Saleté ! » jura Bishop. Le couteau lui glissa des doigts, et il recula en soulevant haut les genoux comme s'il marchait sur du plomb en fusion. Fenton le suivit tel un porc attiré par l'odeur de la merde. Le frappa sous la mâchoire. Bishop sentit ses dents s'entrechoquer, lui coupant la langue, et il cracha un sang plus épais qu'un jus de viande. Fenton lui arracha des mains la bouteille vide pour la lui fracasser sur le crâne. Bishop tomba à quatre pattes par terre, crachant toujours le sang, secouant la tête pour dissiper l'étourdissement.

Dans le cœur de Fenton, la rage le disputait à l'incompréhension. Il expédia sa botte dans les côtes de son père et vit de nouveau un flot rouge gicler de sa bouche. Repensa au pick-up qu'il avait garé le long de la Blue River, devant la vieille grange utilisée par Rudy Sawheaver pour entreposer son foin. Il voulait faire une surprise à son père, mais la surprise, c'est lui qui l'avait eue quand il l'avait découvert dans l'eau verte jusqu'aux genoux, un cadavre flottant entre ses jambes.

Caché dans les herbes fanées, Fenton l'avait regardé tirer le corps vers la berge. Visions fugaces, décousues, d'une forme féminine pâle, d'une robe à imprimé fleuri, de mèches couleur de suie qui collaient à un visage livide. Puis les images s'étaient assemblées, et il avait reconnu leur cousine Christi.

Il continuait de bourrer son père de coups de pied. Les veines sur le côté du cou de Bishop saillaient, aussi épaisses que des vers de terre grouillant sous un bout de bois vermoulu. Cramoisi, il porta une main à sa gorge en cherchant son souffle. Fenton le revit traîner Christi dans le courant et disparaître au détour d'un coude de la rivière.

Bishop tourna vers son fils sa tête grisonnante de possédé. Fenton, qui avait levé sa jambe, lui écrasa la figure sous sa botte, puis se baissa pour lui glisser à l'oreille : « Dis-moi pourquoi t'as assassiné Christi. Dis-moi la vérité. »

À plat ventre sur le sol, Bishop ne bougeait pas plus qu'un bloc de roche. Le sang formait une flaque autour de son crâne. Fenton plaça ses doigts sur la gorge de son père, sentit battre le pouls mais n'obtint pas de réponse.

Derrière lui, la porte-moustiquaire claqua. Un instant plus tard, un coup violent ébranlait l'arrière de son crâne, propageant en lui une vague de douleur noire qui l'aveugla et le déséquilibra. Il s'affala à côté de son père sous le regard de sa mère qui, l'ayant assommé avec la crosse d'un calibre 12, se demandait ce qui avait pu pousser son fils unique à agir ainsi.

« Ça va faire plus d'une semaine, et cette cousine de ton père manque toujours à l'appel.

— Je vous répète qu'elle est quelque part dans la Blue River. Si je vous l'avais pas dit, vous sauriez même pas qu'elle a disparu.

— Écoute, mon gars, cette rivière, on l'a draguée sur trois kilomètres dans un sens et sur trois dans l'autre. On a tout exploré, le moindre méandre, la moindre anfractuosité. Sans rien trouver.

— Puisque je vous dis que j'ai vu mon père la lester avec des pierres, enrouler une chaîne autour d'elle et la traîner dans la rivière !

— Me raconte pas d'histoires. Ces deux-là, ils se sont jamais dit un mot de travers. Si quelqu'un à tué c'te cousine à vous tous, je crois plutôt que c'est toi.

— Et pourquoi j'aurais voulu la tuer, hein ?

— Bonne question. Le fric, le cul… P'têt qu'elle t'a vu faire un truc que t'étais pas censé faire.

— Genre ?

— Ben ça, on peut pas lui demander, parce qu'elle est pas là pour répondre. Tout ce que je sais, c'est que quand on t'a amené au poste, mon gars, t'avais le whiskey sacrément mauvais. Mes hommes ont trouvé des canettes vides dans ton pick-up. Et aussi un paquet de clopes sous le siège, de la même marque que les mégots qu'on a récupérés sur la berge.

— Je vous le répète, mon père m'a balancé du whiskey à la figure.

— Bah, whiskey ou bière, on s'en fout, t'avais les deux dans et sur le corps. Ta mère nous a raconté que t'étais bizarre quand t'es rentré, que t'avais l'air d'avoir trop bu. D'après elle, c'est toi qui as provoqué cette bagarre avec ton père.

— Moi ? Elle est dingue, c'était de la légitime défense !

— Fenton, ma question est : si t'as vu Bishop traîner Christi dans la rivière, pourquoi t'as pas essayé de l'arrêter ? Ou de venir m'en parler ?

— Je vous ai dit que j'étais sous le choc, que je savais pas quoi faire. Sans compter que vous m'avez jamais eu à la bonne.

— Hé, mon gars, on a le respect qu'on mérite ! »

Devant Fenton, en uniforme à rayures blanches et noires délavées, se dressaient des barreaux souillés par la bave des ivrognes et la sueur des débardeurs. Derrière lui, il n'y avait qu'une couchette fixée au mur. Et l'odeur de la pisse montant de la cuvette des W.-C.

Le shérif Koons, dans son uniforme kaki, se tenait de l'autre côté des barreaux. Archipel de cheveux gris à l'arrière du crâne, moustache en guidon de vélo. Rides d'expression se prolongeant jusqu'aux pommettes. Il plongea son regard dans les yeux bleu pâle de Fenton, marqués par la fatigue, puis déclara : « Laisse-moi te dire un truc, Fenton : Bishop, je le connaissais déjà avant que les premières bagnoles apparaissent dans le comté de Harrison. C'est un putain de bosseur. Toi, par contre, je t'ai déjà chopé deux ou trois fois en train de biberonner en douce avec le fils Beckhart, et y a pas longtemps t'as démoli les toilettes de la station BP. Là-dessus, t'as fait passer un seul quart d'heure à mon adjoint. Ajoute à ça que t'as tellement dérouillé ton père qu'il restera à l'état de légume jusqu'à la fin de ses jours… T'es un électron libre, mon gars. Alors pour moi, ta parole, c'est comme un crack aux articulations bousillées : elle vaut pas tripette. C'est pour ça que t'es accusé de tentative de meurtre. »

Mais les paroles du shérif s'évaporèrent avant même d'atteindre les oreilles de Fenton, qui se détourna. Indifférent aux accusations portées contre lui, il se laissa tomber sur le matelas dur comme du béton. Il ne pouvait penser qu'à une chose : qu'est-ce que Bishop avait fait du corps de Christi ?

L'accident

Le téléphone à la main, Stanley bataille pour se réveiller tandis que les sonneries se succèdent à l'autre bout de la ligne. Dans le bref silence qui suit chacune d'entre elles, il flotte encore dans ses rêves : il se voit tracté par une remorque ou dans la peau d'un millionnaire ruiné en passe de devenir un clochard.

Quand la « sexcrétaire » du médecin s'enquiert du motif de son appel, Stanley lui parle anxiété. Dépression. Voire, traumatisme. Tout en se demandant pourquoi un patient ne peut pas solliciter un rendez-vous en disant juste : « Je me sens foutrement mal aujourd'hui. »

La « sexcrétaire », c'est le terme qu'ils ont trouvé, sa femme Earleen et lui, pour qualifier la relation entre le médecin et sa secrétaire.

En l'occurrence, celle-ci veut savoir s'il a déjà consulté pour ces symptômes.

« Je suis allé voir le docteur à son cabinet, répond-il. Y a quelques semaines. »

Le combiné calé entre l'oreille et l'épaule, Stanley se regarde dans la glace de la salle de bains. Saletés noires accumulées au coin des yeux, comme des petits trous sombres. Cheveux filandreux, sans ressort, plaqués à l'est et à l'ouest d'une raie centrale. Dire que, plus jeune, il se moquait des gens dans cet état !

« Est-ce qu'il vous a dit de revenir dans le cadre d'un suivi ? » reprend la secrétaire.

Il n'appelle pas pour faire la conversation, bon Dieu ! Parfois, Stanley a du mal à comprendre — les autres, les lieux, les choses. Tous ces grands mots. Il n'en connaît pas la définition.

« Oui, dit-il.

— Votre nom ?

— Stanley. Stanley Franks.

— Date de naissance ?

— 6 février 1970.

— Au 337 Kennedy Drive ?

— Exact.

— Demain vers dix heures, ça vous conviendrait ?

— Non, je peux pas attendre. Je dois le voir maintenant.

— Désolée, le Dr Towell n'a plus aucun créneau de libre aujourd'hui. »

Il l'entend ajouter d'une voix étouffée :

« C'est le bipolaire.

— Comment ça, le bipolaire ? s'écrie-t-il. D'où vous sortez un truc pareil ? Je suis pas bi-je sais pas quoi, ni bisexuel ni bizarre. Je suis un homo sapiens à part entière. Un Blanc tout ce qu'il y a de plus hétéro. »

Alors elle explique :

« C'est le nom de votre pathologie.

— Je vois. Donc, vous me prenez pour un excentrique ? Un dingue, quoi. »

Ce coup-ci, elle s'excuse :

« Non, je n'ai jamais voulu dire que vous étiez dingue, monsieur Franks.

— Oh si, vous avez laissé entendre qu'il me manquait une case. Bon, écoutez, ma p'tite dame, je crois que je suis en train de vous prendre méchamment en grippe.

— D'accord, on peut peut-être vous trouver une place aujourd'hui, monsieur Franks.

— Aujourd'hui ?

— Oui, monsieur. Dans deux heures, ça vous irait ?

— Je serai là », décrète Stanley.

Et de songer, en coupant la communication : Bon sang, ce qu'il faut pas faire pour décrocher un rendez-vous avec son médecin ! Si ça continue comme ça, il va se retrouver un beau matin dans un asile ou au milieu d'un groupe d'entraide, à déambuler avec un bavoir autour du cou. Et le mot LOSER inscrit en toutes lettres dans le dos.

Le problème avec sa femme, se dit-il en errant dans la maison, c'est qu'elle n'est pas souvent là.

Soit elle part travailler avant qu'il se réveille, soit il dort déjà quand elle rentre. Alors il griffonne sur un Post-It à son intention : « Earleen, Suis chez le docteur. À tout à l'heure. Stanley. »

Quand il se présente à l'accueil, Stanley précise qu'il n'est ni bipolaire, ni transsexuel, ni quoi que ce soit de ce genre. Dans la salle d'attente, sa voisine, aussi fripée et desséchée qu'un raisin de Corinthe, lui confie qu'il a fallu lui recoudre trois fois le sphincter. Il se tourne vers elle pour demander :

« On vous a recousu trois fois le trou du cul ?

— Le sphincter, oui », confirme-t-elle.

Sur sa figure, qui ressemble à un brownie, s'étalent suffisamment de rouge à lèvres et d'eye-liner pour réapprovisionner les stocks de Revlon. Ses cheveux ont été teints et reteints tellement souvent qu'ils paraissent toxiques.

« Y a pas une limite ? demande-t-il. Vous allez accoucher, c'est ça ? »

Les paupières arc-en-ciel de la femme manquent se détacher de ses yeux quand elle marmonne quelque chose avant d'aller s'asseoir à l'autre bout de la pièce, où il ne peut plus la voir.

On le pèse, ensuite on lui prend sa tension et sa température. Il a maigri. Pas de fièvre, mais sa tension est un peu élevée.

Dans la petite pièce où il patiente, équipée d'un lavabo et d'une table d'examen en Inox, il a l'impression de se retrouver en cellule. Ou en quarantaine, comme les malades. Par le rai de lumière qui filtre sous la porte close, il voit des ombres passer dans le couloir. Des bribes de phrases tissent un semblant de conversation entre des voix qu'il ne reconnaît pas. Si seulement ils pouvaient tous fermer leur putain de gueule ! pense-t-il. De fait, c'est lui qui ferme les yeux. Puis, serrant les dents, il se met à arpenter le damier noir et blanc du sol.

Quand le Dr Towell pénètre dans la pièce, Stanley est tellement survolté qu'il imagine une seconde lui tordre le cou.

« Alors, comment allons-nous aujourd'hui, Stanley ? » demande le médecin, dont la chevelure clairsemée fourmille de minuscules croûtes blanches. La question amène Stanley à s'interroger sérieusement sur les compétences du nouveau venu. Après tout, c'est lui, le docteur, non ?

« Depuis l'accident, pas trop bien », répond-il.

Le Dr Towell l'invite à prendre place en face de lui.

« Qu'est-ce qui ne va pas, au juste ? »

Les yeux rivés sur les sourcils joints du praticien, Stanley explique :

« J'ai tout le temps cette image dans la tête, de tous ces gens qui me font un doigt d'honneur. Il m'arrive aussi de rêver qu'un bras coupé, en costume Armani, me poursuit dans les couloirs au boulot. Qu'il veut me forcer à entrer dans l'ascenseur. Après, je me réveille en train de me faire aussi un doigt d'honneur, et je me trouve nul à chier.

— Depuis combien de temps ça dure ?

— Pour ce qui est des rêves, je dirais depuis ma dernière visite, y a plusieurs semaines. Et puis, au boulot, quand le téléphone sonne, j'ai parfois l'impression que mon cœur va s'arrêter. Si mes collègues essaient de me parler, je les envoie promener, genre : "De quel droit tu m'adresses la parole ?" Je donnerais cher pour qu'ils se taisent, vous voyez ? »

Tout comme, en ce moment même, il voudrait dire au personnel soignant dans le couloir de la fermer. Mais ça, il le garde pour lui.

« J'en déduis que vous avez repris le travail ? avance le médecin.

— Oui.

— Alors que je vous avais arrêté pour six semaines ?

— Ben oui », réplique Stanley, gagné par l'exaspération.

Le Dr Towell s'absorbe dans ses réflexions quelques instants avant de demander :

« Êtes-vous remonté dans un ascenseur depuis l'accident ?

— Non. J'emprunte l'escalier tous les jours. J'ai même fait circuler une pétition au bureau pour que les collègues le prennent pas, ce putain d'ascenseur.

— Et alors ? Ça a donné quelque chose ?

— Rien du tout. Si vous saviez à quel point les

gens se fichent que je me remette ou pas ! Évidemment, ils pensent tous qu'à militer en faveur du "moins j'en fait mieux je me porte", le credo de cette génération qui pense qu'à se faciliter la vie en appuyant sur un bouton. Moi, je croyais vraiment que tout allait s'arranger, c'est d'ailleurs pour cette raison que je suis retourné bosser. Je m'imaginais capable de surmonter ça.

— C'est parfaitement compréhensible, Stanley, mais dites-vous bien que ces choses-là prennent du temps. Vous souffrez de ce qu'on appelle un SSPT — un syndrome de stress post-traumatique, déclenché par la vue d'une scène horrible.

— Super ! marmonne Stanley. Me voilà transformé en monstre de foire.

— Non, réplique le médecin en étouffant un petit rire. Vous traversez une phase difficile, c'est tout.

— Ah ça ! C'est pas donné à tout le monde de rêver qu'on se fait pourchasser sur son lieu de travail par un membre sectionné…

— Je vais augmenter la dose de Zoloft. Et vous adresser à un bon psychiatre. Je l'appellerai aujourd'hui pour le prévenir, et il me transmettra ses observations après votre première séance, pour qu'on puisse discuter d'un éventuel changement de traitement. Vous êtes d'accord ? »

Est-ce que j'ai le choix ? songe Stanley, qui répond :

« Donc, je deviens officiellement un projet d'étude scientifique pour le corps médical. Vous allez augmenter la dose, alors que j'ai déjà des maux de ventre, la bouche desséchée, des problèmes pour digérer et des accès de fébrilité ? Vous voulez me soigner ou m'achever ? »

Il lui paraît nécessaire d'éclaircir ce point, car, au train où vont les choses, il risque bien de finir édenté, à boire des Corona à la paille dans un bar de Tijuana avec un type nommé Valdez, sans avoir la moindre idée de la façon dont il est arrivé là.

« Ce ne sont que des désagréments temporaires, souligne le Dr Towell.

— C'est ce que vous m'avez dit pour les migraines la dernière fois que je suis venu.

— Et vous en avez toujours ? Des migraines ?

— Non.

— Bon, il est possible que vous ne ressentiez aucun effet indésirable. Quoi qu'il en soit, tâchez de faire un peu d'exercice. Ça permet de diminuer le stress. »

Après avoir serré la main du médecin et franchi la porte pour déboucher dans le couloir résonnant des conversations bruyantes du personnel, Stanley ne voit en l'occurrence qu'une seule façon de diminuer son stress : planter un crayon dans l'œil du premier venu.

Quelques mois plus tôt, Stanley avait vu son reflet se scinder quand les portes chromées de la cabine s'étaient écartées — une tête pareille à un atome se divisant en deux. Un homme s'avançait déjà dans l'ouverture quand elles s'étaient refermées ; pris de panique, il avait reculé, le bras encore coincé entre les deux panneaux alors que l'ascenseur commençait à s'élever. Il s'était débattu, essayant en vain de se dégager. À l'intérieur, Stanley s'était figé. La cabine montait, montait… Sans réfléchir, il avait attrapé le bras du malheureux pour le repousser, tandis que, de son autre main, il tentait d'ouvrir les portes. L'homme hurlait.

De nouveau, il l'entend crier : « Fais quelque chose ! » L'homme est à l'extérieur, le bras toujours emprisonné.

Stanley, qui le tient d'une main, presse frénétiquement les boutons de l'autre. « Qu'est-ce que tu fous, connard ? » braille l'infortuné personnage en tirant pour se libérer.

Une sonnerie retentit, qui devrait commander un arrêt d'urgence, sauf que la cabine ne s'arrête pas. Rien ne fonctionne.

« C'est pas moi qui ai inventé ce putain d'ascenseur ! » s'exclame Stanley.

Alors l'homme lève le majeur. Lui fait un doigt d'honneur. Stanley s'évertue à lui repousser le bras en pensant : C'est pas gagné.

« Bordel, LÂCHE-MOI ! » rugit son vis-à-vis.

C'est à ce moment-là que Stanley avait senti un changement s'opérer en lui, comme un voyant qui s'éteignait tandis qu'un autre s'allumait. Et il s'était dit : Un sacré ingrat, celui-là ! L'épine qu'on n'arrive pas à s'enlever du pied. Il lui avait alors libéré le bras pour essayer d'écarter les panneaux à deux mains, tandis que dans l'ouverture il y avait toujours ce majeur dressé, et derrière un visage ruisselant de sueur, aussi cramoisi qu'une pomme d'amour. La cabine continuait de s'élever par soubresauts, et plus Stanley s'acharnait sur les portes, moins il lui semblait avoir de prise sur elles. À genoux sur le plancher, il avait vu l'homme se hausser sur la pointe des pieds en s'égosillant : « Connaaaaard ! »

Le dernier souvenir que Stanley garde de cette journée, à part une furieuse envie de rentrer chez lui quand l'ascenseur s'était arrêté à l'étage suivant, ce sont des portes ouvertes et beaucoup de rouge partout. Du rouge comme on en imagine dans un abattoir après le massacre d'une vache ou d'un cochon. Et il s'était dit que c'était bien dommage de le gaspiller, tout ce rouge, que la Croix-Rouge aurait certainement su quoi en faire.

Ensuite, toutes ses pensées, et aussi toutes les images qui lui parvenaient, s'étaient fragmentées. Renversées. Quelque chose s'était détaché dans sa tête. Tout lui était devenu étranger.

En regardant l'homme étendu sur la civière, les paupières closes, Stanley lui avait dit : « Faut prendre en compte les avantages, les aspects positifs. Sans ce bras, vous pesez un peu moins lourd sur la balance. Plus le stationnement gratuit, des toilettes immenses pour vous tout seul dans les lieux publics… Et même une plaque d'immatriculation spéciale. »

L'homme n'avait pas pipé mot.

La femme de Stanley passait son temps à répéter qu'il faut toujours voir le bon côté des choses. Sauf qu'après l'accident elle s'était absentée de plus en plus souvent. Ce n'était pas ce qu'on pouvait appeler un soutien pour lui.

Or il n'était pour rien dans ce qui était arrivé. En enquêtant sur les causes du drame, l'inspecteur mandaté par l'État avait découvert un branchement défectueux au niveau des capteurs qui empêchaient les portes de se refermer, et un autre au niveau des contacts qui devaient bloquer la cabine quand elles étaient ouvertes.

Devant chez Stanley, l'herbe enténébrée constitue un territoire semé d'embûches, qui colle aux semelles en caoutchouc de ses Adidas. À l'intérieur de la maison, les vêtements d'Earleen ont disparu. Les placards sont vides, la coiffeuse débarrassée de tous les cosmétiques. Alors qu'il marche derrière sa tondeuse autotractée Lawn Boy, Stanley a l'impression d'avoir la mémoire qui flanche. Sa femme n'a même pas laissé de Post-It. Elle aurait dû, quand même. Par correction. C'est la moindre des choses, de prévenir quand on s'en va, et de dire pour combien de temps on s'absente. Surtout entre époux.

Autour de lui, de plus en plus de lumières s'allument dans les maisons voisines, chez ceux que Stanley surnomme « les Fouineurs ». Où est le problème ?

Il tond sa pelouse, il assume pleinement la responsabilité de sa convalescence. C'est ce que lui a prescrit son médecin, de l'exercice, et peut-être qu'ils auraient intérêt à s'y mettre eux aussi, au lieu de regarder.

En contournant le garage sur sa gauche, il voit des silhouettes bouger derrière les rideaux chez les Wallace. Brent Wallace et sa femme Vickie sont les voisins avec qui il aime bien boire une bière et organiser un barbecue le week-end. Ils sont toujours en train de parler de leur fils, Stevie, qui adore jouer avec des sacs à main et faire semblant d'être une fille — « une phase », disent-ils.

Du coin de l'œil, il aperçoit aussi les Connley, qui l'épient derrière leurs fenêtres à double vitrage. Leur gosse, Kip, a le chic pour rater la première marche quand il descend de leur véranda, et pour plonger par terre tête la première. Après, il pleure comme une madeleine.

Leur point commun à tous, c'est d'être de sales fouineurs. Et ils se sont ligués contre lui, pour le rendre dingue. Ils feraient mieux de se mêler de leurs affaires. Ou de l'aider à retrouver sa femme, tiens. D'ailleurs, peut-être qu'il pourrait appeler sa belle-mère, pourquoi pas ? Quoique, à la réflexion, ce ne soit pas une très bonne idée, vu qu'elle est six pieds sous terre. Son beau-père aurait alors une vraie raison de lui en vouloir. Ah, les beaux-parents et leurs sempiternels griefs…

Brent s'avance sur la véranda, silhouette imposante se découpant dans la lumière derrière lui. Du moins, Stanley pense que c'est lui. Il crie quelque chose, apparemment, mais Stanley ne comprend pas ce qu'il dit. Brent ne voit donc pas qu'il est occupé ? C'est pas en causant que ça va faire avancer la tondeuse, nom d'un chien !

Stanley se demande ce qui peut bien se passer dans la tête des gens. Il a du pain sur la planche. Des problèmes à régler. Une femme à retrouver. Or, voilà maintenant que derrière Brent affluent d'autres silhouettes en pyjama, brandissant des torches électriques. Leurs lèvres remuent, leurs traits sont déformés par la colère.

Bah, ils veulent sans doute lui emprunter sa nouvelle tondeuse. C'est à cause de Carl, qui habite de l'autre côté de la rue, que Stanley a dû en racheter une. Quand il lui a prêté l'ancienne, Carl n'a pas pensé à vérifier le niveau d'huile, et du coup il a grillé le moteur. Qui a explosé, plus précisément. Là-dessus, Carl lui a demandé son coupe-bordure. Il l'a fait tourner à plein régime ; au bruit, on aurait dit Leatherface découpant un corps dans *Massacre à la tronçonneuse*. Jusqu'au moment où l'outil a pris feu. Enfumant le quartier. Ce n'est pas parce qu'on est sourd qu'on est complètement idiot, pourtant ! Tout le quartier a senti la fumée. Quelqu'un a même appelé les pompiers. Une semaine plus tard, Carl s'est endormi une cigarette à la main, et sa véranda a brûlé.

Résultat, lorsqu'on vit dans ce quartier, on est considéré comme à « haut risque » par les assurances. Tout ça à cause de ce crétin de Carl.

Stanley reporte son attention sur Brent, qui ressemble à la reine des lucioles guidant vers le jardin de son voisin sa nuée de petits coléoptères, chacun muni de sa Maglite.

Sauf qu'il n'a vraiment pas le temps de bavarder : sa femme a disparu et il a une pelouse à tondre. Des trucs à faire. À tirer au clair.

Soudain, Brent se détache de la meute et lui braque sa lampe dans les yeux. La tondeuse tourne toujours, et Stanley pense : Il me fait perdre du temps. L'ampoule de la Maglite doit être halogène, parce qu'il ne distingue qu'une silhouette derrière. Ou plutôt ses contours.

« OK, si tu veux m'aider, éclaire-moi avec ta torche électrique, dit-il. J'y verrai mieux.

— Qu'est-ce que tu fous, bon sang ? » demande Brent.

Stanley secoue la tête. Une chose est sûre, jamais il ne fera équipe avec Brent au jeu des charades.

« À ton avis ? réplique-t-il. Je suis pas en train de tester mes allergies, figure-toi ! Je tonds.

— Merde, Stanley ! Il est deux heures du matin et les gens voudraient dormir.

— Oh, je vois. La vie des autres est tellement plus importante que la mienne… »

Alors qu'il se détourne de Brent et du groupe, son pas se transforme en dérapage. Puis en chute. Quand son pied glisse sous la tondeuse, il éprouve d'abord une douleur fulgurante, suivie par un sentiment de stupéfaction. Comme il a attaché la barre de commande d'entraînement pour ne pas avoir à la tenir tout le temps, la tondeuse continue d'avancer. Coupant l'herbe sans Stanley. Elle est sur pilote automatique.

Il veut regarder son pied, mais devant ses yeux tout n'est que taches vertes, jaunes et bleues autour d'une masse noire. Brent, qui le domine de sa haute taille — du moins, il pense que c'est Brent —, l'aveugle avec sa Maglite.

« Écarte cette putain de lampe ! » gronde Stanley.

Le cul trempé par la rosée, il cille à plusieurs reprises en essayant de se concentrer sur sa chaussure déchiquetée. Ses orteils ne sont pas complètement sectionnés, mais presque. Son pied est humide et chaud. Brent lui pose une main sur l'épaule en disant :

« Reste calme.

— Je vais bien, affirme Stanley. Me touche pas, d'accord ? »

Il entend la tondeuse vrombir dans un autre jardin. Couper l'herbe de quelqu'un d'autre. Et dire qu'il avait pratiquement fini…

« Comment tu te sens ? demande Brent.

— Oh, si j'oublie que j'ai peut-être perdu mes orteils et que je sais pas où est ma femme, je suis plutôt content d'être assis là comme un gogol. À passer un bon moment avec mes fouineurs de voisins. »

Stanley se dit que c'est inévitable quand on a des voisins : des fois, on a juste envie de leur planter dans l'œil un stylo à pointe fine. Pas un simple Bic, plutôt un Paper Mate Flexgrip, épais et agréable en main.

« Pourquoi t'irais pas réveiller Carl, tant que t'y es ? lance-t-il. On pourrait faire flamber ma baraque, pour rigoler, ou mieux, le laisser bousiller ma nouvelle tondeuse ! »

Le bruit de la tondeuse en question s'éloigne de plus en plus. Les détecteurs de mouvement s'éclairent de jardin en jardin.

« Écoute, Stanley, dit Brent en le regardant. Earleen est partie. Elle t'a quitté. Tu n'as pas besoin de la chercher, elle s'occupe de son père.

— Qu'est-ce que tu me racontes ?

— Ton beau-père et l'ascenseur, répond Brent lentement. Ils disent qu'il a perdu son bras à cause de toi. Tu le sais, Stanley. »

Celui-ci voudrait prétendre qu'il est quelqu'un d'autre. Que ce qui est arrivé est un regrettable accident. Mais il devine que, vu son état d'esprit, ce n'est pas la solution. Il lui faut se résigner à l'évidence : sa femme ne va pas rentrer du boulot et son beau-père ne l'aimera jamais comme un fils. Alors, il lève les yeux vers Brent, vers le cercle de voisins autour de lui, et, tandis que tout devient noir, il se demande : Est-ce qu'un de ces foutus fouineurs va enfin se décider à appeler une ambulance ?

Le Vieux Mécano

À cette époque, personne ne parlait du syndrome de stress post-traumatique. Des dégâts provoqués par la guerre dans le cerveau d'un homme. Des conséquences de ce que celui-ci avait pu voir, entendre et faire avec d'autres. De même, la maltraitance des femmes était un sujet tabou. On ignorait le problème, tout simplement. C'était l'époque où le « jusqu'à ce que la mort nous sépare » était la règle imposée du mariage. Une femme ne quittait pas son mari, elle lui obéissait.

Quand le Mécano battait son épouse, pourtant, la violence ébranlait les murs. Le corps de la malheureuse rebondissait d'une cloison à l'autre comme une boule de flipper, sauf qu'il n'y avait pas de petite musique électronique pour ponctuer le score, juste des suppliques et des excuses étranglées qui ne rencontraient aucune pitié. Rien que de la sauvagerie. Une fois la porte refermée sur la chambre d'à peine neuf mètres carrés, à peine plus grande qu'une boîte, la violence traversait les cloisons de Placoplâtre pour aller contaminer le salon. Où, du canapé dont les coussins avachis assuraient une assise confortable, deux adolescentes dévoraient des yeux l'écran du téléviseur noir et blanc. Un téléviseur qui égayait un angle de la pièce avec des images de Tom et Jerry — le genre de dessin animé conçu pour distraire les enfants, qui nourrissait leur propre dépendance à la violence. Portes claquées sur différentes parties du corps. Assiettes fracassées sur des crânes. Coups de maillet répondant aux coups de poing dans la chambre d'en face.

Même le joli papier peint de couleur vive ne suffisait pas à la masquer — toute cette laideur dans l'air. Les filles savaient qu'à la moindre tentative de leur part pour défendre la femme, leur mère, elles auraient droit à un traitement semblable : le déchaînement de dix articulations divisées en deux poings.

Cette notion s'était enracinée dans leur esprit innocent, elle était devenue une partie intégrante de leur vie quotidienne, un réflexe aussi instinctif que celui de respirer. Pour elles, c'était la norme.

Leurs yeux ne cillaient pas, et leurs mains ne se risquaient jamais vers la table basse devant elles pour aller fourrager dans la coupe en verre remplie des bonbons rouges à la cannelle du Mécano. C'était une règle tacite : On ne touche pas aux affaires du Mécano.

À l'écran ce soir-là, Jerry abattit un maillet en bois sur la tête de Tom.

La porte de la chambre s'ouvrit sur les prières éplorées de leur mère, et le Mécano s'approcha de la table basse, en nage à force d'avoir cogné. Il saisit une poignée de bonbons dans la coupe. Les enfourna, secoua la tête, puis s'éloigna, son rire accompagnant le bruit de ses pas.

Le *pop* d'une canette de bière se fit entendre dans la cuisine. Suivi par le claquement satisfait de lèvres savourant la mousse. Les deux sœurs ne quittaient pas des yeux le téléviseur, s'efforçant de dissimuler au mieux leur peur. Leur mère gémissait toujours. « J'espère que vous deviendrez pas comme elle, vous deux ! lança le Mécano. Complètement irresponsable. Insolente. » Pas de réponse. Pas un mot. Les filles affichaient une expression impassible — deux joueuses de poker déjà habituées à bluffer malgré leur jeune âge.

« Z'avez entendu ce que je viens de dire ? »

Toujours rien, sinon les gémissements de douleur de plus en plus faibles provenant de cette chambre à peine plus grande qu'une boîte. Dans leur tête, les filles serraient fort leurs petits poings, dont les jointures menaçaient de craquer sous la force de leur énergie réprimée. Ces images leur servaient de rempart contre la terreur.

« Si vous vous mariez, cria encore le Mécano en revenant, y a intérêt à ce que le repas soit prêt quand votre homme rentrera le soir après s'être tué au travail toute la journée ! »

À la télé, Tom étranglait Jerry.

Devant leur absence de réaction, le Mécano augmenta la pression d'un cran. « Répondez-moi quand je vous parle ! Arrêtez de vous conduire comme votre écervelée de mère ! »

Avec un bel ensemble, elles levèrent les yeux vers lui, hochèrent la tête et dirent : « Oui, p'pa. »

À la télé, Tom serrait toujours le cou de Jerry, l'amenant à la limite de l'étouffement. Mais, à la dernière minute, Jerry lui cracha dans les yeux. Tom le relâcha.

Sur le canapé, les sœurs se regardèrent, animées d'une même pensée derrière le néant noir de leurs yeux. Salivant déjà en leur for intérieur. Évaluant la distance.

Après avoir attrapé une autre poignée de bonbons, le Mécano retourna dans la chambre. Claqua la porte derrière lui.

Promptes à viser, les filles ouvrirent la bouche, et deux jets de faible pression fendirent l'air. Tour à tour, elles crachèrent vers la coupe, encore et encore, enduisant les bonbons d'un film luisant, ne s'interrompant que pour bien mélanger leur salive au sucre. De temps à autre, le Mécano s'accordait une pause entre deux raclées, et venait s'offrir quelques confiseries. Il ne s'était jamais aperçu de rien, et il repartait vers la chambre sans prêter attention aux deux silhouettes apparemment impuissantes sur le canapé. Dans leur tête, elles se moquaient de lui en l'imaginant se régaler de leur bave. À l'extérieur, cependant, rien ne pouvait atténuer ou faire cesser le bruit des coups qui pleuvaient sur leur mère, et qui parfois les maintenaient éveillées jusqu'à l'aube.

Il y avait des soirs où, quand il rentrait, le Mécano chassait tout le monde de la maison jusqu'à la tombée de la nuit. Voire, jusqu'à l'heure du coucher. Une fois, comme le chien des filles, Lucky, n'arrêtait pas d'aboyer, le Mécano l'abattit, sous prétexte qu'il avait eu une sale journée au boulot.

Il fallut des années et des années à leur mère pour trouver le courage d'enfreindre la règle tacite du mariage. De divorcer d'abord, et ensuite de se remarier avec un homme qu'elle décrivait comme « un doux dingue », mais qui lui vouait une véritable adoration se traduisant par du respect, par de l'amour. Pas par des coups de poing. Et il la laissait dormir longtemps après le lever du soleil. La réveillait au son de l'émission *Le Juste Prix* tout en lui préparant son café, pas en lui aboyant dessus.

Le Mécano ne sortit pas du tableau pour autant. Il avait le droit de voir ses filles un week-end sur deux. Un été, il alla les chercher à la sortie de l'école. Les emmena dans l'Ouest en vacances pour voir le Grand Canyon, le mont Rushmore, le parc de Yellowstone. Leur mère n'en savait rien, il ne lui avait pas demandé son avis. Elle ne put qu'aller déposer plainte au poste de police et attendre. Pendant trois semaines, les filles mirent les vêtements qu'elles portaient à l'école ce jour-là. Pour elles, ces vacances avaient tout d'une prise d'otages.

C'étaient ces histoires-là que Sue, la plus jeune des deux sœurs, racontait à son fils Frank. Elle les appelait « ses premiers souvenirs d'enfance », et elle les confiait au jeune garçon chaque fois qu'ils apercevaient le Vieux Mécano à l'épicerie, à la station-service ou à la banque. Et lui, invariablement, demandait : « Pourquoi on l'évite comme ça ? Est-ce qu'il va nous attaquer ? »

Sue était enceinte quand elle s'était mariée, à la fin du secondaire. C'était peu après la naissance de Frank que le Vieux Mécano s'était manifesté, d'abord par des coups de fil, ensuite par des lettres ; il voulait leur rendre visite pour faire la connaissance de son petit-fils. Mais Sue restait hantée par ses souvenirs, par la haine et par la peur que lui inspirait toujours cet homme qu'elle considérait comme un monstre, pas comme un parent. Son mari, Will, ne concevait pas qu'un enfant soit privé de son grand-père, ni qu'une fille puisse détester son père ; le sien avait été emporté par un cancer quand lui-même était très jeune, et, ayant souffert de cette absence dans sa jeunesse, il souhaitait une vie différente pour son fils. Aussi ne comprenait-il pas la position de Sue. Elle tenta de lui expliquer que si son père avait fait cracher du sang à sa mère un jour sur deux pendant des années, il comprendrait. D'autres discussions interminables s'ensuivirent, auxquelles se mêlèrent des échanges plus vifs au sujet du quotidien en général et du stress qu'il engendrait — les factures qui s'accumulaient, les courses qu'il fallait faire, le temps libre qui semblait toujours manquer —, jusqu'au moment où la pression devint trop forte pour leur couple. Sue ne voulait pas que Frank grandisse dans un foyer déchiré par les conflits, résonnant d'éclats de voix. Au bout de cinq ans, elle demanda le divorce.

Son attention se concentra alors sur son fils, que Will prenait néanmoins un week-end sur deux.

Elle mit tout en œuvre pour bannir les disputes de leur existence, pour le protéger de la violence qu'elle avait elle-même subie. Pour lui faire mener une vie normale, avec des jouets, une bicyclette, une balançoire — une vie qui interdisait tout contact avec le Vieux Mécano. Quand neuf années se furent écoulées ainsi, rythmées par les coups de téléphone qu'il passait et auxquels elle ne donnait pas suite, par des lettres et des cartes qu'elle laissait sans réponse, sa sœur Mary vint un jour la trouver. Leur père lui avait parlé de son désir de rencontrer Frank. Elle conseilla à Sue de donner une chance au Vieux Mécano, parce qu'elle-même s'y était risquée et qu'il avait réellement changé : aujourd'hui, il était inoffensif. Même s'il ne s'était jamais excusé pour tout le mal qu'il avait pu faire autrefois, Mary pensait qu'il méritait de connaître son petit-fils. Frank était assez grand pour pouvoir se forger sa propre opinion.

Après des semaines de réflexion, Sue dit à son fils : « Ton grand-père voudrait te rencontrer. T'offrir un petit voyage. »

Dans l'esprit de Frank, partir ainsi à l'aventure sur la route et mener pendant quelque temps une vie de bohème aurait pu constituer une perspective plutôt séduisante, s'il n'y avait eu le spectre effrayant du Vieux Mécano. Il avait beau connaître toutes les histoires au sujet de son grand-père et l'avoir quelquefois aperçu en ville, cet homme n'avait de réalité pour lui qu'au travers des cartes Hallmark qu'il lui envoyait pour Noël et pour son anniversaire, accompagnées en général de billets ou d'un chèque rédigé à son nom.

« Dis, pourquoi tu l'appelles le Vieux Mécano plutôt que papa ? demanda-t-il. Et pourquoi tu m'as jamais laissé le voir avant ?

— Il a travaillé pour le corps des ingénieurs de l'armée avant de devenir diéséliste. Il était doué de ses mains. Et je ne voulais pas qu'il t'approche après tous les mauvais traitements qu'il avait infligés à ta grand-mère.

— Qu'est-ce qu'il veut me faire ? Euh, je veux dire, qu'est-ce qu'il veut faire avec moi ? »

Frank imaginait déjà une virée cauchemardesque en voiture, le Vieux Mécano le menaçant de ces poings dont il se servait si facilement dans les histoires racontées par sa mère. Il se voyait forcé de rassembler les bestioles crevées au bord des petites routes de campagne. Retenu en otage jusqu'à la tombée de la nuit. Obligé d'attacher les dépouilles putréfiées aux arbres des gens contre qui son grand-père avait une dent.

Quand le Vieux Mécano avait confié à Sue où il comptait emmener son petit-fils, elle avait pris sur elle pour ne rien laisser paraître de ses craintes. « Il veut t'emmener à une foire aux armes, répondit-elle. Après, vous irez dîner tous les deux. Pour faire plus ample connaissance.

— Et t'as accepté ? Tu peux pas venir avec nous ? »

Refusant de lui avouer qu'elle avait commencé par paniquer, elle expliqua : « Écoute, Frank, il a droit à une chance. Et non, je ne viens pas avec vous. T'es plus un gamin, bon sang, t'as quatorze ans ! Moi, j'en ai trente-deux, et je crois qu'il est grand temps d'enterrer le passé et de te présenter ton grand-père. Aujourd'hui, c'est un vieil homme inoffensif. De toute façon, ce n'est pas sain pour toi de vivre comme ça, coupé de ta famille. »

Inoffensif ? se dit Frank. Partagé entre l'indignation et la frayeur, il repensa à tous les récits horribles dont sa mère l'avait abreuvé. Les raclées. Le chien abattu. Le kidnapping en été… Il y ajouta ses propres scénarios : le Vieux Mécano l'emmenait dans un camp retranché derrière des murs de brique, cerné de barbelés coupants et truffé de pièges. À l'intérieur, il l'entraînait au sous-sol et l'enchaînait à un mur dans son abri antiatomique, près de son sac d'entraînement — un sac contenant les restes des hommes et des femmes dont il s'était débarrassé, et sur lequel ses mains s'acharnaient, cognant sans relâche, broyant leurs ossements, les réduisant en poussière pour leur faire payer une quelconque broutille qu'il avait jugée offensante.

Quand le Vieux Mécano lui serre la main, Frank a l'impression d'avoir les doigts pris dans un étau. Il l'imagine sans peine défoncer un crâne ou écraser une trachée d'un seul coup de poing.

Il lorgne la silhouette dont la bedaine proéminente tend la flanelle d'une chemise à carreaux rouges, blancs et noirs, sur laquelle se détachent les deux bandes écarlates d'une paire de bretelles. Frank a déjà vu son grand-père en ville, mais jamais de près. L'âge lui a manifestement alourdi le corps et détendu la peau, qui pend comme de la morve. Ses cheveux saupoudrés de gris, gominés comme ceux de Ward Cleaver, sont en partie dissimulés par un bonnet de laine bleue rappelant celui que Nicholson porte dans *Vol au-dessus d'un nid de coucou*. Pour avoir lu le livre et regardé le film avec son père, Frank sent grandir sa peur d'une soudaine crise de démence. Le visage du Vieux Mécano est criblé de taches brun-roux et d'anciennes cicatrices d'acné. Ses traits lui font penser à un croisement entre un rat géant dépourvu de moustaches et Alf, l'extraterrestre du feuilleton télévisé.

« Prêt ? » demande le Vieux Mécano.

Frank hoche la tête. « Sûr. »

Sa mère lui dépose un baiser d'adieu sur la joue. Lui conseille de bien s'amuser, puis jette un coup d'œil à son père, cherchant en vain quelque chose à dire, un sentiment de compassion ; seuls les souvenirs affluent. « Je t'attends à six heures ce soir », glisse-t-elle à Frank. Et d'insister : « Tâche de ne pas être en retard. »

Assis à côté du Vieux Mécano sur le siège avant du pick-up Dodge, Frank sent son cœur s'affoler et son sang circuler plus vite dans ses veines. Son grand-père assène d'une main de grands coups sur le klaxon, faisant généreusement partager le mécontentement suscité par la façon dont l'automobiliste devant lui manœuvre son véhicule. Une nouvelle fois, Frank se demande pourquoi sa mère a accepté cette sortie. « Si tu roulais comme ça dans le Tennessee ou au Texas, mon gars, on t'aurait d'jà poussé au cul ! » s'écrie le Vieux Mécano.

Sans réfléchir, Frank lâche : « On est dans l'Indiana, ici. Pas dans le Tennessee ni au Texas. »

Cette remarque lui vaut un regard corrosif qui lui ronge le sternum. « Tu dis ça parce que t'es pas un bon conducteur, Frank. C'est pas possible de supporter tous ces traînards qui lambinent sur la route. Ils font que te ralentir. »

Frank fronce les sourcils. « J'ai quatorze ans, j'ai même pas encore appris à conduire. »

L'expression de son grand-père, associée à l'énergie de ses intonations, à l'autorité qui en émane, alimente la peur de Frank. Lui fait comprendre que le Vieux Mécano tâte le terrain. Et que la foire aux armes est un test.

À l'intérieur de la salle où se déroule l'événement, des tables s'alignent comme dans une cantine scolaire géante. Les vendeurs, pour la plupart en T-shirt Hanes noir sur un treillis kaki d'où émerge un ventre gonflé à la bière, proposent armes à feu et couteaux neufs ou d'occasion. Beaucoup de ferraille, explique le Vieux Mécano. De la camelote de seconde main. « Mais y a aussi des affaires à faire, quand tu t'y connais, souligne-t-il. Alors faut ouvrir l'œil. »

Ils circulent entre les tables. Arpentent les allées. Le Vieux Mécano semble à l'aise, constate Frank. Heureux. Dans son élément. À un certain moment, ils s'arrêtent devant un étal et le Vieux Mécano saisit une arme de poing. Frank ferme les yeux, redoutant déjà qu'il ne la charge et ne se transforme en tireur fou du troisième âge. « Tiens, gamin, c'est ce que je voulais dire. Tu vois celui-là ? C'est un Beretta modèle 1934, utilisé par les Italiens avant la Seconde Guerre mondiale. Ça, c'est une véritable antiquité. »

Frank reste muet en le voyant replacer l'arme sur la table sans avoir visé personne. Ils continuent de déambuler, jusqu'au moment où le Vieux Mécano secoue la tête en indiquant un étal croulant sous les armes. « Là, y a que des flingues de pacotille, des rebuts que les vendeurs essaient de faire passer pour des armes de collection. À mon avis, ils les ont juste laissés dehors, exposés à la rouille, pour qu'ils aient l'air plus authentiques. Autant dire que ça vaut rien. »

Toujours silencieux, Frank fixe du regard un point devant lui.

Plus loin, le Vieux Mécano s'empare d'un pistolet qui rappelle à Frank celui de James Bond dans un de ses films.

« Tu sais à quoi cette beauté est censée avoir servi ? demande-t-il.

— Au braquage d'une banque ? suggère Frank.

— Non. On pense que c'est l'arme utilisée pour descendre l'archiduc d'Autriche. M. Ferdinand, dont la mort a déclenché la Première Guerre mondiale. C'est un FN modèle 1910.

— En fait, intervient le vendeur, personne n'en est sûr, c'est juste que… »

Le Vieux Mécano se tourne vers lui, les traits soudain crispés, comme s'il venait de se faire piquer par une guêpe. « C'est juste qu'on vous a pas sonné ! Vous voyez pas que je parle à mon petit-fils ? »

Le cœur de Frank entame une course de relais quand le Vieux Mécano flanque l'arme sur la table, puis grommelle en s'éloignant : « Même pas foutu de respecter les types comme moi, qui se sont battus pour défendre la liberté de ce crétin et de ce pays. »

L'estomac noué, Frank imagine les mains du Vieux Mécano refermées sur le cou du vendeur. Il voudrait se réfugier sous une table, se rouler en boule pour se faire tout petit. Il sait maintenant ce que sa mère et sa tante ont ressenti jour après jour, quand elles formaient le seul public de cet homme.

Il aimerait s'en aller, mais son grand-père tient

absolument à lui offrir un cadeau. Ils s'arrêtent devant un assortiment de couteaux. Le Vieux Mécano examine un cran d'arrêt. Décide que c'est celui-là qu'il veut. Pas celui avec le système qui empêche la lame de se déplier pour éviter qu'elle ne perfore quelque chose ou quelqu'un. Le Vieux Mécano achète un Nato Switchblade de parachutiste, muni d'une lame aussi tranchante qu'un scalpel. Pas de sécurité. Juste un ressort renforcé. Capable de fendre la peau humaine.

Quand il paie, Frank lui fait part de ses doutes. Il n'est pas sûr que sa mère l'autorisera à le garder.

« Ta mère ? se récrie le Vieux Mécano. T'as quatorze ans, mon gars ! Si un jour t'es obligé de t'en servir contre quelqu'un, tu vas d'abord lui demander la permission ? »

Au moment de glisser le Nato dans sa poche, Frank croit réentendre sa mère lui affirmer : « C'est un vieil homme inoffensif. »

Au Ponderosa Steakhouse du coin, une serveuse leur apporte leur commande : steak et crevettes à volonté. Autour d'eux, tous les clients du restaurant s'emploient à découper leur morceau de bœuf dans des assiettes où le sang se mêle à la graisse, et des claquements de lèvres ponctuent les conversations étouffées.

À la première bouchée, Frank savoure le goût du faux-filet cuit à point. Mais, apparemment, l'idée que se fait le Vieux Mécano d'une cuisson à point ne correspond pas à la réalité de ce qu'on lui a servi. Le grillardin ne connaît pas son boulot. Le Vieux Mécano rive son regard à celui de Frank, qui mastique toujours, et déclare : « C'est froid, ce machin-là. Et dur comme de la semelle. Je refilerais même pas ce bout de gras à un clébard galeux. »

En voyant une lueur de folie sanguinaire éclairer les yeux de son grand-père, dont les narines s'élargissent dans son visage grêlé, Frank lâche couteau et fourchette, qui rebondissent bruyamment sur l'assiette. La boucle close, il continue d'activer ses mâchoires, conscient de tous les regards braqués sur le Vieux Mécano. Alertée par le claquement des couverts, la serveuse revient.

« Tout va bien, monsieur ?

— Où est-ce que vous allez chercher vos cuisiniers, hein ? gronde le Vieux Mécano. Dans une équipe d'éboueurs ? Et votre viande, elle est dégueulasse, on dirait que vous avez raclé le fond d'une benne à ordures derrière un abattoir. Je bouffais mieux dans les tranchées de l'autre côté de l'océan ! Je suis venu ici avec mon petit-fils en croyant le régaler d'un bon steak. C'est intolérable ! »

Frank plonge un beignet de crevette dans l'épaisse sauce rouge qui accompagne le plat. Le fourre dans sa bouche. La serveuse se confond en excuses avant de dire : « Je vais chercher le responsable. » Le Vieux Mécano attrape son couteau, puis le lève. Frank ne peut détacher les yeux de ces mains à la poigne de fer.

Sa gorge se serre en même temps que son estomac se soulève. Quand la serveuse se détourne, le Vieux Mécano laisse s'écouler quelques secondes. Il repose ensuite le couteau sur l'assiette, qu'il repousse jusqu'au bord de la table, avant de lancer :

« Hé ! »

La serveuse reporte son attention sur eux. Le Vieux Mécano agite la main, pince les lèvres et déclare : « Ce sera pas nécessaire. » Il s'interrompt comme pour se donner le temps de réfléchir, et finit par demander : « Vous savez qui je suis ? »

Le regard de la fille reflète la plus grande confusion : « Euh, non, monsieur.

— Je suis un vétéran de la Seconde Guerre mondiale. Et, croyez-moi, j'ai pas fait cette guerre pour que des incapables dans votre genre me servent des cochonneries pareilles ! Vous avez une idée de ce qui serait arrivé à ce pays si j'avais combattu l'ennemi avec le même je-m'en-foutisme qui caractérise le service et la cuisine dans ce restaurant ? On serait en train de causer japonais ou allemand, ma petite ! »

Elle en a les larmes aux yeux. Un frémissement la parcourt tout entière.

« Faut m'excuser, Frank, ajoute le Vieux Mécano. Mais, franchement, la façon dont on traite les gens dans ce pays me hérisse. J'en ai ma claque. »

Ces paroles résonnent dans la tête de Frank, qui mange sa dernière crevette. « Allez, on s'en va », décrète son grand-père.

Dans le pick-up, Frank se demande si le Vieux Mécano a pris un itinéraire différent pour le ramener chez lui ou s'il est en train de le kidnapper. Si ça se trouve, il préparait son coup depuis des années, et aujourd'hui le moment est venu : il l'a pris en otage et va l'emmener en vacances forcées.

Il agrippe son seul moyen de défense, le cran d'arrêt dans sa poche. « On va chez moi, j'ai un truc pour toi », annonce soudain son grand-père.

Le camp retranché…, songe Frank. Le Vieux Mécano a probablement déjà choisi un emplacement pour la tombe de son petit-fils, sur laquelle il fera pousser des marguerites pour mieux en préserver l'anonymat. Des spasmes contractent l'estomac de Frank, déjà mis à mal par ses nerfs ébranlés et par une crevette de trop. Par l'idée de tout ce qu'il lui restait à faire. À découvrir ou à accomplir. Le sport. Le bal de la promo. L'alcool. Les filles et leur décolleté.

Ses doigts cramponnent plus fort le couteau dans sa poche. Ses yeux ne quittent pas les mains posées sur le volant. Il pourrait enfoncer la lame dans l'une de ces pognes noueuses, capables de broyer un larynx. Quand le Vieux Mécano lui a demandé ce qui se passerait s'il était obligé de s'en servir contre quelqu'un, avait-il cette éventualité en tête ? D'un autre côté, se dit Frank, en le frappant maintenant il risque de provoquer un accident. Lui-même pourrait mourir. Or il ne veut pas mourir. Il en est là de ses réflexions quand son grand-père ralentit, puis tourne pour s'engager sur une petite route gravillonnée. Tremblant, Frank jette un coup d'œil dehors à l'instant où le Vieux Mécano arrête le pick-up. Il n'y a ni mur de brique ni barbelés en vue. Pas de camp retranché. Juste une vieille bicoque en bois grisâtre, coiffée d'un toit en tôle, qui se dresse au fond du cul-de-sac. « On y est », annonce le Vieux Mécano.

Sans lâcher le cran d'arrêt, Frank prend place sur un canapé en velours brun qui sent le renfermé, déstabilisé par l'absence de repères dans cette maison où sa mère a grandi. Son regard s'attarde sur les signes du passé : les vieux journaux jaunis, empilés sur une moquette bleue élimée qui, manifestement, n'a pas souvent droit à un coup d'aspirateur ; les murs de rondins couverts de photos encadrées de noir, devenues grises au fil des ans, qui montrent des soldats souriants, levant un pouce triomphal. Il y a aussi des portraits de la mère de Frank et de sa tante quand elles étaient gamines, tout en dents de lapin. Au bout d'un moment, il voit le Vieux Mécano émerger du couloir étroit menant, suppose-t-il, à une chambre. Chargé d'une boîte métallique rectangulaire kaki, il se laisse choir à son tour sur le canapé. Ôte son bonnet. Le cœur de Frank s'affole, et il serre plus fort la lame. Qu'y a-t-il dans cette boîte ?

Le Vieux Mécano s'éclaircit la gorge. « Ta mère t'a déjà raconté que j'avais fait la Seconde Guerre mondiale ? » Toujours effrayé par cette boîte, par ce qu'il risque d'arriver, Frank répond :

« Non, elle m'a jamais parlé de ça. Juste du reste. »

Tout en le regardant du coin de l'œil, le Vieux Mécano demande : « Comment ça, le reste ?

— Les raclées », précise Frank.

Le Vieux Mécano secoue la tête. Passe sur ses lèvres sa langue desséchée, râpeuse comme du papier de verre.

« Les temps changent, mon gars, les gens aussi ; c'est pour ça que je t'ai amené ici. »

Le regard rivé à la boîte verte, Frank se dit que si son grand-père s'avise de poser ne serait-ce qu'un doigt sur lui, il tailladera ces mains redoutables jusqu'à les mettre hors d'état de nuire.

« La guerre, ç'a été l'enfer pour moi, Frank, reprend le Vieux Mécano. T'as même pas idée de ce que j'ai pu voir, ni de ce que j'ai pu faire. Quand je suis rentré au pays, je savais pas comment en parler. Ni comment réagir. »

Les doigts de Frank, toujours refermés sur le couteau dans sa poche, sont moites. « Alors j'ai tout gardé dans ma tête, poursuit son grand-père. Et toutes ces images ont fait bouillir en moi une colère qui s'est transformée en violence impossible à contenir. Je me suis mis à boire et à cogner pour un rien. Parce que ça me soulageait de taper. » La vision de ces mains à la peau de poulet lui enserrant le cou traverse l'esprit de Frank. « Je ne peux qu'imaginer ce que ta mère, ta tante et ta grand-mère ont dû te dire sur moi. Sur ce que je leur ai infligé. »

À l'intérieur, Frank se sent pareil à une voix criant en vain au fond d'un puits noir. Du pouce, il frotte le bouton du cran d'arrêt, prêt à sortir la lame. Il voudrait partir, s'enfuir le plus loin possible de ce vieux cinglé sur le point d'ouvrir une boîte métallique. Il pourrait le poignarder et détaler, mais il ne sait pas où il est. Et s'il ne faisait que le blesser ? Si le Vieux Mécano se lançait à sa poursuite ? Ce serait encore pire.

Lorsqu'il farfouille dans la boîte, le Vieux Mécano prend un air concentré qui approfondit les sillons sur son visage marqué par les cicatrices d'acné, et il serre ses dents tachées de café. De toute évidence, il a une idée derrière la tête. « Peut-être qu'un jour tu comprendras ce que j'ai fait, gamin. En bien comme en mal. »

L'imagination de Frank lui souffle qu'il y a une arme dans cette boîte. Ou des menottes. Ou encore, de la corde et des chiffons. C'est le petit kit de torture personnel du Vieux Mécano. Frank brûle de brandir la lame et de crier : « Va pas te déchaîner sur moi, hein ? Je le sais déjà, tout ce que t'as fait, alors ramène-moi à la maison ! » Mais il se rend bien compte que le modeste cran d'arrêt ne l'aidera pas.

Enfin, le Vieux Mécano lui montre une longue lame effilée. « Tiens, regarde. » Voilà, cette fois, il est trop tard.

Frank contemple les taches sombres sur l'acier — sans doute le sang de tous ceux qui ont un jour osé contrarier le Vieux Mécano. « Pourquoi ? Pour que tu puisses me tailler en pièces avec cette machette ? »

Son grand-père secoue la tête en étouffant un rire. « J'ai pas l'intention de te tailler en pièces ! Et c'est pas une machette, d'abord, c'est une baïonnette. Elle appartenait à Howard Case, un gars du Kentucky avec qui j'étais au front. Un vrai colosse. Aussi blanc que du p'tit-lait.

— Tu l'as volée ? » demande Frank.

Le Vieux Mécano prend une profonde inspiration, puis relâche lentement son souffle. « Non, Case et moi, on nous a largués sur une plage à Okinawa avec d'autres soldats. On pensait que l'enfer viendrait du ciel, tu vois. Sauf que l'enfer, on l'a découvert plus loin, à l'intérieur des terres. » Abaissant la baïonnette, il marque une pause avant de poursuivre : « On a couru se mettre à couvert, Case et moi, alors que partout autour de nous les explosions creusaient des trous fumants dans le sol. J'avais une caisse pleine de grenades sanglée dans le dos. À côté de moi, Case tentait d'éviter le plomb qui sifflait à nos oreilles. Le sol s'ouvrait sous nos pieds. On distinguait plus les tirs ennemis des nôtres, alors on s'est jetés à plat ventre. Une balle a traversé la caisse sans toucher aucune grenade, et elle est ressortie en emportant le visage de Case. J'ai attrapé son fusil. Je m'en suis rendu compte que plus tard, en voyant ses initiales gravées dans le bois de la crosse. » Il soulève la baïonnette. La tend à Frank en disant : « Elle est à toi si tu veux. »

Frank lâche le cran d'arrêt dans sa poche, approche ses doigts de la baïonnette. Soupèse de la main gauche l'acier froid, effleure de l'index droit les taches sur la lame.

Le Vieux Mécano retire un autre objet de la boîte : un triangle d'étoffe rouge avec une rayure bleue au milieu, auquel est attachée une étoile à cinq branches en cuivre terni. Frank plisse les yeux. « C'est quoi ? »

Son grand-père pince les lèvres, puis affiche un air solennel qui fige ses traits. « La Bronze Star. L'armée me l'a donnée pour avoir combattu les Japonais à Okinawa. Pour avoir tué des êtres humains. »

Une nouvelle fois, Frank contemple les mains balafrées du vieil homme en se remémorant les histoires qu'il a entendues sur leur compte. « C'est ton excuse pour justifier ce que t'as fait à grand-mère ? » Le Vieux Mécano range la Bronze Star. « Écoute, gamin, j'ai pas à me justifier. Ni devant toi ni devant personne. J'ai pas d'excuses et j'en cherche pas. Tout ce que je suis se trouve dans cette cantine. C'est pour ça que je voulais te la montrer avant de mourir : pour que tu comprennes qui j'étais et comment j'avais gagné cette médaille. »

Une goutte de sueur dégouline le long de son visage grêlé. Peu à peu, Frank sent une chaleur inattendue l'envahir.

Son grand-père indique les photos au mur.

« Tout ce que je peux te dire, poursuit-il, c'est que j'ai passé ma colère et ma rancœur sur ta grand-mère, et que c'était pas juste. Elle a souffert jusqu'à ce qu'elle puisse plus souffrir. Mais j'arrivais pas à me remettre de ce que j'avais vu, de ce que j'avais fait. Tu sais, quand un homme en supprime un autre, il se condamne à être hanté par le remords, à vivre pour toujours dans l'ombre du mort. »

Le Vieux Mécano baisse la tête. Enfouit son visage dans ces mains qui effraient tant son petit-fils.

Toute cette énergie, toute cette autorité et cette intransigeance dans sa voix ont désormais disparu. Il est inoffensif.

De son côté, Frank est partagé entre son désir de rester dans l'ignorance au sujet de cet homme et son envie de mieux le connaître. Pour finir, il repousse résolument dans un coin de sa tête les histoires qui ont marqué son enfance — les bonbons à la cannelle, Tom et Jerry, le chien abattu —, en se raccrochant aux paroles de sa mère : « Il a droit à une chance. »

Alors il se lève, se campe devant le Vieux Mécano et lui pose une main sur l'épaule, conscient toutefois qu'il pourrait très bien lui jouer la comédie. Dans ces conditions, pas question de lâcher la baïonnette. En même temps, il brûle de savoir. « Sérieux, t'as vraiment fait la guerre ? demande-t-il. Tu t'es vraiment battu pendant la Seconde Guerre mondiale ? Et t'as vraiment tué des gens ? »

Infréquentable

Le soleil d'août chauffait à blanc le toit de tôle sur cette ferme de l'Illinois, où une querelle au sujet d'une escroquerie à l'assurance était en train de virer au règlement de comptes. Cooley, un Indien à la peau bistre, gifla d'un revers de main le fin visage ivoirin de Connie assise en face de lui, à cette même table où le fils de cette dernière, Quat' Planches, mangeait ses œufs brouillés. Connie arracha la fourchette des mains de l'enfant. Se leva d'un bond. L'enfonça de toutes ses forces dans la jugulaire de Cooley.

L'Indien griffa l'air, cherchant à attraper la fourchette, tandis qu'un flot rouge jaillissait de sa gorge comme le pétrole gicle d'un nouveau forage. Le cœur cognant à un rythme précipité, il cria entre ses dents serrées : « Salope ! »

Connie sortit en trombe de la cuisine, fonça dans le couloir, alla récupérer dans la chambre le calibre 12 juxtaposé à deux coups. Revenue dans la cuisine, elle visa la tête de Cooley, dont les tresses à la Crazy Horse retombaient sur ses épaules d'ours.

« Quat' Planches ? lança-t-elle de sa voix de péquenaude. Prends deux Falls City dans le frigo. Après, tu vas attendre maman dehors. »

Docilement, le garçonnet ouvrit le réfrigérateur, attrapa deux canettes puis traversa la pièce. La porte-moustiquaire abîmée par les pointes de bottes rebondit dans l'encadrement derrière lui. Son claquement fut suivi par la détonation puissante des deux canons, et l'Indien qui avait façonné l'esprit de Quat' Planches à coups de poing quotidiens se répandit sur le lino.

Huit ans plus tôt, Connie avait fui vers l'Illinois avec Cooley après que son propre père avait essayé de noyer l'enfant, persuadé que c'était un bâtard. S'il y avait bien une chose que son éducation lui avait apprise à l'époque, c'était qu'attention et violence étaient deux cartes de valeur égale issues du même jeu ; ce qui importait, c'était la façon dont on les jouait. Or son petit copain, Cooley, venait d'abattre la même une fois de trop.

Quat' Planches, huit ans, était assis dehors, les joues et les ongles maculés de crasse. Des traces de lait chocolaté et d'œufs brouillés, vieilles d'au moins trois semaines, serpentaient autour de ses lèvres. Il avait dans les poumons le goût d'une Pall Mall et sur la langue celui de la Falls City partagée avec sa mère sous un vieil hickory.

« M'man ? Qu'est-ce qu'on va faire, maintenant ? » demanda-t-il.

Connie écarta de son visage ses boucles blondes

aux racines sombres, comme carbonisées, résultat d'une décoloration au rabais, puis éructa bruyamment. « On remballe nos affaires, on refait les deux heures de route jusque dans l'Indiana pour crécher chez ton oncle Lazarus, et on monte cette arnaque sans qu'un foutu Peau-Rouge prenne sur not' part pour se bourrer la gueule. »

Les pneus firent voler le gravier, et Quat' Planches demeura seul dans le cul-de-sac environné de chênes perdu au milieu des bois au sud-est du Kentucky. Il regarda Connie et Lazarus disparaître dans le petit jour violet électrique en repensant à toutes ces fenêtres déverrouillées par lesquelles il s'était introduit pour faucher des bijoux. Aux économies des travailleurs fourrées sous des matelas, dans des boîtes à café dissimulées au fond de tiroirs, dans des congélateurs ou des frigos. Il connaissait toutes les cachettes ; sa mère et Cooley lui avaient appris où chercher, mais il ne les avait encore jamais aidés à vandaliser une bagnole afin de toucher l'argent de l'assurance.

« Pour certains, y a pas d'autre moyen de gagner sa croûte que de se crever le cul à l'usine, avait expliqué son oncle Lazarus. Sauf qu'ils ont déchanté quand Reagan est devenu président, y a quelques années. Les combines, les arnaques, la cambriole, c'est la seule vie que connaissent ta maman et ton oncle Lazarus, et c'est la seule que tu connaîtras jamais, bonhomme. »

De ses doigts déjà tachés de nicotine, Quat' Planches balança le pied-de-biche vers la gauche. Puis vers la droite. Fracassa les phares de la Cadillac rose téton, un modèle de 82 à capote blanche comme un glaçage au sucre. C'est Lazarus qui avait choisi Hazard, Kentucky — à trois heures de route de New Amsterdam, Indiana, où il lui arrivait de passer la nuit —, à cause de l'environnement rural : rien que des collines parsemées de quelques habitations à des kilomètres les unes des autres. De plus, il n'avait aucun contact dans ce coin-là ; autrement dit, rien ne permettrait de mettre sa parole en doute quand il irait signaler le vol de sa voiture.

Lazarus avait garé la Cadillac dans ce cul-de-sac cerné de reliefs verdoyants qui dissimulaient les maisons aux alentours. Connie l'avait suivi au volant du Dodge Duster, et, à leur arrivée, Quat' Planches avait cédé sa place à son oncle. À présent, il disposait de cinq minutes avant leur retour. En principe, ils s'étaient postés à l'entrée du chemin pour faire le guet, dans l'hypothèse improbable où quelqu'un voudrait s'y engager. Lazarus lui avait bien expliqué qu'il fallait massacrer la Caddy, la transformer en tas de ferraille tout juste bon pour la casse.

Quat' Planches grimpa sur le pare-chocs brillant, puis défonça le capot à coups de talon. Six fois de suite il projeta le pied-de-biche dans le pare-brise, le fendillant telle de la glace, avant de monter sur la capote blanc sucre pour répéter la même chorégraphie talon-bosse que sur le capot. Il se laissa ensuite glisser sur la lunette arrière, passa par-dessus le coffre et sauta à terre. Son cœur faisait des bonds dans sa poitrine de poulet. Il souleva de nouveau la barre pour faire voler en éclats les feux arrière. Brandit haut l'extrémité métallique fourchue comme la langue d'un serpent. L'abattit sur le coffre. Se dirigea vers la portière côté conducteur, l'ouvrit, jeta l'outil sur le revêtement de cuir blanc. La sueur brûlait ses yeux larmoyants lorsqu'il sortit de sa poche un minuscule couteau Buck. Le temps d'éjecter la lame, et il poignarda le siège. Le fit saigner des flots de mousse.

Sur ce, il retira de sous le siège la pochette d'allumettes et le flacon d'alcool à quatre-vingt-dix degrés laissés par Lazarus. En inonda l'intérieur de la Cadillac jusqu'à ce que l'odeur soit plus répugnante que l'haleine d'un poivrot. Récupéra le pied-de-biche et le fourra sous son aisselle. Il venait d'écarter le rabat de la pochette d'allumettes quand il sentit une main griffue le saisir par sa tignasse couleur de bœuf séché et le forcer à reculer par petits bonds saccadés, comme un caillou plat ricochant à la surface d'un étang. La barre métallique claqua en tombant. Puis les paumes et les genoux de Quat' Planches raclèrent le gravier.

Les larmes qui lui montaient aux yeux le mirent dans une rage folle. Il se releva et considéra le vieil homme aux cheveux gris en pétard, en salopette sur un T-shirt Hanes taché de tabac, qui crachait un jus noirâtre.

« Qu'est-ce que tu fous sur mes terres, espèce de petit saligaud ? »

L'homme jeta un coup d'œil à la route gravillonnée, alerté par le vrombissement du Dodge Duster qui déchirait le silence matinal.

« Y en a d'autres dans le coup avec toi, c'est ça ? »

Abreuvé par toute cette violence qu'il avait vu sa mère et Cooley exercer l'un sur l'autre, comme dans les dessins animés du samedi, Quat' Planches avait les mains qui le démangeaient. Serrant plus fort le pied-de-biche, il l'expédia dans le tibia du vieil homme. Sous le denim, l'os se brisa. Le vieil homme tomba à genoux. Des capillaires éclatés brouillèrent sa vision. Il cracha. « Sale morveux ! Je crois que t'as pas compris à qui t'avais affaire ! »

Il gifla Quat' Planches d'un revers de main, l'envoyant mordre la poussière. « Aïe, merde ! » brailla l'enfant.

Cooley avait l'habitude de le cogner jusqu'à ce qu'il crache et pisse rouge, et chaque fois Quat' Planches avait ensuite du mal à marcher, à parler, à manger et à dormir pendant des jours. Il ravala sa rancœur en fixant sa cible de ses yeux larmoyants. Se redressa. Exécuta un swing digne de Hank Aaron[1] qui creusa la chair du vieil homme. Le tira en arrière tandis qu'il portait les mains à son visage en gémissant.

Les larmes reliaient sur les joues de Quat' Planches les traces de crasse plus nombreuses que les taches de son d'un rouquin. La morve lui coulait du nez quand

1. Joueur de base-ball.

il ramassa la pochette d'allumettes sur le gravier. Connie écrasa la pédale de frein du Duster. Quat' Planches craqua une allumette, enflamma la pochette et la jeta sur le siège avant de la Cadillac, qui s'embrasa comme l'enfer dont parlaient les baptistes dans leur prêche tous les dimanche matin.

Lazarus ouvrit à la volée la portière côté passager. « Grouille, gamin ! Grimpe ! »

Reniflant et toussant, Quat' Planches clopina jusqu'au 4 × 4. Son oncle le hissa dans l'habitacle puis referma la portière. Le vieil homme s'était remis debout dans l'intervalle et les contemplait bouche bée ; le sang sur sa figure dissimulait sa peau tavelée, des gargouillements incohérents montaient de sa gorge. Ses mains griffèrent l'aile du Duster côté passager. Connie accéléra en le regardant s'éloigner dans le rétroviseur.

« Arrête-toi, je vais l'achever ! hurla Lazarus.

— Pas le temps, répliqua Connie en fonçant vers la route principale tandis que son fils sanglotait, le visage contre les genoux maternels. On en a pour trois heures à retourner dans l'Indiana. Après, quand on sera chez toi, faudra encore que je remette Quat' Planches en état, que je le pomponne pour le rendre plus mignon qu'un petit méthodiste qui va au caté. » Elle conduisait d'une main et caressait de l'autre la tignasse grasse de l'enfant. Derrière la vitre, les arbres et les prés clôturés qui défilaient à toute vitesse ne formaient qu'une traînée floue.

Connie braqua pour s'engager sur le macadam

défoncé. Les pneus arrière gémirent. Des tourbillons de fumée noire s'amoncelaient comme des nuages d'orage au-dessus des chênes qui entouraient le cul-de-sac.

Une brusque déflagration emplit l'air matinal, ébranla la chaussée et les champs environnants, fit trembler l'aile arrière du Dodge Duster. Connie roulait pied au plancher, essuyant toujours les mucosités rougeâtres échappées du nez cassé de Quat' Planches et de ses lèvres boursouflées, rongée par cette même douleur qui la consumait depuis son premier aperçu de cet enfer qu'on appelle la vie.

Avant même que sa main rugueuse n'écarte la porte-moustiquaire, il décela une odeur qui réveilla des souvenirs d'ossements calcinés en terre étrangère. Il saisit le canon court du calibre 38 nickelé glissé dans sa ceinture, arma le chien et poussa le battant.

Un visage décomposé souillait l'air à l'intérieur de la cuisine de ferme, semblable à ceux des communistes dont il avait tailladé, torturé et brûlé la chair dans les jungles de l'autre côté de l'océan.

Des mouches vertes bourdonnaient dans l'atmosphère humide, tandis que des vers grouillaient dans les particules de moelle et de sang couleur cerise noire éclaboussant le lino.

Des résidus de poudre mouchetaient également le frigo rouillé et le papier peint jauni sur les murs.

Mais ce qui frappait au premier regard, c'était la fourchette enfoncée dans le cou du cadavre. Ses mains s'étaient figées autour du manche, comme s'il avait voulu planter un mât miniature pour y accrocher un drapeau blanc.

Kurt fronça les sourcils, creusant des rides sur son front. Sa lèvre inférieure engloutit celle du haut, puis, d'une voix grave et rocailleuse, il marmonna : « Putain de tordue. »

Il portait une ceinture ornée de perles, ainsi que des bracelets en cuir tressé autour de ses poignets épais comme des boîtes de soupe. Sa peau était tatouée d'éclats d'obus après douze mois passés à effectuer des missions de reconnaissance dans la touffeur de la jungle. À endurer des combats qui avaient fait de lui ce qu'il était aujourd'hui : une carcasse vide.

Il désarma le chien de son 38. Le glissa de nouveau dans sa ceinture. Il savait que la femme était partie avec son fils, tout comme il savait ce qui l'avait unie à l'homme collé au lino.

Au moment de l'enjamber, Kurt admira machinalement le crâne bosselé, pareil à un cantaloup — un fruit éclaté, putrescent, rattaché à la nuque et aux épaules.

Kurt côtoyait les individus de ce genre depuis qu'il avait été en âge de poser ses pieds nus dans tous les endroits — bicoques, mobile homes, arrière-salles de bar ou granges — où se déroulaient des combats de coqs. Où il avait vu des hommes maltraiter des femmes, et des femmes en redemander. Ces deux catégories lui nouaient l'estomac, ramenaient à sa mémoire des souvenirs de sa propre mère, du couteau qu'elle chauffait à la flamme bleue d'un brûleur. De la lame dont elle se servait pour martyriser tour à tour ses parties intimes et celles de son fils. Elle appelait ça « faire plus qu'un avec maman ». Pour Kurt, qui repoussa une nouvelle fois l'image de sa tête, c'était plutôt des scarifications. Et la seule pensée des scènes auxquelles le gosse de cette femme avait dû assister, à ce qu'il avait sans doute déjà été obligé de faire, le rendait malade.

Il avait été chargé de les retrouver, son fils et elle, par l'homme qu'ils avaient laissé pour mort : M. Hayden Attwood, propriétaire d'une ferme à Hazard, dans le Kentucky. Qui, pour l'heure, gisait sur un lit d'hôpital, brûlé au deuxième degré quand la voiture dont il était trop près avait pris feu puis explosé. La mâchoire maintenue fermée par du fil de fer. Des côtes cassées et un tibia fracturé. Pissant rouge dans un tube transparent. Incapable d'articuler distinctement, il avait noté à l'intention du détective et de l'adjoint du shérif du comté de Hazard tout ce dont il se souvenait. Autant dire, presque rien.

L'adjoint du shérif avait dit à M. Attwood que la plaque d'immatriculation calcinée qu'ils avaient découverte leur avait permis de remonter jusqu'à un certain Lazarus Dodson, qui habitait plus au nord, dans l'Indiana. Pas de domicile fixe, pas d'emploi non plus. C'était un joueur, un pro du billard. En sortant un soir d'un bar de Corydon où il s'était attardé, il avait constaté que son véhicule avait disparu. Il avait ensuite signalé le vol. Mais M. Attwood n'était pas un grand fan de la loi ; il voulait mettre la main sur le gamin qui l'avait frappé et sur la femme dont il avait aperçu la silhouette au volant du 4 × 4 avant qu'elle ne le heurte, car il avait une conception toute personnelle de la justice à appliquer aux voyous inadaptés qui lui cherchaient des crosses — une conception incarnée par Bonfire Kurt, qui travaillait pour lui depuis qu'il avait quitté les marines, douze ans plus tôt, en 72.

M. Attwood avait gravé dans sa tête le numéro d'immatriculation du Duster qui s'était éloigné après l'avoir renversé. Le laissant rôtir près de la Cadillac en flammes, sous l'œil intéressé des charognards qui tournoyaient au-dessus de lui.

Ce numéro, il l'avait donné à Kurt, qui avait tout de suite soupçonné un lien entre Lazarus Dodson et les deux autres. Attwood lui avait demandé de se concentrer sur le gosse et sur la conductrice, mais Kurt avait préféré commencer par le propriétaire de la Caddy. Il voulait observer ses habitudes. Voir si la femme et le gamin se manifestaient. Il avait fini par tomber sur lui dans un bar de l'Indiana. Il l'avait regardé boire et jouer au billard, puis suivi jusqu'au foyer où il passait la nuit. Le Duster impliqué dans l'affaire ne s'était jamais montré, mais les flics, si : un agent en civil surveillait également Lazarus en se gavant de doughnuts arrosés de café.

Kurt avait laissé les choses se tasser un certain

temps. Ensuite, il avait eu recours à ceux de ses contacts qui se spécialisaient dans la recherche de personnes ne tenant pas à être retrouvées. La plaque d'immatriculation du Duster l'avait mis sur la piste de Connie et de son fils, Willie Voyles, qui vivaient à deux heures de chez Lazarus Dodson, le long de la frontière Illinois-Indiana, avec un dénommé Jimmy Joe Cooley. Voleur et escroc à temps partiel, ivrogne à temps plein. Kurt avait imaginé un scénario : Connie et Cooley avaient volé la Cadillac pour le compte de Lazarus ; Connie avait suivi dans le Duster pour que Cooley puisse abandonner la bagnole dans la nature, où Willie l'avait vandalisée. Ensuite, Cooley et elle étaient retournés chercher le gamin. Lazarus avait signalé la disparition de la voiture. La police l'avait retrouvée incendiée dans le Kentucky. Quand le chèque de l'assurance était arrivé au courrier, Lazarus les avait payés pour le boulot.

Sauf que le massacre à la ferme avait eu lieu plusieurs jours avant le vol et l'incendie de la Cadillac. La dépouille de Cooley était déjà roide au moment des faits. Le pauvre couillon n'avait rien à voir avec le coup de la Caddy.

Désireux d'associer un visage au nom de ses cibles, Kurt longea le couloir recouvert d'une moquette infestée de puces jusqu'à un drap faisant office de porte de chambre. Derrière, un matelas *king size* occupait le coin gauche de la pièce, criblé d'impacts de balles et souillé de taches de foutre. La courtepointe d'un lit à une place était entortillée au milieu. Pas d'oreillers. L'air empestait la moisissure et le salpêtre. Quelques mouches avaient élu domicile sur une armoire métallique rayée et cabossée qui servait de commode. Chemises, jeans, chaussettes et caleçons pendaient des tiroirs ouverts. Aucune photo sur les murs salis par la fumée de cigarette. Juste quelques trous gros comme un poing. Kurt inspecta la penderie. Finit par dénicher une boîte indiquant : PHOTOS DE FAMILLE. Ôta le couvercle. Fourragea parmi les clichés en noir et blanc d'hommes et de femmes, certains jeunes, d'autres vieux, jusqu'à ce qu'il trouve un Polaroïd couleur avec les mots « Connie et Willie, 1980 » griffonnés au bas. Elle, un modèle d'érotisme bouseux. Cheveux sales, blonds décolorés. Teint de lait, expression impitoyable. Regard vide, comme dépouillé de toute étincelle de vie par un dieu qui ne savait dispenser que la souffrance.

Le gosse, lui, avait une tignasse hachée. Deux gouffres béants à la place des yeux. Une peau d'une pâleur cadavérique. Un rictus plaqué sur les lèvres en guise de sourire. Sa mère en version masculine.

Kurt glissa la photo dans sa poche de chemise en se rappelant sa propre mère — la main moite qu'elle lui posait sur la joue, l'haleine tiède qu'elle lui soufflait dans l'oreille, la puissante odeur d'ail mariné dans la bière qu'elle dégageait. Il secoua la tête, avec l'impression qu'un boucher lui fendait le dos de haut en bas, jusqu'à ses talons d'Achille. « Je les connais bien, ceux de votre engeance », murmura-t-il.

Sa sueur lui chauffait la nuque. Dégoulinait de son front. Il écarta le drap fermant la pièce. Suivit de nouveau le couloir moquetté jusqu'à la cuisine. Enjamba encore une fois Cooley et poussa la porte-moustiquaire. La fournaise en ce milieu de matinée lui coupa la respiration. Les mains agitées de tremblements, il sortit une flasque de sa poche arrière, dévissa le bouchon et s'accorda une grande lampée de Wild Turkey qui lui enflamma les tripes.

Les hommes comme lui avaient trop souvent été témoins de la cruauté du monde envers les siens. Il avait vu des yeux à moitié arrachés, des visages meurtris, des membres sectionnés — suffisamment de souffrances pour convaincre n'importe qui de l'existence de l'enfer. Or, ce que Connie avait infligé à Cooley ne faisait que renforcer cette certitude. Et ne lui rappelait que trop douloureusement ce dont sa propre mère était capable autrefois.

Après avoir glissé la flasque dans sa poche, il se dirigea vers son Scout International orange en se disant qu'il avait maintenant besoin de noms. Et d'adresses. Il allait devoir prendre son mal en patience. Coller aux basques de Lazarus pour découvrir où Connie avait pu emmener Willie, et tenter de les coincer tous les trois en même temps. Mais, bien sûr, des individus aussi malfaisants ne s'attardaient jamais trop longtemps ensemble.

Comme surgie de nulle part, une Pinto mûre pour la casse avançait en cahotant dans l'allée de terre battue. Elle se gara devant la maison. Une fille en descendit, en short moulant autrefois blanc qui donna à Kurt un bon aperçu de ses fesses quand elle se retourna pour claquer la portière. Elle portait un bustier à rayures cannelle qui emprisonnait deux belles tomates ne demandant qu'à être cueillies. Ses boucles ondulées avaient la couleur des taches de son sur son visage, et ses lèvres frétillantes faisaient claquer un chewing-gum Bazooka Joe. Elle s'avança pieds nus vers Kurt, la démarche chaloupée, et demanda d'un ton hésitant : « Connie est dans le coin ? »

D'un regard appuyé, propre à faire rougir même un pervers, il l'arrêta net d'un :

« Non. Vous sauriez pas où ils sont, Willie et elle, par hasard ?

— Vous êtes qui ?

— Un vieux copain.

— Ben, en fait, j'ai pas de nouvelles d'elle depuis plus de deux semaines, répondit la fille. C'est pour ça que j'ai décidé de passer ; je voulais m'assurer que ce poivrot l'avait pas cognée encore une fois, qu'elle avait pas la peau aussi bariolée qu'une couleuvre tachetée. »

Ses yeux vert rivière descendirent vers l'entrejambe de Kurt. Remontèrent jusqu'au 38. S'emplirent de confusion en rencontrant les siens.

Sans lui laisser le temps de dire ouf, Kurt enroula autour de sa main gauche une pleine poignée de boucles rouille. De son pouce droit, il arma le chien du 38, le canon lui effleurant la joue.

« J'ai pas compris ton nom, mon p'tit sucre.

— B-B-B-Barbra Jean. »

Il décela sur elle l'odeur des ordures qu'elle avait fait brûler dans un fût métallique, mêlée à des relents de panique.

« OK, Barbra Jean, tu vas me parler des connaissances de Connie. Des endroits où Willie et elle auraient pu se planquer.

— La… la seule personne qu'elle a mentionnée, c'est son beau-frère.

— Qui s'appelle ?

— Lazarus. »

Quand il eut ôté les chiffons enroulés autour des mains de Quat' Planches, Lazarus ne put retenir sa colère.

« Dis-moi, bonhomme, c'est cet Indien cirrhotique qui s'est servi de tes paumes comme cendrier ? »

Il avait lui-même une cigarette entre les lèvres, et la fumée se mélangeait aux odeurs de graisse de bacon qui saturaient l'atmosphère dans le mobile home. Sachant qu'on l'avait à l'œil depuis quelques semaines, il s'était fait oublier en ville. Connie et Willie logeaient dans le mobile home qu'il louait à Buck Shields sur un terrain de deux hectares au milieu de nulle part. Personne n'était au courant.

Assis à la table en Formica, Quat' Planches contemplait le rose suppurant de sa paume et les petits cratères disséminés un peu partout sur la peau.

Des saletés jaunâtres formaient comme des croûtes au coin de ses yeux gonflés et larmoyants, identiques à ceux de son oncle. Celui-ci assena un coup de poing sur le plateau fendillé.

« Tu vas me répondre, oui, ou tu comptes jouer Anne Frank toute la journée ?

— Qui ?

— Bon sang, Quat' Planches, réponds-moi ! »

Le gamin se mordit la lèvre, puis soupira. « Chaque fois que m'man partait chercher du fric, Cooley se mettait à téter sa bouteille et devenait plus mauvais qu'une guêpe. Y voulait tout le temps jouer à "T'es pas cap". Moi, j'avais pas peur, alors je jouais. »

À côté de la gazinière, Connie, seins nus sous son débardeur élimé, les cuisses dévoilées par un short en nylon bleu, couleur de l'équipe de basket du Kentucky, déclara : « Cet Indien, c'est plus qu'un gros tas puant, mon cœur. » Lazarus écrasa son mégot en secouant ses longs cheveux raides et lustrés. Se frotta le menton, pensif ; il voulait faire partie de la vie de Quat' Planches avant qu'il ne soit trop tard. Connie et Cooley, qui habitaient à des kilomètres, n'avaient donné au gosse ni instruction ni aucun élément sur son histoire familiale. Il ne savait même pas qui était Anne Frank. Sans doute ignorait-il jusqu'à l'origine de son surnom. « Est-ce que Connie t'a dit pourquoi on t'appelle comme ça ? » demanda-t-il.

Derrière lui, un tremblement agita la main de Connie, qui empala les fines tranches de bacon croustillant dans la poêle en fonte pour les déposer sur une assiette en carton. Elle repensa à son beau-père, qui la tripotait tout le temps. Qui avait envoyé ses propres fils coucher dans la grange quand la silhouette en pâte à modeler de sa belle-fille avait gagné en finesse et en courbes féminines. Elle n'avait jamais rien dit du passé à Quat' Planches. Des circonstances dans lesquelles il avait été conçu, pratiquement tué et baptisé. La fureur embrasa ses traits, fit exploser les mots hors de sa bouche : « Bon Dieu, Lazarus, ferme-la ! »

Celui-ci songea à son père, incapable d'exprimer son amour autrement qu'en infligeant la douleur. Il était mort un an plus tôt, d'un cancer du foie. En léguant sa police d'assurance à Lazarus, qui en avait utilisé une partie pour s'acheter la Caddy rose téton ; le reste, il l'avait claqué au jeu. Il n'éprouvait que de la haine pour son salopard de géniteur. Sa colère envers lui n'avait fait que grandir dans cette grange où il avait été exilé, et elle lui était revenue d'un coup lorsqu'il avait vu Quat' Planches quelques semaines plus tôt. Il se sentait trahi et tenait Connie pour responsable ; jamais elle n'aurait dû laisser un sang-mêlé élever Willie.

« T'as bien failli tout faire foirer, l'autre jour, avec la bagnole, gronda-t-il. Pourquoi t'as pas voulu que j'aille voir si ce type était bien mort ?

— Il était plus rouge que des tomates en boîte, répliqua Connie. De toute façon, les flics du comté de Hazard t'ont dit qu'il se souvenait de rien, qu'il était cloué sur un lit d'hôpital. Alors y a plus qu'à attendre le chèque de l'assurance. Et puis, d'abord, c'est toi qui es allé garer la bagnole sur sa propriété. »

Lazarus en avait les mains moites. Le cul-de-sac où il avait décidé d'abandonner la Caddy lui avait paru idéal : un coin paumé, sans rien ni personne à des kilomètres à la ronde, du genre à être fréquenté uniquement par ceux qui ont envie de s'envoyer en l'air. Comment aurait-il pu savoir que le terrain appartenait à un rupin ? Merde, il n'était pas de Hazard, Kentucky ! Il était de New Amsterdam, Indiana. À trois heures de là.

Il foudroya Connie du regard, envisageant de lui serrer le cou jusqu'à faire virer son teint pâle au rouge vif, couleur du sang qui circulait dans son cœur noir. Pour la punir d'avoir laissé cet Indien maltraiter Quat' Planches. Celui-ci coassa un rot.

« Alors, oncle Lazarus ? Il vient d'où, mon nom ? »

Qu'elle aille se faire foutre ! songea Lazarus. Après tout, ce gosse était aussi le sien. Il était temps qu'il connaisse son histoire.

« Ton grand-père Dodson disait que t'étais pas un enfant de l'amour mais de la maladie. Quand t'es né, il a attrapé ton petit corps tout fripé pour le fourrer dans un sac en toile de jute, et il t'a emmené dans sa guimbarde. »

N'ayant aucune envie que Quat' Planches entende ce récit, Connie tourna le bouton de la gazinière pour éteindre la flamme bleu orangé, et s'écria : « Merde, Lazarus, je t'ai dit de fermer ta putain de gueule !

— Son nom a du sens, rétorqua-t-il. Il a le droit

de savoir. » Après avoir jeté un coup d'œil à Quat' Planches, il reprit : « Connie a couru après ton grand-père, pieds nus sur le gravier. Elle l'a suivi sur tout le trajet jusqu'à la rivière. Maintenant, imagine un peu ce vieux sac de jute où t'étais enfermé, balancé de la Ford depuis le pont, frappant la surface… Et ces vagissements que tu poussais — le gosse qui, à peine venu au monde, prenait déjà sa première leçon de natation ! Connie a pataugé pour aller te récupérer, persuadée qu'elle avait plus qu'à clouer quatre planches pour t'enterrer dedans. Quand elle t'a sorti du sac, t'as recraché l'eau de la rivière et t'as éclaté en sanglots. C'est ce que Connie a toujours dit : t'es pas né, t'as été sauvé des eaux. Alors elle t'a baptisé Willie Quat' Planches — toi, le bébé dans son sac de jute. »

Jamais elle n'oublierait ce jour où, serrant convulsivement son fils dans ses bras, elle avait raconté toute l'histoire à la Silver Dollar Tavern. Avalant à la chaîne des babies de whiskey pour atténuer la douleur qui lui déchirait les entrailles. Elle agrippa plus fort la queue de la poêle en fonte, rêvant de la soulever pour défoncer le crâne de Lazarus.

La porte du mobile home s'ouvrit à la volée.

Lazarus se redressa d'un bond, apostrophant la silhouette qui se découpait dans la lumière du dehors.

« Hé ! Qu'est-ce que…

— Lazarus ? l'interrompit la silhouette.

— Ouais ?

— Avec les compliments de M. Attwood. »

Des éclairs orange déchirèrent l'atmosphère poisseuse du mobile home. Firent éclater le genou droit de Lazarus, puis le gauche, comme deux œufs frais s'écrasant sur le bitume. Il bascula vers l'arrière en hurlant. Renversa la table et s'effondra dessus, clouant les jambes de Quat' Planches sous le plateau. Connie se rua sur l'intrus telle une furie, armée de la poêle où grésillait encore de la graisse. Son nez rencontra brutalement la crosse du 38, et les larmes lui montèrent aussitôt aux yeux. Des filets de sang dégoulinant sur ses lèvres, elle tomba à genoux. La poêle lui échappa, des gouttes de graisse éclaboussèrent le sol. L'intrus sourit. Lui braqua son pistolet sur la figure.

« T'es vraiment pas fréquentable, ma belle.

— Mais vous êtes qui, bon Dieu ?

— Bonfire Kurt. Je bosse pour M. Attwood, le propriétaire des terres où vous avez abandonné et vandalisé cette Cadillac. L'homme que vous avez laissé pour mort. »

Quat' Planches cligna des yeux. Se contorsionna et poussa de toutes ses forces pour s'extirper de sous la table alourdie par le corps de Lazarus, qui saignait comme un porc.

« Vous vous en êtes pris à l'homme le plus vindicatif de tout Hazard, Kentucky, poursuivit Kurt. Dis-moi si je me trompe, ma belle, mais à mon avis, Lazarus et toi, vous avez décidé d'abandonner la bagnole dans un coin perdu. Willie l'a démolie, son oncle a déclaré le vol. Et maintenant, vous comptez vous partager la prime d'assurance.

— Je t'emmerde ! » s'écria Lazarus, envahi par un froid immense qui engourdissait toute sensation.

Kurt lui jeta un coup d'œil par-dessus son épaule et se fendit d'un sourire suffisant.

« Non. C'est moi qui t'emmerde !

— Comment… comment vous nous avez trouvés ? demanda Connie.

— Grâce à quelques contacts, une petite enquête et une certaine Barbra Jean.

— Barbra… ? Qu'est-ce que vous lui avez fait ?

— Rien de comparable à ce que t'as fait à M. Cooley, ma belle. Figure-toi qu'elle s'est pointée le jour où je suis passé chez toi, là-bas, dans l'Illinois. Et qu'elle a gentiment accepté de répondre à mes questions.

— Espèce d'enfoiré ! » cracha Connie.

Cinq doigts l'agrippèrent par les cheveux pour la forcer à se mettre debout tandis que le canon chaud du 38 imprimait sur sa tempe une brûlure au fer rouge. Elle tordit le cou, baissa la tête vers l'avant-bras de Kurt et planta ses dents dans la peau criblée d'éclats d'obus. Préleva un échantillon de sang. Il poussa un juron, et son index se replia sur la détente. La balle projeta fragments de chair et bouts d'os dans toute la cuisine. Kurt vacilla, déséquilibré par le poids mort contre lui. Allongea par terre ce qui avait été Connie.

Willie se tenait derrière lui, fixant de ses yeux embués la masse sanglante et inerte.

« M'man ? »

Kurt se redressa lentement. Se tourna vers le gosse, dont la paume rose bonbon vint se poser sur sa main qui tenait toujours le 38, en même temps qu'il amenait son front contre le canon de l'arme. Son regard vitreux chercha celui de Kurt.

« J'ai pas peur. »

Le sang qui jaillissait de la morsure sur l'avant-bras de Kurt coula sur le pistolet quand il l'abaissa. Il considéra Willie en songeant à l'homme qui venait de lui enlever sa mère.

« Non, gamin, t'as pas peur. C'est sûr, t'as pas peur. »

Sa vue se brouillait, mais Lazarus vit néanmoins Kurt tendre sa main libre à Willie Quat' Planches, paume vers le ciel. Pour lui offrir une autre voie.

Le roman noir d'un chasseur de ratons laveurs

J. W. Duke en est à sa cinquième tasse de café pour tenter de se remettre d'une bonne gueule de bois, quand sa femme, Margaret, s'engouffre dans la cuisine, braillant comme si on venait de lui écorcher la peau à la râpe à fromage. « J. W. ? J. W. ? »

La tête transformée en caisse de résonance par la bouteille d'Old Grand-Dad qu'il a vidée la veille au soir, il ferme un œil et considère son épouse de l'autre, grand ouvert. « Pourquoi tu cries aussi fort, ma puce ? »

Tendue, elle répond : « C'est Blondie, elle… elle…

— Elle quoi ? » l'interrompt J. W. avec impatience.

Il ne l'a pas vue aussi survoltée depuis le jour où le docteur lui a annoncé qu'elle ne pourrait pas avoir d'enfant. « Elle a disparu, J. W. ! » explose-t-elle.

Il faut bien se rendre compte de la gravité de la situation. Blondie était une *mountain cur* pure race, le genre de chien que certains utilisent dans l'Ouest pour traquer et chasser l'ours. Lui-même chasseur de ratons laveurs, J. W. s'était dit que si un *mountain cur* était capable de suivre la piste d'un ours dans l'Ouest, il pourrait certainement suivre celle d'un raton laveur dans le sud de l'Indiana, pour peu qu'on l'ait dressé de façon appropriée. Voyez-vous, dans le sud de l'Indiana, la chasse aux ratons laveurs est aussi populaire que les cantiques du dimanche chez les baptistes. La viande d'un gros raton laveur peut fournir plusieurs repas à un homme, et sa peau lui rapporter entre vingt-cinq et trente dollars. Pour J. W. Duke, la chasse aux ratons laveurs était aussi sacrée que l'Évangile.

Alors il avait voulu créer une lignée de champions. Un limier hors pair, qui ferait passer tous les *blueticks*, *redbones* et autres *treeing Walker*[1] pour de vulgaires bâtards du Mississippi.

Dans ce but, il avait prélevé une bonne partie de la pension d'invalidité versée par le Corps des marines pour être devenu à moitié sourd d'une oreille quand un gars à côté de lui avait marché sur une mine terrestre dans une rizière en 1968. Cet épisode s'était produit huit ans plus tôt. Aujourd'hui, à vingt-huit ans, J. W. avait investi la plupart de ses économies dans son chien.

Lui et son copain de chasse, Combs, qui vivait d'un héritage, avaient pris la route pour le Colorado. J. W. avait choisi une femelle dans la portée. Payé l'éleveur en liquide. Ramené le chiot doré chez lui.

1. Races utilisées pour la chasse au raton laveur.

L'avait élevé comme si c'était la chair de sa chair, un enfant à qui il devait apprendre à parler, à marcher et à se nourrir. Il avait entraîné Blondie à suivre la bonne piste, à se concentrer sur l'animal recherché.

Il l'avait dressée tout comme son propre père le lui avait enseigné. Papa Duke était LE spécialiste de la chasse aux ratons laveurs avant d'opter pour une solution finale aussi radicale que définitive : un 38 dans la nuque. Il avait attrapé le virus de la dépression après le départ de J. W. pour le Vietnam et la découverte du cancer qui avait rongé sa femme.

Il savait comme personne créer une lignée canine. Quelle chienne il fallait faire saillir par quel chien pour obtenir le meilleur chasseur. Grâce à lui, J. W. était devenu le seul éleveur et dresseur certifié de *mountain curs* dans tout le sud de l'Indiana, le Kentucky et le Tennessee.

À son retour de la guerre, il avait rencontré et épousé Margaret. Peu après, elle avait voulu un enfant. Ils avaient essayé, et essayé encore, jusqu'à ce qu'ils ne puissent plus supporter la vue de l'autre. Ses entrailles ne voulaient pas de ce qu'il leur offrait. Le docteur avait parlé d'un puzzle avec trop de pièces impossibles à assembler.

Margaret avait maudit Dieu pour l'avoir faite ainsi. Elle avait affirmé à J. W. qu'elle serait prête à tout pour changer la nature de ses entrailles. C'était devenu une telle obsession pour elle qu'il ne pouvait plus aborder le sujet sans qu'elle éclate en sanglots.

Mais elle s'était attachée à Blondie, qui lui était

devenue aussi indispensable que la moissonneuse-batteuse à la récolte du maïs : l'une n'avait été inventée que dans le but de permettre à l'autre de donner le meilleur d'elle-même. Margaret adorait cette créature aux grands yeux bruns et au court pelage velouté couleur d'une bière pression bien fraîche. Blondie avait remplacé leur bébé. Margaret avait aidé J. W. à l'éduquer. Elle la baignait et la brossait depuis qu'elle était toute petite. L'emmenait en promenade le matin. L'entraînait le soir à rapporter une balle dans laquelle était cachée une peau de raton laveur. La prenait même quand elle partait en ville faire des courses, la vitre du pick-up baissée côté passager pour que Blondie puisse passer la tête dehors et humer le vent, les oreilles voltigeant tels des drapeaux miniatures. Elle lui avait appris quelques ordres : Pas bouger. Va chercher. Attaque. Et l'hiver, quand les nuits étaient glaciales, elle la laissait entrer dans la maison, coucher au pied du lit ou près de la chaleur du poêle Buck.

Ils l'avaient inscrite à des concours de chiens de chasse où, n'ayant jamais été entravée par la timidité, Margaret bavardait avec les chasseurs qui connaissaient J. W. et son père. Beaucoup passaient les voir chez eux avec les meilleures intentions du monde, parce qu'ils auraient voulu que J. W. dresse un de leurs chiens ou leur vende un chiot de Blondie. Ils étaient prêts à y mettre le prix. Mais Papa Duke avait bien recommandé à son fils de ne pas dresser le chien de n'importe qui.

Quand il sort de la maison, Margaret, qui l'a suivi, lance :

« Où tu vas ?

— Jeter un coup d'œil à la grange, pour essayer de comprendre ce qui est arrivé.

— Si on allait en ville prévenir Mac ? lance-t-elle, au désespoir.

— Il doit passer ce matin, de toute façon. On était censés aller pêcher de l'autre côté de la colline avec Duncan et lui.

— Ah bon ? Tu me l'avais pas dit.

— Y a beaucoup de choses que je te dis pas, pour de sacrées bonnes raisons. »

Parvenu près de la grange, J. W. examine le terrain d'entraînement de Blondie : un cercle de gravier semblable à une petite piste de course, qu'il a lui-même aménagé pour que la chienne puisse trottiner. Durcir ses coussinets sans être gênée par la boue. Au milieu du rond, le sol est encore humide après l'averse de fin de nuit. Blondie a laissé un semis d'empreintes de pattes tout autour de sa niche, remplie de copeaux de cèdre frais pour repousser tiques et puces. Sa chaîne n'est pas brisée, son collier n'est pas là ; autrement dit, quelqu'un l'a détachée.

« Bordel de merde ! » s'exclame-t-il en se disant qu'il fallait s'y attendre ; depuis des mois, il le sait, un enfoiré vole les meilleurs représentants des lignées de chiens de chasse. Du sud de l'Indiana jusque dans le Kentucky et dans le Tennessee, ce salopard n'aura aucun mal à se faire du fric sur le dos des propriétaires légitimes. Pour trouver un acheteur, il lui suffira d'éplucher les annonces publiées dans les dernières pages des revues spécialisées comme *Full Cry* ou *American Cooner*. C'est pour cette raison que J. W. a toujours refusé de dresser les chiens du premier venu : la cupidité.

Il s'agenouille, les lèvres agitées de tressaillements nerveux, les yeux irrités comme par des vapeurs acides. Il a consacré beaucoup de temps et d'argent à cette chienne. Au fil des semaines, les sacs de cinq kilos de croquettes Old Roy ou Alpo finissent par coûter cher. Sans parler de tous ces ratons laveurs qu'il a fallu attraper en essayant de ne pas se faire arracher un membre. Ces bêtes-là ont tendance à s'énerver quand on les enlève à leur habitat naturel pour les enfermer dans une roue grillagée — un dispositif semblable à une roue pour hamster sauf que c'est une cage —, afin que le chien puisse se familiariser avec leur odeur. Lorsque l'animal emprisonné court, il entraîne la cage dans son mouvement et le chien la poursuit. Ça prend du temps, ces conneries. Quand il était rentré du Vietnam pour découvrir que son père était mort dans l'intervalle, il avait dû se contenter pour tout héritage des enseignements paternels sur la meilleure façon de dresser un chien de chasse.

Il explore de nouveau la surface de la piste d'entraînement. Évalue la situation. Cherche du regard des traces plus profondes qu'il n'aurait pas remarquées au premier abord. Ou partant dans une autre direction. Mais il n'y a rien. Rien qu'une multitude de gravillons.

Soudain, son regard est attiré par une empreinte à la lisière de la piste. Il est toujours agenouillé. Le tremblement de ses lèvres redouble d'intensité. Pour avoir traqué toutes sortes de gibiers dans sa jeunesse, flanqué d'un chien, J. W. s'y connaît en matière d'empreintes. Ce talent-là lui a d'ailleurs été bien utile à la guerre. En territoire étranger. Dans les jungles labyrinthiques du Vietnam. Un rat de tunnel envoyé en reconnaissance. J. W. et un chien de berger, nom de code Merck Un-huit, s'efforçant de faire la distinction entre les bottes et les sandales. Apprenant que la boue reste la boue, quel que soit le continent. C'était devenu sa spécialité : Merck Un-huit et lui remontaient la piste des Viets jusqu'à leurs réserves souterraines à Cu Chi. Avant d'enfumer ces putains d'enfoirés pour les forcer à sortir de leurs tanières.

« T'as trouvé quelque chose, J. W. ? » demande Margaret, qui l'a rejoint.

Il y a une autre empreinte sur la bordure intérieure de la piste. Les empreintes ne mentent pas. Or, ce n'est pas la sienne, ni celle de Margaret, ni celle d'un chien. Ignorant sa femme, J. W. inspire à fond, lentement, à plusieurs reprises. Tout en relevant les caractéristiques de la trace. Une botte, pointure 46. Elles ne leur appartiennent pas. Ce sont des Red Wing. Vendues bien trop cher pour ce que c'est. Aucun confort, aucun soutien. Il la connaît, cette botte. Il la connaît même très bien. Et ce constat fait bouillonner tout ce qu'il y a de plus mauvais en lui. Il ne peut cependant pas apaiser ces remous de noirceur dans son cœur engendrés par la guerre. C'est comme pour une forte varicelle ou une éruption cutanée due au sumac vénéneux : impossible d'arrêter la crise.

Un déclic se produit dans sa tête.

La voix inquiète de Margaret s'élève de nouveau, insistante : « Je te le redemande, J. W. : qu'est-ce que t'as trouvé ? »

Il sort une Lucky Strike de la poche de sa chemise en flanelle à carreaux bruns et noirs, la porte à ses lèvres tremblantes de colère. Craque une Ohio Blue Tip sur l'ongle de son pouce. Une allumette qu'on peut enflammer sur n'importe quelle surface. Aspire la fumée non filtrée dans ses poumons avant de répondre : « Je crois qu'on est tombés sur une putain d'enflure cupide, ma puce. »

À l'intérieur de la laiterie en brique blanche à peine plus grande qu'une chambre d'amis qui jouxte la grange bleu océan, J. W. passe en revue les pelles, haches, masses, couteaux à maïs et machettes. Il n'a pas l'intention de tailler ce salopard en pièces, juste de le familiariser avec les conséquences de ses actes, de lui faire payer le vol de son chien. Alors il opte pour un bidon d'essence au plomb et pour les pièges à renard — le genre de dispositif qui, s'il se refermait sur la cheville d'un homme, le rendrait définitivement incapable de marcher droit. Ou même, de boiter droit. Le condamnerait à avancer à cloche-pied toute sa vie — le prix à payer pour avoir volé le chien d'un autre.

Il entasse tout sur le plateau rouillé de son International Harvester Scout. Rentre dans la maison. Va directement dans la chambre, ouvre la penderie, en sort sa cantine militaire posée sur l'étagère du haut. Récupère le 45 Springfield Armory rangé à l'intérieur. Le même modèle qu'il utilisait au Vietnam pour sceller à jamais le destin de certains. Une arme possédant un recul puissant.

Il actionne la culasse, et, au moment où il insère dans la chambre une douille remplie de poudre et de plomb, Margaret entre en disant : « Arrête de te conduire comme un idiot. Va trouver Mac, laisse-le régler ça. »

Sans la quitter du regard, il glisse le 45 dans la ceinture de son bleu de travail usé jusqu'à la trame. Margaret est aussi calme qu'un beau ciel dégagé. Mais pas J. W. ; quand il est à ce point shooté à la haine, toute supplique émanant du camp adverse devient pour lui pareille aux jungles du Vietnam : étrangère. « Je t'ai déjà dit qu'il devait passer ce matin pour aller pêcher, réplique-t-il. Et le seul idiot dans cette histoire, c'est le type qui s'attend pas à ma visite. »

Margaret le dévisage quelques instants, manifestement lasse. « Tout cet agent orange que t'as bouffé là-bas a dû te griller le cerveau pour te rendre aussi cinglé. »

Dehors, J. W. vient de placer le 45 dans la boîte à gants quand Marty MacCullum arrive au volant de sa voiture de patrouille et, écrasant le frein, fait jaillir le gravier de l'allée.

Son rire dément de crécerelle évoque les piaillements affolés d'un rongeur piégé au fond d'un grand sac en cuir. « Où tu vas d'aussi bonne heure ? lance-t-il en guise de salut. Je croyais qu'on devait aller pêcher, toi, moi et Duncan… »

J. W., qui n'a aucun goût pour les paroles superflues, sent sa lèvre supérieure tressaillir de nouveau. Il se contente de répondre : « J'ai un truc perso à régler. »

Marty, plus connu sous le diminutif de Mac, est le marshal de Mauckport. Pas un simple agent ni un quelconque adjoint du shérif. C'est un original qui n'a pas d'horaires, et se distingue entre autres par un sens de l'humour particulièrement tordu et un penchant marqué pour la bière. Il est plus âgé que J. W., mais, tout comme lui, il possède une part d'ombre à laquelle les autres n'ont pas accès.

Les deux hommes ont l'habitude d'arpenter ensemble les cent cinquante hectares de terres que le père de J. W. a légués par testament à son fils unique avant que sa santé mentale ne se détériore. Au moins une fois par semaine, ils partent chasser le raton laveur et écluser allègrement des bières en discutant le bout de gras, et ils vont aussi régulièrement pêcher dans l'Ohio River, qui borde une bonne partie de la propriété.

Ses lunettes noires réfléchissantes collées à son visage grêlé, dissimulant son regard d'allumé, Mac crache le jus brunâtre du tabac à chiquer Red Man et porte à ses lèvres une canette de Pabst Blue Ribbon.

Il en avale une gorgée, exprime sa satisfaction par un claquement de lèvres sonore, et demande : « T'as b'soin d'un coup de main ?

— Nan, c'est perso, je te dis.

— OK, alors t'en veux une pour la route ? C'est la dernière, et elle est bien glacée. »

Le tumulte règne toujours dans l'esprit de J. W., qui est sur le point de mentionner Blondie, quand il se ravise ; il a décidé de faire les choses à sa manière, aussi répond-il : « Vaut mieux pas. »

Tandis qu'il démarre, Mac s'accorde une autre gorgée de Pabst et s'esclaffe avant de lui offrir un nouvel échantillon de son humour douteux : « T'as quand même pas décidé d'arrêter la bibine, J. W., hein ? T'es en manque ? T'as la bouche qui tressaute comme si elle voulait remonter jusqu'à ton œil ! »

Les paupières closes, J. W. secoue la tête. Il a l'impression d'entendre les pensées s'entrechoquer dans son cerveau tels des petits plombs dans sa paume. Cette conversation le retarde. À l'heure qu'il est, Blondie pourrait déjà être en route pour un autre État.

Mac savoure encore un peu de bière au goût inimitable de boîte métallique, puis déclare : « Tu fais bien des mystères, J. W. Et vu que ce "truc perso" semble t'avoir mis sur les nerfs, j'aurais peut-être intérêt à t'accompagner, histoire de pas laisser un copain dans la mouise. »

Cette fois, J. W. se résout à jouer cartes sur table : « Il est possible que j'aie identifié le voleur de chiens, mais si je me goure c'est pas la peine qu'on soit deux à faire un scandale. »

Mac écrase la canette, l'expédie sur le plancher de sa voiture et ouvre sa dernière Pabst en jetant un coup d'œil à la grange. Enfin, il reporte son attention sur J. W. « Mouais, ben je comprends que tu sois aussi bouleversé… C'est que t'en as dressé un bon paquet, de tous ces clebs qui ont disparu. Alors, écoute : rien n'empêche un homme de tourner la tête de l'autre côté pendant que son copain va s'expliquer avec le voleur. Bon, je vais contacter Duncan par radio, pour savoir à quelle heure on se retrouve. Il avait dit qu'il nous rejoindrait en bateau.

— Merci, Mac, j'apprécie », dit J. W. Et de proposer : « J'ai deux caisses de Pabst dans le frigo. Sers-toi. »

En riant, Mac réplique : « Ouf ! Je commençais à croire que t'avais vraiment renoncé à la bouteille, fils, vu tes grimaces. Allez, à tout à l'heure. »

J. W. enclenche la position Drive. Le tic qui agite sa lèvre se propageant jusqu'à sa paupière, il regarde Mac et hoche la tête. Démarre en trombe. Projette une pluie de gravillons sur la voiture du marshal.

Pour J. W., il y a un enseignement à tirer de toutes les épreuves auxquelles on survit. Certaines leçons sont reçues, d'autres sont données. Ce que la guerre lui a appris lui sert au quotidien. Les hommes mentent. Les hommes meurent. Et s'il y a bien une chose que J. W. ne supporte pas, c'est le mensonge. Alors qu'il essaie de comprendre pourquoi ce minable l'a trahi, son intuition lui souffle qu'il a vécu trop longtemps de ses rentes. De cet héritage légué par son père médecin. Il a quelques années de plus que lui, mais il n'a jamais bossé de sa vie. Tout ce qu'il a lui est tombé du ciel. Et comme il n'a jamais eu à fournir le moindre effort pour l'obtenir, il est devenu cupide. Il se croit tout permis. S'imagine en droit de voler Blondie pour se faire des couilles en or.

J. W. gare le Scout. Sort. Glisse le 45 dans sa ceinture, à l'arrière de son bleu de travail, attrape le bidon d'essence, jette les pièges sur son épaule.

Il aurait dû se montrer plus vigilant toutes ces fois où il est allé chasser avec Combs. Celui-ci voulait toujours emmener le chien de J. W., monter dans son 4 × 4, boire ses Pabst Blue Ribbon. Cet enfoiré ne préparait jamais son propre repas, l'obligeant toujours à partager son sandwich à la saucisse de Bologne — « le sandwich du pauvre », comme il disait en rigolant, tandis qu'ils guettaient tous les deux le jappement signalant que le chien avait trouvé une piste. Puis l'écho de sa course à travers la vallée boisée, jusqu'au moment où il acculait le raton laveur dans un arbre. Venait ensuite la longue marche dans la forêt, les ravines et les collines à franchir en essayant de déterminer d'où provenaient les aboiements. En plus de sa carabine calibre 22, J. W. était chargé d'une batterie accrochée à sa ceinture afin d'alimenter la lampe de chasse qu'il portait sur le front comme un spéléologue. La plupart des chasseurs espéraient toujours que leur chien avait flairé la bonne piste, qu'il n'avait pas traqué un écureuil ou un opossum ; ceux-là ne savaient rien des méthodes de dressage à l'ancienne que J. W. tenait de son père.

Parfois, après avoir repéré les yeux du raton laveur réfléchissant la lumière alors qu'il tentait de se réfugier plus haut dans les branches, lui-même grimpait à sa poursuite. Il le faisait tomber, et, avant de descendre le tuer, laissait son chien affronter les griffes et les feulements de l'animal pour lui donner le goût du combat. Parfois aussi, il tirait le raton laveur depuis l'arbre. Il estimait que, pour discipliner son chien, les deux options se valaient.

Avec le recul, J. W. se rend compte que chaque fois qu'il partait chasser avec Combs, celui-ci tentait de l'influencer, de le persuader d'accepter un partenariat. Il voulait faire saillir Blondie par un de ses mâles. Parlait toujours du pactole qu'ils pourraient toucher tous les deux en vendant les chiots issus de cette lignée, six à huit cents dollars l'un. Il était même allé jusqu'à tenter de convaincre Margaret d'intercéder en sa faveur. Lui fourrant dans le crâne toutes sortes d'idées fausses sur la façon de s'enrichir grâce à la science de J. W.

Se targuant aussi de connaître un médecin, un spécialiste susceptible de donner un autre avis sur ses entrailles. Insinuant que ces revenus supplémentaires pourraient financer l'opération qui la rendrait fertile.

Tandis que, de son côté, J. W. leur opposait toujours un « Non » catégorique.

J. W. examine à présent les hickorys aux feuilles veinées qui ombragent la maison en grès de Combs, et aussi les fougères qui délimitent le périmètre d'attaque comme la végétation dans la jungle. Il s'approche furtivement de la Chevy Bronco noire garée tout près. À l'intérieur, un sac de voyage fermé, des lampes torches et des blocs d'alimentation fixés à des projecteurs. Le tapis de sol est maculé de boue. Combs n'a jamais proposé de les emmener à la chasse, mais il n'a pas hésité à prendre le volant pour se rendre chez son copain J. W. et profiter de ce qu'il cuvait pour lui piquer sa chienne. Sa Blondie… J. W. sait très bien ce que ce salopard a en tête : il fera payer cher les saillies dans plusieurs États et exigera un pourcentage sur les chiots.

Sur l'allée en galets de rivière, des traces de boue attirent le regard de J. W. jusqu'aux marches de la véranda en cèdre où sont suspendues des calebasses séchées, orange et jaunes. Près de la porte d'entrée se dresse un vieux distributeur de sodas, une structure métallique rouge et blanc mangée par la rouille, dont la porte vitrée est fendillée. Des bottes crottées sont posées à côté. Des Red Wing. Pointure 46.

Il longe le côté de la maison, s'accroupit sous la fenêtre de la salle à manger, dos au mur. Sa lèvre tressaille.

Il se retourne pour jeter un coup d'œil à l'intérieur. Voit Combs mais ne repère aucun signe de Blondie.

Un flot de haine précipite les battements de son cœur. Ce salaud est assis à une table jonchée de journaux et de magazines. Aussi imperturbable qu'un crustacé. Arborant ce rictus permanent dû à son bec-de-lièvre qu'il fait passer pour un sourire idiot. Profitant de son dernier petit déjeuner. Enfournant de grosses portions d'œufs au plat. Des guirlandes de jaune s'enchevêtrent sur sa barbe broussailleuse.

De nouveau adossé au mur, J. W. secoue la tête en se répétant que Blondie était la seule chose qu'il lui restait de son père, et que Combs n'a pas hésité à l'en déposséder, au mépris du temps et des efforts qu'il avait lui-même consacrés à la chienne.

Il dévisse le bouchon du bidon, et, toujours baissé, recule en arrosant le périmètre de la maison. Laissant une certaine distance entre l'essence et les murs de grès. Ménageant un espace. Pour faire sortir ce Viet de son trou, il va sérieusement lui chauffer les fesses.

Enfin, il se place en première ligne, en face de la porte d'entrée, dans l'allée en galets de rivière. Le bidon vide gît à ses pieds. Les pièges à renard sont disposés devant lui. Ouverts. Prêts à mordre.

Une étincelle jaillit de son briquet. Il tire sur sa Lucky Strike. La laisse pendre de sa lèvre, le Springfield Armory à la main. La sûreté est baissée. En aspirant une dernière bouffée de tabac propre à l'asphyxier, il songe : Ça, c'est pour p'pa. D'une chiquenaude, il expédie la cigarette sur le sol imbibé d'essence. Sur la piste tracée autour de l'abri en pierre où s'est tapi Combs. Créant un cercle de feu.

Combs jaillit de la maison, sa bedaine pâle débordant de son jean à moitié boutonné. Armé d'un fusil à un coup. Propulsé par une énergie pareille à un grand jet de napalm. Il dégringole pieds nus les marches de sa véranda. En braillant, la bouche pleine : « Putain, mais t'es dingue ou quoi ? » Des petits bouts de nourriture s'envolent de sa bouche tels des confettis. Il épaule son fusil et croise le regard de J. W.

Au Vietnam, ils sortaient tous de leurs cahutes en hurlant leur baragouin. Et ça ne leur avait jamais porté chance. Sans réfléchir, Combs s'avance vers J. W. et pose le pied gauche en plein milieu d'un piège, qui se referme avec un bruit pareil à celui d'une encyclopédie tombant sur un plancher. Sonore. Propre à faire frémir n'importe qui. J. W. voit les dents de métal déchirer le denim, percer la chair, s'enfoncer dans l'os. Le sang jaillit. Combs lâche son fusil en gueulant aussi fort qu'un verrat qu'on castre.

J. W. pointe son 45 sur lui. L'arc de flammes alimentées par l'essence s'éteint déjà. Dégageant des filets de fumée. « Tu comptais partir en voyage avec ma chienne, c'est ça ? Te remplir les poches en la faisant se reproduire ? »

L'eau dans les yeux de Combs déborde, inonde ses joues hérissées de poils de barbe. « Je t'emmerde ! » s'écrie-t-il.

Prêt à presser la détente pour lui apprendre à soigner son langage, pour le faire changer de ton et lui redonner le goût de la vérité, J. W. rétorque : « C'est ta dernière chance, Combs. Où est Blondie ? »

Gémissant comme un chiot arraché à la mamelle de sa mère, Combs répond : « C'est pas moi qui l'ai, ton foutu clébard ! »

Lorsque J. W. lui demanda pourquoi il avait fait ce qu'il avait fait, Combs déclara, laconique : « Le fric. » Ayant claqué tout l'héritage de son père, il avait eu l'idée de dérober des limiers de premier ordre contre l'assurance de toucher une part du gâteau.

En découvrant que Blondie avait disparu, J. W. aurait dû partir aussitôt à la recherche de Mac. Il ne l'aurait jamais trouvé, évidemment ; tout le monde savait que, le samedi, le marshal se planquait pour écluser tranquillement ses bouteilles. Et dans l'intervalle, Combs aurait quitté la région. Mais c'était compter sans cette partie de pêche qu'avaient projetée Mac et J. W.

Combs pensait avoir le temps de prendre un dernier repas avant de quitter la ville. Il en avait plus ou moins profité.

De retour chez lui, J. W. descend du pick-up, le 45 à la main, et pénètre dans la maison. Des traces de pas ensanglantées redécorent la cuisine. Un vrai massacre.

Il suit la piste jusque derrière la grange, où est garée la voiture de Mac. Contourne le véhicule. Les traces rouges délimitent un périmètre tout autour. Il n'a pas d'autre option que de s'engager dans le bois, de gravir la colline et de descendre de l'autre côté jusqu'à l'Ohio River.

Quand il arrive au pied de la colline, J. W. est hors d'haleine. Son esprit fonctionne à deux cents à l'heure. Déchiré entre la concentration et la douleur. La colère le ronge. À la vue de la cabane que son père a construite autrefois pour pouvoir y camper quand il partait pêcher, s'échapper un peu, il tente de se maîtriser en espérant qu'il n'arrive pas trop tard.

Son cœur menace de jaillir de sa poitrine. Son pied heurte la porte de la cabane, qui s'ouvre d'un coup. Son arme à la main, il entre. Le soulagement le submerge aussitôt.

Elle est couchée devant lui, ses grands yeux bruns si doux trahissant sa faiblesse, un gémissement étouffé montant de sa gorge. Toujours droguée, elle parvient à peine à soulever la tête pour accueillir J. W., son sauveur. Une seconde plus tard, ce dernier sent un canon se coller à l'arrière de son crâne, reconnaît le déclic familier de l'armement du chien. Un Smith & Wesson calibre 357, à six coups. Celui de Mac. Suivi par une voix féminine fourbe :

« Me force pas à faire exploser ta matière grise tout de suite, J. W. Lâche ton flingue. »

Il s'exécute.

Ses paroles, lapidaires, font mouche : « T'as rien vu venir, hein ? »

Après toutes ces années, elle a rompu ses vœux. « Pourquoi ? demande-t-il.

— L'attrait du fric facile, avoue Margaret. Combs a

essayé de te convaincre, mais tu voulais rien entendre. Alors on s'est associés avec un gars dit Pete le Portoricain. Il deale les chiens pour les combats. Il opère par bateau, sur l'Ohio River. Pour le compte de la famille Evans, qui est dans le business depuis plusieurs générations. »

Blondie, vendue pour les combats, pas pour la chasse ni pour la reproduction.

Un élancement fulgurant traverse la poitrine de J. W., aussi violent qu'un coup de fourche dans une botte de foin. L'esprit toujours en déroute, il lâche : « C'est d'autant plus facile que la rivière longe nos terres…

— Ce matin, je croyais que t'irais en ville chercher Mac, ce qui m'aurait largement donné le temps de filer avant ton retour », l'interrompt Margaret.

Comment a-t-elle pu agir ainsi après avoir participé au dressage de Blondie ? Après s'en être autant occupée ? J. W. en vient à se demander depuis combien de temps elle lui ment.

« Mais il a fallu que tu découvres cette empreinte, et que Mac débarque, poursuit-elle. Et impossible de prévenir Combs, évidemment, vu que J. W. Duke a jamais vu l'utilité du téléphone ! »

Pensant l'atteindre à son tour, il lance : « Dommage pour Combs, il a rien pu m'expliquer avec ce pied coincé dans le piège à renard. »

Sans compassion, elle éclate de rire. « Pauvre couillon ! »

Au souvenir de l'état dans lequel Margaret a laissé

la maison, J. W. se raidit brusquement, tandis que les derniers mots de son ami résonnent dans sa tête : « À tout à l'heure », avait-il dit.

« Où est Mac ? demande-t-il.

— Ce connard était chez nous quand je suis remontée de la cave avec Blondie. Je lui ai dit qu'elle était malade. Il avait la tête dans le frigo, la main sur tes Pabst. J'ai attrapé un couteau et réglé le problème vite fait. »

Dans le cœur de J. W., le chagrin le dispute à la colère et à la douleur de la trahison.

« Tout ça pour du fric ?

— Du fric, oui, pour pouvoir payer ce docteur dont Combs nous a parlé — cette opération que d'après toi on pouvait pas s'offrir. La vente des chiens, c'est pour ses honoraires. Désolée, J. W., ta petite vie étriquée pue le renfermé. »

Elle éclate de rire encore une fois, puis lui ordonne de se retourner.

« Je veux voir si tu feras encore le fier quand je te tirerai une balle en pleine gueule. »

Avant de pivoter, J. W. sourit à Blondie. Elle est toujours couchée par terre, et il songe à tout ce temps passé à appliquer les enseignements de son père, à tout ce savoir qu'elle incarne, sacrifié contre une poignée de billets, à ces phrases laconiques énoncées froidement par la bouche traîtresse de Margaret, qui affolent les battements de son cœur et font monter le sang à sa tête. Enfin, il la regarde. « Adieu », dit-elle. Il ferme les yeux. Serre les dents et les poings. Il voudrait réagir, retourner contre elle le désespoir et l'incompréhension qu'il ressent, quand une soudaine détonation lui déchire les tympans. Il prend une bouffée de chaleur en plein visage. Mais ses genoux ne cèdent pas.

Mac avait prévenu Duncan par radio. L'avait averti de ce qui se passait avant d'entrer chez J. W., disant qu'il se rendait à la cabane où ils devaient se retrouver pour pêcher et boire quelques bières. S'il n'était pas en service, Duncan avait néanmoins emporté une arme et, en voyant Margaret exercer une pression entre les yeux de J. W. avec un 357, il n'avait pas hésité : il avait visé, tiré et fait de J. W. un veuf.

Celui-ci avait écopé de trois à cinq ans ferme à la prison d'État pour tentative de meurtre. Dans une nouvelle résidence : une boîte en béton d'un mètre quatre-vingts sur un mètre quatre-vingts, équipée de couchettes et de barreaux en acier. Il bénéficiait de trois repas complets par jour. Et il avait tout le temps de soulever de la fonte, de lire des bouquins, de se faire faire des tatouages gratos et de nouer plus d'amitiés viriles qu'il n'en avait besoin. Duncan avait promis de s'occuper de Blondie. C'était désormais lui le gardien de toute cette science que J. W. avait héritée de son père.

Mauvais trip

Le poing d'Alejandro brisa la vitre de la porte de derrière, faisant pleuvoir les éclats de verre sur le carrelage de la cuisine. Ses doigts ensanglantés tâtonnèrent à la recherche de la poignée et du verrou. Une fois à l'intérieur, il traversa la pièce, tout de peau croûteuse et de cheveux hérissés, et s'engagea dans un couloir sombre bordé de photos de famille encadrées. Entra dans une chambre où une silhouette couchée se dressa sur son séant. La brusquerie du mouvement lui coupa le souffle, comme une couverture jetée sur un feu l'éteint aussitôt.

« Tu rentres de bonne heure », dit une voix dans un bâillement.

La bouche emplie par le goût âcre de la peur, Alejandro céda à la panique et brandit son 9 mm. De son index crasseux à l'ongle mordillé, il pressa la détente une première fois. Une seconde. Des ombres se fragmentèrent sur les murs. La silhouette s'effondra sur la moquette.

Un piétinement se fit soudain entendre dans le

couloir derrière lui. Il se retourna, l'arme toujours levée, tandis que sa main libre s'égarait dans sa nuque, griffant furieusement la peau sous l'effet du manque. Visa la petite forme au moment où celle-ci hurlait : « Maman ! » Lâcha entre ses dents serrées : « T'aurais jamais dû te pointer. » Brûla les entrailles du gosse. Le réduisit au silence.

Le besoin d'amphétamines lui rongeait le cerveau lorsqu'il glissa le pistolet dans la ceinture de son jean trop large, qui flottait autour de son corps maigre, avant de passer en revue les tiroirs de la commode. Chaussettes. Soutiens-gorge. Culottes. Rien de valeur. « Non, non, non ! » s'écria-t-il.

Dans la penderie, il trouva un Beretta 380, qu'il logea sur ses reins. Un sac à main était posé sur une chaise dans un coin. Il le renversa sur la moquette. Vit le portefeuille, s'agenouilla, l'ouvrit. Découvrit une liasse de billets. Le gros lot.

Il sortit de la chambre, s'engagea de nouveau dans le couloir. Passa près de l'enfant dont la poitrine se soulevait laborieusement. S'évanouit dans la nuit tel un mauvais rêve.

Les cheveux hirsutes de l'inspecteur Mitchell étaient aussi noirs que les cernes cerclant les poches sous ses yeux, pareilles à un excès de papier d'emballage autour de l'os. Il avait desserré le nœud de sa cravate également noire, qui pendait sous le col ouvert de sa chemise blanche. La bouteille de Jim

Beam rencontra ses lèvres. Atténua brièvement sa culpabilité.

« Pourquoi je suis pas resté à la maison ce soir-là ? » marmonna-t-il. Il était parti à la pêche au poisson-chat sur les bords de la Blue River, et il vérifiait les seaux en plastique qu'il avait cachés dans ses meilleurs coins quand il avait entendu des pneus faire crisser le gravier et craquer les branches mortes. Vu la lumière des phares éclairer la rive et les arbres alentour. Le conducteur avait coupé le moteur. Claqué la portière. Puis une voix familière s'était élevée : « Mitchell ? »

Il était sorti de l'eau en tirant la corde de son canot. Même sans lampe torche, il distinguait nettement dans la clarté de la pleine lune le visage du sergent Moon en train de lui annoncer la nouvelle qui l'avait évidé de l'intérieur.

Femme. Fils. Abattus par un cambrioleur. Morts à l'arrivée des secours.

La ville où il faisait respecter la loi avait beau ne pas être bien grande, Mitchell en avait vu des vertes et des pas mûres en quinze ans de service. Des cadavres flottant sur la Blue River. Des couples où les hommes à l'haleine chargée de bière ne savaient caresser leur femme qu'à coups de poing, leur offrant généreusement ecchymoses violettes, boursouflures rouge vif et os fracturés. Des véhicules encastrés dans des arbres, d'où on retirait des corps sans vie. Depuis quelques années, cependant, la situation s'était aggravée. La meth avait dévasté le pays, dépouillant de son humanité une partie de la classe laborieuse.

Propageant en elle le germe de la criminalité. Il avait même serré un membre de la Mara Salvatrucha, ce qui avait bien failli lui coûter son grade, dans la mesure où il avait mené son enquête à l'insu de ses collègues, sans autorisation écrite de ses supérieurs.

Mais ce jour-là, à l'hôpital du comté, la vue de son fils entreposé comme de la viande dans un immense frigo encastré, privé à jamais de son innocence, l'avait changé du tout au tout. Il avait dû ensuite s'imposer la même épreuve avec sa femme — le soutien dont il avait besoin après un homicide, la seule personne à prêter attention à chacune de ses paroles quand il lui racontait certaines affaires de cambriolages ou de meurtres. Elle ne portait jamais de jugement, se bornant à écouter, et devinait toujours à quels moments il avait besoin de s'isoler. Or, aujourd'hui, elle n'était plus.

Il secoua la tête en regardant le couloir qui menait aux chambres. Deux impacts de balles trouaient la cloison de Placoplâtre à l'endroit où son fils avait trouvé la mort, et des projections desséchées la maculaient jusqu'au sol. Mitchell savait que les techniciens de la police d'État avaient prélevé une foule d'échantillons de sang. Quant aux résultats des analyses balistiques, il faudrait attendre plusieurs semaines avant de les recevoir.

En entrant dans la chambre conjugale, Mitchell avala une nouvelle rasade de bourbon. Ses yeux survolèrent les vêtements dégorgés par les tiroirs entrebâillés de la commode, puis se posèrent sur l'endroit où sa femme était tombée, souillant la moquette. Jamais la Médico-légale ne parviendrait à identifier le coupable, il en était sûr.

Quand il jeta un coup d'œil en direction de la penderie ouverte, il remarqua tout de suite l'étagère vide, et une certitude s'ancra dans son esprit aussi profondément que celle d'avoir perdu sa famille : son arme de réserve avait disparu.

Alejandro avançait à quatre pattes, abusé par les peluches de la moquette qu'il prenait pour des cristaux de meth. Autour de lui, des hommes squelettiques dont le visage criait famine dormaient dans des sacs de couchage posés à même le sol taché de fluides corporels, et sur le canapé assorti.

Des éraflures de toutes sortes et des marques de coups de poing ou de pied décoraient les murs de la bicoque.

Alejandro plaça délicatement une peluche sur les trous minuscules percés dans le couvercle de la boîte en aluminium qu'il tenait entre le majeur et le pouce. De l'autre main, il alluma un briquet. La bouche sur l'ouverture, il aspira. Sans aucun effet.

Ses cheveux couleur de créosote dégoulinaient vers son visage raviné aux yeux éteints. Il s'était arraché la peau des lèvres, les parsemant de minuscules flaques de sang séché. Ses ongles labouraient en permanence ses bras, qui avaient le même aspect que ses lèvres. Il dormait toujours d'un sommeil agité, jusqu'au moment où le manque l'arrachait brusquement au repos, le laissant les yeux exorbités et le corps inondé de sueur.

Il se terrait depuis une semaine en compagnie d'un nouveau contingent de clandestins dans cette masure d'une seule pièce. Rien que des hommes à vif, au visage fripé et desséché, affalés autour de lui tels des cadavres sur un champ de bataille. Jusque-là, il avait choisi de dormir le jour et de fumer sa meth la nuit, quand les autres étaient assoupis. Mais, aujourd'hui, la meth s'était évaporée, tout comme le fric récolté lors de son dernier cambriolage, le soir où il avait flingué la femme et l'enfant — une scène qui lui paraissait totalement irréelle, sortie tout droit d'un cauchemar. La seule chose qui avait une réalité pour lui, c'était le cristal chauffé et la décharge électrique qui lui carbonisait le cerveau à chacune de ses tentatives désespérées pour retrouver les sensations de la première fois.

Alors qu'il faisait les poches d'un des dormeurs sur le canapé, l'homme se réveilla en sursaut et cilla à plusieurs reprises, révélant le blanc de ses yeux écarquillés par la stupeur. Avant d'expédier son poing dans la tempe gauche d'Alejandro. En même temps qu'il partait à la renverse, celui-ci retira le 9 mm de sa ceinture et le pointa sur son vis-à-vis, dont il troua la poitrine à deux reprises.

Les tympans déchirés par les détonations, les autres soulevaient déjà les paupières. Alejandro n'ôta son doigt de la détente qu'après avoir vidé le chargeur.

Mitchell n'y croyait guère, mais il flanqua tout de même le bout de papier sur le comptoir de Chez Joe, prêteur sur gages.

En T-shirt Drive-By Truckers troué, Joe plissa les yeux, les réduisant à deux fentes à peine visibles, et tortilla entre son pouce et son index les vrilles de son épaisse barbe de colley. L'haleine parfumée au bourbon que Mitchell lui soufflait au visage l'incommodait ; elle lui rappelait les vapeurs de diluant.

« C'est un numéro de série ? demanda-t-il en saisissant le papier.

— Celui d'un 380… »

Joe secoua son crâne marmoréen, agitant les tresses effilochées qui pendaient de son menton jusqu'à son torse. Interrompit Mitchell : « Beretta. Poignée en polymère. Noir mat. Sept balles plus une dans la chambre. J'ai le violon, vous avez le banjo. À nous deux, on devrait pouvoir jouer quelques airs entraînants. »

Pour le coup, Mitchell commençait à y croire.

« Le nom de l'enfoiré qui l'a mis en gage ? »

Le regard de Joe se porta vers le mur en face de lui comme si la réponse était cachée derrière une radio ou une raquette de tennis. « M'en souviens pas », dit-il enfin.

Mitchell posa sa plaque d'inspecteur sur le comptoir.

« Blanc ? Noir ? Asiatique ?

— Un Mexicain, accompagné d'un junkie. Propre sur lui, le Mexicain. Il tient ce restau authentique en haut de la colline, où en général il bosse du lever du jour à la tombée de la nuit. Ils ont des spécialités d'enfer ; le jeudi soir, c'est bière et margarita à un dollar. L'autre, le junkie, je l'avais jamais vu.

— Où est le flingue ? »

Joe lui tourna le dos. Déverrouilla une armoire métallique derrière lui.

« Z'auriez dû le dire tout de suite, que vous étiez flic, merde. Je l'ai là.

— Et les vidéos ?

— Y a pas de trucs cochons ici, inspecteur. »

Mitchell voulait le nom du Mexicain. Il indiqua la caméra derrière le comptoir.

« Je parlais des images du type qui a vendu le flingue. »

En posant le Beretta sur le comptoir, Joe répliqua d'un ton perplexe : « Euh, ouais, si vous voulez. Mais puisque je vous dis que c'est le Mexicain du restau sur la colline.

— Il faut que je puisse l'identifier formellement. »

Mitchell récupéra l'arme. Le numéro de série correspondait.

« Je la garde comme pièce à conviction, déclara-t-il. Maintenant, montrez-moi cette vidéo du Mexicain. Je vais en avoir besoin, et aussi de l'enregistrement d'aujourd'hui.

— Vous allez les emporter ?

— C'est ça. J'ai jamais mis les pieds ici, on a

jamais eu cette conversation. Vous avez déjà perdu le souvenir des quelques minutes qui viennent de s'écouler. Pigé ? »

Alejandro se gara sur le parking du petit motel miteux, chambres louées à la semaine. Descendit de la Buick sans avoir coupé le moteur. Sa peau avait l'aspect de l'eau de vaisselle grasse, ses yeux semblaient flotter sur un océan de feu. Sa tête tressaillait de façon incontrôlable, et ses épaules tressautaient toujours quand sa main cessa un instant de gratter les vieilles croûtes sur son bras pour cogner à une porte maculée de taches douteuses.

Une chaînette cliqueta. Une serrure fut déverrouillée. La porte s'entrouvrit sur les lueurs changeantes et les voix en provenance d'un téléviseur. L'odeur des produits chimiques mis à chauffer dans l'alcool à quatre-vingt-dix degrés flotta jusqu'à Alejandro tandis qu'un seul œil brun injecté de sang apparaissait dans l'entrebâillement. L'autre manquait.

« T'en veux combien ? »

De ses lèvres où s'étaient accumulés des résidus blancs de salive séchée, Alejandro répondit dans son anglais approximatif : « Pour cent. »

La porte se referma. Alejandro serra les poings dans les poches de son sweat-shirt. Jeta un coup d'œil à l'allée en ciment. L'obscurité bourdonnait. Les rideaux aux fenêtres des chambres voisines s'écartaient dans les coins. Yeux et nez se collaient aux vitres, qui se couvraient de buée. Alejandro en avait les paumes moites.

La porte se rouvrit, un peu plus grand cette fois. Une main se matérialisa dans l'ouverture, tenant un petit sac en papier brun. Puis l'autre s'avança, paume vers le ciel, agitant tous les doigts sauf le pouce. « Par ici le cash », lâcha une voix éraillée de fumeur invétéré.

Alejandro glissa un pied entre le battant et l'encadrement. Sortit le 9 mm de la poche de son sweat-shirt, le braqua sur l'œil unique. Le premier coup de feu ajouta d'autres taches à la porte, et le corps s'effondra. Alejandro dut l'enjamber pour pénétrer dans la piaule miteuse transformée en cuisine à meth. Une ombre bougea sur le lit. La deuxième et la troisième balle la déformèrent, en firent un lest permanent pour le matelas.

À peine entré, Alejandro pressa l'interrupteur sur le mur, révélant des sachets de congélation remplis de cristal ainsi que des sacs en papier froissés, vides, entassés sur une table métallique à côté du lit. Suant à grosses gouttes tant il avait hâte de se faire un fixe, il glissa le 9 mm dans sa ceinture. Ôta son sweat-shirt à capuche pour le bourrer de sachets. Fit les poches des individus qu'il avait criblés de balles. Ajouta leurs billets froissés à son butin. Noua les manches du sweat-shirt pour le fermer, le plaqua contre son torse et courut vers la Buick, imaginant déjà les ricochets des cristaux de meth derrière ses yeux lorsqu'il s'engagerait sur la Highway 62.

Des phares embrasèrent les vitres du bâtiment en béton jaune et vert. Une portière claqua dans le parking. Quelqu'un pressa la sonnette de cuivre à côté de la porte d'entrée, que Gaspar avait oublié de verrouiller. Occupé à faire la caisse du restaurant, il leva les yeux au moment où son front rencontrait la crosse du Sig Sauer calibre 45 que lui présentait une main gantée. Ses genoux se dérobèrent. Ses idées s'embrouillèrent, et il sentit qu'on lui tordait les bras dans le dos. Puis il y eut le pincement et le claquement des bracelets refermés autour de ses poignets.

Du rouge dégoulinait de l'entaille au-dessus de ses yeux papillotants. Du métal s'enfonça dans sa nuque, le força à approcher son visage du gril encore chaud dans les cuisines. Une autre arme de poing emplit son champ de vision.

La main gantée de Mitchell serra plus fermement le pistolet. « Je ne te poserai la question qu'une fois. Ce flingue que t'as devant les yeux, toi et un junkie êtes allés le vendre au prêteur sur gages en bas de la colline. Vous l'avez eu où ? »

Gaspar prit une profonde inspiration. Réfléchit aux liens du sang qui l'unissaient à l'homme qu'il avait fait entrer clandestinement dans le pays.

« Je suis dans les affaires. Je suis venu en Amérique pour le business.

— Ben voyons. Toujours ce putain de rêve américain. »

Mitchell tourna le bouton du brûleur réglé au minimum sur sa gauche, et une flamme bleu orangé s'éleva dans un souffle. Il fourra le Sig dans la ceinture de son pantalon. Agrippa à deux mains la tignasse noire et gominée de Gaspar. Lui plaça le visage tout près de la source de chaleur.

Tel un chien refusant de mener l'équipage, Gaspar secoua la tête pour tenter d'échapper à la prise de Mitchell. Supplia.

« Non ! Non ! Je vous en prie !

— Le flingue. Où tu l'as eu ? »

Dans le silence qui suivit, Mitchell sentit le souffle orange lui chauffer la main. Puis l'avant-bras. La peau basanée de Gaspar noircit en se recroquevillant comme du plastique fondu. Des larmes grésillèrent en tombant sur le cercle de flammèches bleues autour de l'orange. Mitchell repensa à sa femme et à son fils. Appuya plus fort sur la tête de Gaspar, jusqu'au moment où il crut que ses gants en cuir allaient prendre feu.

« Mon frère ! Mon frère ! »

Mitchell recula et le fit pivoter. Des fils de morve dessinaient une toile d'araignée entre le nez et la bouche de Gaspar. Des larmes roulaient sur le furoncle suintant rose gencive qui émergeait déjà de la brûlure noire en plein milieu de sa joue. La peur lui avait inondé la jambe d'un liquide tiède qui formait une flaque sur le sol. Mitchell récupéra le Beretta.

« Ce flingue que t'as vendu, il a été volé chez moi. Alors où il est, ton frangin ? »

Dans la bicoque, la lumière des néons venait caresser la seringue pleine dont l'aiguille pénétrait la veine d'Alejandro. Pas de fumette ce soir ; il avait suffisamment de stock pour se piquer pendant des jours. Du pouce, il appuya sur le piston. Les endorphines tourbillonnaient et se multipliaient dans son cerveau. Ses yeux aux pupilles dilatées masquant le brun roulèrent dans leurs orbites quand il retira l'aiguille de son bras. Il passa sa langue sur ses dents gâtées, puis lança : « Franchement, les gars, vous devriez essayer. Cette came, c'est une tuerie ! »

Il attendit une réponse des corps disséminés autour de lui, raidis contre les murs, en tenue poudre-et-plomb, parfumés à la vessie relâchée.

Certains avaient la tête inclinée de côté, appuyée sur l'épaule. D'autres se tenaient penchés en avant, le menton sur la poitrine. Les bouches étaient figées sur un bâillement, les lèvres avaient viré au violet.

Alejandro plaça la seringue dans un verre d'eau opacifiée par le cristal, posé sur la table basse jonchée de Ziploc remplis de cristaux d'amphétamine, comme autant de bonbons d'Halloween fabriqués maison. Il commençait à se préparer un nouveau fixe quand la porte s'ouvrit. Gaspar entra en boitillant, les bras dans le dos, ensanglanté et contusionné au point d'être pratiquement méconnaissable.

« Gaspar ! » aboya Alejandro.

Le talon de Mitchell s'écrasa dans le creux du genou de Gaspar.

« Assis, fumier ! »

Fou de rage, Alejandro se dressa d'un bond, les yeux lançant des éclairs. Chargea l'intrus en brandissant la seringue pleine.

Mitchell leva son 45, pressa la détente, lui creusa la poitrine.

Complètement défoncé, Alejandro serra ses dents prématurément usées et plaqua Mitchell contre le mur. Saisit le 45 d'une main, lui enfonça de l'autre l'aiguille dans la jugulaire. « Merde ! » beugla Mitchell. Alejandro appuya sur le piston. Le liquide déferla dans les veines de Mitchell, décuplant ses forces ; il parvint à abaisser le 45, auquel se cramponnait Alejandro, et à pointer le canon vers le pied de son adversaire. Il tira, lui pulvérisant les orteils. Alejandro partit à la renverse. Le sang embrasé par les amphétamines, Mitchell pointa sur lui le 45, contempla un instant les yeux révulsés du junkie, son visage zébré de griffures, et les fit disparaître. Il retira ensuite l'aiguille toujours plantée dans son cou. Puis se retourna et visa Gaspar, qui se contorsionnait sur le sol en hurlant aussi fort que la meth derrière les pupilles dilatées de Mitchell.

Il survola du regard les morts autour de lui, dont les corps qui commençaient à gonfler puaient à plein nez. Le 45 toujours braqué sur Gaspar, qui continuait à beugler dans une langue qui n'était pas de l'anglais, il secoua la tête en disant : « Non. »

Parmi les sachets de cristal sur la table basse, Mitchell repéra une seringue pleine d'une solution aqueuse — une matrice pour la meth. Il la récupéra, sourit et lança au Mexicain : « Ça, ça devrait filer le trip de la mort à ta carcasse de clandestin. »

Dans sa voiture, Mitchell sentit ses traits se relâcher. La meth lui apportait une sensation d'apaisement, une sorte d'euphorie différente de celle procurée par l'alcool, au point qu'il avait l'impression de bénéficier d'une accalmie au cœur du tsunami qui balayait sa vie. Il lui semblait que la douleur engendrée par la disparition de ses proches était mise en quarantaine, au moins temporairement. Les cris de Gaspar résonnaient encore dans sa tête ; ils s'étaient mués en piaillements frénétiques quand il lui avait vidé la seringue dans le bras, avant de la remplir et de la vider de nouveau, jusqu'au moment où ses yeux étaient devenus pareils à deux boules blanches dans leurs orbites. Mitchell passa en position Drive et regarda les sachets sur le siège à côté de lui, dont le contenu ressemblait à du verre pilé, sachant qu'il pourrait au besoin s'envoyer une décharge d'endorphines pendant deux ou trois jours et oublier qui il était, mais jamais ce qu'il avait perdu.

La sagesse de l'Ancien Testament

Si des hommes se querellent, et qu'ils heurtent une femme enceinte, et la fassent accoucher, sans autre accident, ils seront punis d'une amende imposée par le mari de la femme, et qu'ils paieront devant des juges.

Mais s'il y a un accident, tu donneras vie pour vie, œil pour œil, dent pour dent, main pour main, pied pour pied, brûlure pour brûlure, blessure pour blessure, meurtrissure pour meurtrissure.

Exode *21, 22-25*

Dans dix ans, les contusions auraient disparu — à l'extérieur, pas à l'intérieur. Libérées des bandages ou des gants de boxe, les articulations et les phalanges auraient dégonflé. Et les plaies ouvertes à force de frapper le sac militaire vert qu'un homme avait accroché pour la fille à une vieille poutre dans la cave se seraient refermées. Mais pour le moment, la fille en question, assise dans l'obscurité, surveillait à travers le pare-brise éclaboussé d'insectes morts le bâtiment de tôle rouillée de l'autre côté de la route, tandis que ces mêmes phalanges s'activaient, vérifiant une nouvelle fois que le chargeur du Colt calibre 45 était plein.

L'homme qui avait accroché le sac militaire dans la cave était celui qui l'avait élevée. Qui lui avait appris, quand elle était encore toute gosse, à faire pivoter son bassin pour mieux diriger ses coups. Ainsi qu'à charger une arme, à viser et à tirer. Surtout, il lui avait appris la sagesse de l'Ancien Testament — un principe auquel la silhouette assise à côté d'elle dans la nuit n'avait elle-même jamais adhéré avant cette dernière semaine de septembre, dix ans plus tôt. Cette semaine-là, la peau de l'homme qui l'avait élevée, pareille à du cuir tanné par le soleil, était devenue semblable à du plastique fondu. Une fois ses blessures cicatrisées, il avait été transféré de l'hôpital à la prison.

Les proches de la fille avaient alors tout perdu. Ils avaient dû se réfugier chez son grand-oncle. Cette semaine-là, des hommes avaient souffert ; certains avaient été mutilés, d'autres avaient été tués. Et c'est ainsi que tout avait commencé. Dix ans plus tôt, à quelque chose près.

Le cœur de Jacque pompa un sang aussi noir que le cadavre d'un opossum gonflé par la chaleur au bord d'une route quand Abby retroussa ses manches, révélant des bleus partout sur la peau crémeuse de ses bras.

Son poing aux articulations aplaties s'abattit sur la table. Son regard plus pénétrant que la lame d'un Case XX plongea dans celui de sa petite-fille.

« Qui t'a fait ça ? »

Abby sentit sa lèvre supérieure trembler au souvenir des mains brutales qui meurtrissaient sa chair. De ce souffle précipité aux relents de fumier qui lui réchauffait le côté du cou. Du cri suppliant : « Arrêtez ! » échappé de ses propres lèvres. Les images terribles de la scène demeuraient gravées derrière ses yeux vert mousse qui se remplissaient de larmes tant elle redoutait que ce fût sa faute. Elle se mordilla les ongles, repoussa derrière son oreille des mèches couleur caramel et murmura enfin : « C'est… Hersey. Excuse-moi, papy. Il a dit que c'était pour jouer. Je voulais pas… »

Anna May, derrière elle, l'attrapa par les épaules au moment où Jacque se penchait en avant pour lui saisir les mains entre ses paumes rugueuses et tremblantes.

« T'as pas à t'excuser », affirma-t-il.

Il inhala la fumée de cigarette recrachée par sa fille Avis. À la seule pensée de sa petite-fille privée de son innocence, il avait l'impression que son crâne allait exploser. Avis, assise en face de lui à la table de la cuisine, leva au ciel ses yeux vitreux, cerclés de coulures de mascara, l'air de dire : « Qu'est-ce que t'as à me regarder comme ça, bon Dieu ? »

Se rappelant le nombre de fois où il lui avait conseillé de ne jamais emmener Abby du côté de la casse de Medford Malone, Jacque relâcha les mains de l'enfant, blanches et douces comme du coton. Puis il se redressa et alla se camper devant Avis. Sans un mot, il assena une gifle magistrale à ce visage qui n'exprimait pas de remords, l'envoyant valdinguer contre le mur. « Salaud ! » hurla-t-elle.

Il contre-attaqua aussitôt : « Ça, c'est pour avoir traîné ma petite-fille chez ce junkie et son dégénéré de fils pendant que tu te défonçais avec cette merde ! »

Il alla s'agenouiller devant Abby, sachant qu'il devait lui poser la question dont il ne voulait pas connaître la réponse. Anna May, qui sentait la fillette trembler après la scène à laquelle elle venait d'assister, dit doucement : « Tu n'y es pour rien, Abby. Papy est très en colère contre celui qui s'en est pris à toi, c'est tout. »

Les yeux gris de Jacque, réduits à deux fentes, inspiraient à Abby une peur inconnue d'elle jusque-là, qui lui consumait les entrailles. Son grand-père serra les dents, puis demanda : « Qu'est-ce qu'il t'a fait au juste ? »

Hersey, assis à l'intérieur de la Leavenworth Tavern, silhouette mince et sous tension, n'entendit pas la Chevy S10 sans silencieux, enduite d'une couche d'apprêt noire, pétarader dans le parking.

Poe, le barman, lui servit un autre whiskey-Coca. Du juke-box, Johnny Cash braillait « Folsom Prison Blues ». Hersey tournait le dos à la porte, flanqué d'un côté par Karl Bean qui, puant l'oignon, faisait tomber du sel dans une bière Falls City, et de l'autre par Ty Wilkerson, dont les grosses lèvres tétaient une Old Style. Comme tous les habitués de la Leavenworth Tavern, ces deux-là adhéraient à la sagesse populaire du comté ; ils savaient quand se mêler de leurs affaires.

Une odeur de tabac froid accompagna Jacque lorsqu'il entra dans le bar, s'approcha du tabouret de Hersey et lui posa la main gauche sur l'épaule droite. À aucun moment il ne prononça une parole, se contentant d'enfoncer quatre doigts dans la chair ferme sous sa paume, de laisser son pouce guider le mouvement de rotation. Ses yeux gris plongèrent sans ciller dans ceux de Hersey qui, animé d'une énergie nerveuse, lâcha : « Hé, qu'est-ce que… »

Ty et Karl saisirent leur bière. Firent pivoter leur tabouret. Leurs bottes de travail s'écrasèrent sur le plancher griffé, et, flairant déjà l'odeur du sang qui n'allait pas manquer de repeindre sous peu l'intérieur de la Leavenworth Tavern, ils filèrent chacun de leur côté comme des cafards.

La main droite de Jacque écrasa les lèvres de Hersey sur ses dents jaunies, faisant couler le sang le long de son menton vérolé. Ty, arrêté quelques tabourets plus loin, ouvrait grands les yeux en vidant sa Old Style tandis que, de sa botte droite, il marquait le rythme imprimé par la voix de Johnny Cash. Il vit les traits de Hersey disparaître sous un déchaînement de violence. Jacque lui expédia son poing gauche dans le nez, broyant les cartilages. Puis il s'acharna sur l'œil gauche jusqu'à lui donner la texture d'une olive. Les gémissements de Hersey ne tardèrent pas à se muer en suppliques. Jacque le fit pivoter vers le comptoir. Agrippa à deux mains ses tresses grasses avant de lui cogner le visage encore et encore contre le bois couvert de taches poisseuses et de brûlures de cigarette.

Karl se tenait à l'autre bout du comptoir, dans son bleu de travail usé, suçant ses gencives édentées. Il regarda Jacque Bocart sortir comme il était entré : sans un mot. Se dirigea ensuite vers l'endroit où gisait Hersey, au pied du bar dégoulinant de ces mêmes coulures pourpres qui décoraient le plancher. Contempla le visage boursouflé et irrité par les abrasions. La dentition pareille à un pare-brise éclaté, dont les fragments rouges et blancs étaient éparpillés dans la bouche. Il secoua la tête. Derrière le bar, Poe, au téléphone, demandait une ambulance. Ty s'approcha à son tour, lâcha : « Nom de Dieu ! » et termina son Old Style. « Moi, j'ai rien vu, déclara Karl. Et toi ?

— Que dalle », répondit Ty.

Jacque quitta la cuisine pour s'engager sur la véranda quand il entendit la voiture de patrouille s'arrêter devant la maison. Derrière lui, Anna May,

Abby et Avis, rassemblées autour de la table, achevaient leur dîner tardif. Coiffé de sa vieille casquette John Deere qui projetait une ombre sur son visage tanné aux joues couvertes d'un chaume dru couleur poivre et sel, Jacque regarda la silhouette familière s'extraire du véhicule.

Billy Hines, le marshal de la ville, se tamponna le front avec un mouchoir dégageant des relents de sueur.

« B'soir, Jacque, dit-il.

— B'soir, Billy.

— Ça m'ennuie de débarquer chez toi à l'improviste, mais il se trouve que Hersey, le gamin de Medford Malone, s'est fait salement dérouiller aujourd'hui à la taverne. Comme je t'ai vu quitter la ville à peu près au moment où j'ai reçu l'appel, je me suis dit que je pourrais toujours faire un saut chez toi. Pour savoir si t'avais vu quelque chose.

— Juste une pompe à essence. Le pick-up était à sec.

— Donc, t'es pas passé à la taverne ?

— J'y ai pas mis les pieds. Pourquoi ? T'as pas de témoins ?

— C'est marrant que tu me poses la question, parce que ni Poe, ni Karl, ni Ty ont rien remarqué. C'est Poe qui nous a prévenus pendant que les autres continuaient d'entretenir leur cirrhose. Le dernier truc dont Hersey se souvient, c'est d'avoir avalé une gorgée de son whiskey-Coca. Du moins, c'est ce que je crois avoir compris à ses bafouillages. »

Jacque réprima le rire qui lui venait aux lèvres. Il savait bien que, parmi tous ceux qui buvaient un coup à la taverne lorsqu'il avait cogné Hersey, il n'y en aurait pas un seul pour le dénoncer à Hines. En cas de conflit entre deux familles, tout le monde se taisait, laissant les parties concernées régler le problème.

« Peut-être qu'il s'en était pris à quelqu'un, et qu'on lui a rendu la monnaie de sa pièce, suggéra-t-il.

— Tu veux dire, œil pour œil, dent pour dent ?

— Mouais. La sagesse de l'Ancien Testament.

— Pourquoi tu me parles de ça, Jacque ?

— Bah, je sais comment sont les jeunes à c't'âge-là. Ils font des trucs sans se soucier des conséquences. On a été jeunes aussi, Billy. Et à l'époque, on se foutait bien de la philosophie de l'existence. »

Le marshal Hines s'adossa au capot de sa voiture et sortit de sa poche de poitrine un clou de cercueil. L'alluma, puis en tira une longue bouffée. Souffla la fumée par le nez, bien conscient que Jacque lui cachait quelque chose. Il lui avait opposé un visage impassible à l'annonce de ce qui s'était passé. Il n'avait même pas essayé de feindre la surprise.

« On était de sacrés bons copains, avant, Jacque.

— Jusqu'à ce que tu décides de nous la jouer *Au Nom de la loi*.

— C'est qu'un boulot, déclara Hines. Et aujourd'hui, ce boulot exige que je trouve qui a mis Hersey dans cet état et pourquoi, avant que Medford s'en charge. Parce qu'il est comme un serpent venimeux dont t'aurais attaché la queue à un pieu : incapable de s'échapper, et salement en rogne. Si tu sais quelque chose, je te conseille de cracher. »

Avant de rentrer, Jacque répliqua en esquissant un petit sourire suffisant : « Si j'apprends quoi que ce soit par le bouche à oreille, je sais comment te joindre. »

Lessiveuses rouillées, carcasses de gazinières, pneus moisis tout desséchés et téléviseurs cassés fleurissaient sur le fond pierreux des vallons. Un paysage de remorques corrodées et de fermes délabrées devant lesquelles traînaient des tracteurs rouge argile abandonnés, ainsi que diverses carcasses de véhicules posées sur des parpaings. Le conte de fées de la survie en milieu rural version *Les Misérables*. Billy Hines percevait l'atmosphère de désolation imprégnant les lieux, mêlée à l'odeur de la sueur sécrétée par ses pores, tandis qu'il filait sur la route de la vallée.

Il était né et il avait grandi dans cette région. Il savait pertinemment que Jacque était apparenté au Clan de Hill, dans le comté d'Orange. Et que Medford possédait une casse et entretenait des liens étroits avec la famille Evans. Tout comme il savait qu'il valait mieux éviter de chercher des noises à l'un ou à l'autre. Il avait traîné avec les deux, qui l'avaient accepté jadis comme l'un des leurs, jusqu'à ce qu'il entre dans la police et devienne d'abord un agent incorruptible, puis le marshal de la ville. Cela faisait presque dix-huit ans maintenant qu'il était considéré comme un outsider par les deux camps. Depuis le temps, il avait appris que les quelques familles de Leavensworth étaient tellement proches que si l'un de leurs membres pissait, un autre cillait.

Tous ces clans avaient érigé entre eux leurs propres lois qui excluaient celle qu'il était lui-même payé pour faire respecter. Or, aujourd'hui, il avait la certitude qu'un différend opposait Jacque et Medford. Mais puisque personne ne voulait en parler, il ne lui restait plus qu'à attendre que la loi du talion pointe sa tête hideuse.

Des doigts tachés de cambouis, ornés de bagues figurant des têtes de mort, se refermèrent sur l'un des nombreux bocaux contenus dans un vieux sac de toile. Chaque bocal était rempli d'un mélange d'essence, de jus d'orange, de lessive et de poudre noire, et surmonté d'une mèche enfoncée dans le couvercle doré — la recette personnelle du cocktail Molotov selon Medford. Lui et sa bande de junkies s'étaient garés au bout d'une ancienne piste forestière sur les terres de Jacque Bocart. Ils avaient ensuite crapahuté à flanc de colline sur près d'un kilomètre et demi. Chargés de cadeaux : fusils à canon scié dont la sûreté était ôtée ; index repliés sur les détentes ; chambres bourrées de chevrotine jusqu'à la gueule. Medford revit Hersey sur ce lit d'hôpital trois jours plus tôt, les yeux réduits à deux fentes à peine distinctes dans son visage blafard d'accro à la meth. Les lèvres sillonnées de profondes entailles. Les gencives bordées d'éclats d'émail, comme s'il avait voulu fumer un bâton de dynamite. Quand il avait bredouillé à l'oreille de Medford, on aurait dit un pochetron essayant d'embrasser une tronçonneuse en marche : « C-C-C'est J-J-J-Jacque B-B-Bocart q-q-q-qui m-m-m-m'a f-f-f-fait ça, p-p-p-papa. »

L'épaisse tignasse noire nattée de Medford rebondissait dans son dos tandis que les épineux et les herbes folles humides griffaient ses Rangers usées. Ses quatre camés d'acolytes, Swartz, Pelure d'orange, Willie Quat' Planches et Crapaud, le suivaient dans la nuit, guidés par la pleine lune.

Enfin, ils atteignirent la bordure d'un champ de maïs délimité par trois rangs de barbelés électrifiés, fixés à des poteaux à l'aide d'isolateurs en céramique. Plus haut sur la colline au-delà, Medford aperçut les lumières qui brillaient dans la cuisine de la vieille ferme. Swartz prit dans son sac à dos une pince coupante recouverte de caoutchouc isolant, et tous virent le courant donner naissance à une petite flamme bleue lorsqu'il sectionna les fils.

Les hommes se déployèrent telles les ailes d'un rapace prêt à fondre sur sa proie. S'engagèrent dans le labyrinthe de végétation résonnant du chant des criquets. Ils avaient parcouru environ un quart du chemin quand l'odeur de résine du cannabis leur brûla les narines comme du poivre de Cayenne. Pelure d'orange et Willie Quat' Planches bifurquèrent aussitôt dans cette direction, tendant déjà leur main libre. « Attendez ! haleta Medford. Il a peut-être miné le terrain ! »

Les mâchoires en acier trempé d'un piège à ressort renforcé mordirent l'os de la cheville de Pelure d'orange, qui bascula en hurlant de douleur. Son index se replia tout seul. La décharge de chevrotine jaillie de son calibre 12 perfora le feuillage assombri autour de lui. Fit taire ses cris.

Au même moment, Willie Quat' Planches marcha sur une latte hérissée de clous rouillés qui transpercèrent la semelle de sa botte. Inondèrent sa chaussette d'un sang tiède. Son propre fusil lui glissa des doigts, et il partit à la renverse. Medford réagit en un éclair. Lâchant son canon scié, il rattrapa le blessé. « Merde, merde et merde ! » cracha-t-il.

Il l'enlaça par-derrière, l'allongea sur sol, puis jeta un coup d'œil par-dessus son crâne chauve à Swartz, dont la silhouette se découpait au clair de lune. Ce dernier murmura à Quat' Planches : « J'te préviens, ça va faire mal. » D'un coup sec, il arracha la latte toujours clouée au pied de son comparse.

Jacque savait qu'il aurait pu tuer Hersey si Abby ne lui avait pas dit : « Mais j'ai réussi à lui échapper, papy. Je l'ai cogné comme tu m'as appris à le faire sur le sac. » Alors il s'était contenté de lui rendre la pareille. Il lui avait flanqué une raclée. Œil pour œil.

Trois jours plus tard, pourtant, toute cette histoire continuait de lui polluer le cerveau. Assis à la table de la cuisine, il ne quittait pas des yeux les ecchymoses en forme d'empreintes digitales sur le bras de sa petite-fille, qui guidait son crayon rouge vers les vides délimités par un contour noir dans l'album de coloriage. À la radio, le banjo de Dock Boggs égrenait les notes de « Oh, Death ». Installée en face de lui, Avis fumait cigarette sur cigarette, silhouette décharnée couverte de piqûres d'aoûtats. Chevelure sale, couleur d'érable, visage bouffi. Jacque secoua la tête, conscient de ce que sa fille unique avait infligé à ses proches, et de la parfaite indifférence qu'elle leur opposait.

Quand le téléphone sonna, il se leva pour aller décrocher le combiné fixé au mur. « Ouais ? »

C'était son beau-frère, Blaze, tout excité. « Le petit frère de Pelure d'orange a dit à Chucky le Bigleux que Medford et sa bande allaient débarquer chez toi, Jacque.

— Ce soir ?

— En ce moment même. Ils veulent se venger de ce que t'as fait à Hersey. »

Jacque jeta un coup d'œil à la 30-30 chargée qu'il avait accrochée au-dessus de la porte. Et au tiroir du placard où était rangé un de ses pistolets, un Smith & Wesson 9 mm.

« Ils préparent leurs funérailles. »

Anna May, arrivée de la salle à manger, les cheveux rassemblés en un gros chignon pareil à un nid de frelons, le regarda d'un air inquiet, sachant que quiconque appelait à une heure pareille ne pouvait avoir qu'une mauvaise nouvelle à annoncer.

« Tu veux que je me radine ? » demanda Blaze.

La lumière au-dessus de la cuisinière clignota une première fois. Puis une deuxième. Lorsque le clignotement devint régulier, Jacque en déduisit que soit ils avaient coupé les barbelés électrifiés au nord, soit ils s'étaient débrouillés pour les franchir. Autrement dit, ils approchaient.

« Ils sont là, répondit-il. Je t'appellerai quand tout sera fini. T'auras qu'à m'aider à virer les restes. »

Il raccrocha. Alla décrocher la 30-30. Sortit son 9 mm du tiroir, le fourra dans sa salopette usée. S'adressa à Anna May : « Medford est là. Va chercher le calibre 16 dans la salle à manger. Prends aussi une boîte de cartouches et emmène Abby et Avis à la cave. Ferme la porte à clé, et n'ouvre pas tant que je ne serai pas revenu. Si c'est quelqu'un d'autre qui se présente, tu le truffes de plombs. »

Tremblante, Anna May risqua : « Il vaudrait peut-être mieux appeler Billy, non ? »

Après avoir considéré Abby, Jacque répliqua : « C'est pas ses oignons. Alors récupère le fusil et descends. »

Sans attendre, il sortit dans la cour par la porte de derrière. Se coula dans l'ombre protectrice d'une ramure au feuillage épais. Enjamba les racines de l'arbre. S'adossa à l'écorce rugueuse du tronc pour scruter les environs, guettant un mouvement ou un son révélateur d'une présence ennemie. Soudain, une détonation retentit dans son champ de maïs, suivie par une voix familière.

Il se tourna dans la direction d'où provenaient le coup de feu et les jurons. Sourit, puis s'accroupit sur le sol humide. Les battements de son cœur se propageaient jusqu'au bout de ses doigts lorsqu'il arma le chien de sa 30-30. Il effleura la détente et parcourut du regard la lisière du champ, en même temps que deux autres paires d'yeux.

·

L'enfer se déchaîna, aussi fulgurant et destructeur que les flammes lancées à l'assaut d'une pâture desséchée. Willie Quat' Planches, éclopé, traînant sa jambe blessée, déclencha le détecteur de mouvement fixé aux poteaux téléphoniques dans les coins du champ. Jacque rompit le silence nocturne en tirant des coups de feu qui lui embrasèrent le flanc ; il avait touché le sac à dos rempli des cocktails Molotov de Medford. Willie Quat' Planches se transforma en torche humaine hurlante. Jacque éjecta une douille vide. Logea encore une balle dans le corps de Willie, qui tomba par terre et se roula dans tous les sens comme de l'électricité piégée dans une roue de hamster, ses cris diminuant peu à peu, en même temps que s'éteignaient les flammes sur son corps.

Swartz, Crapaud et Medford déboulèrent du champ, poussant des cris de guerre accompagnés de décharges de chevrotine qui entamèrent l'épaule gauche de Jacque et le forcèrent à lâcher sa 30-30. Les fils de pute.

Des confins de l'obscurité par-delà les projecteurs jaillirent alors deux *mountain curs* aussi noirs que le fond d'une grotte, dont les cordes vocales avaient été sectionnées pour éviter qu'ils ne donnent l'alerte aux intrus. Ils plantèrent leurs crocs dans les mollets de Swartz et de Crapaud, leur coupant le souffle. Les canons sciés atterrirent sur le sol. Les chiens firent tomber les deux hommes qui se débattaient en criant. Les saisirent à la gorge, et rendirent leurs cordes vocales aussi inutiles que les leurs.

Jacque s'éloigna de la lumière, l'épaule gauche déchiquetée. Des petits plombs avaient entaillé la peau tannée comme du cuir au-dessus de son sourcil droit. Il cilla pour chasser le sang qui lui coulait dans les yeux. Sortit son 9 mm. Visa Medford, dont les bottes firent gicler de la terre derrière lui lorsqu'il retira de sa ceinture son Walther P38 9 mm. De son autre main, il tenait un de ses cocktails Molotov. Chacun avança vers l'autre, luttant contre le recul de son arme jusqu'à ce que les chargeurs soient vides.

Anna May verrouilla la porte de la cave. Descendit l'escalier en bois. Décrocha le combiné du vieux téléphone à cadran fixé au mur et composa le 911. Au même moment, les premiers coups de feu éclatèrent. Il lui sembla que son cœur explosait. Elle ôta la sûreté de son calibre 16. Et attendit.

Dans la maison où il était entré arme au poing, où les lumières au-dessus de la gazinière clignotaient comme des feux de détresse, la voix et l'écho du souffle précipité du marshal Hines se répercutèrent de pièce en pièce.

« Anna May ? C'est Billy Hines ! »

Elle remonta les marches. Derrière la porte fermée, elle tenta de maîtriser les tremblements de sa voix.

« Je… je suis là.

— Vous allez bien ?

— Oui. Abby et Avis sont avec moi.

— Où est Jacque ?

— Dehors. J'ai entendu des tirs. Des cris aussi.

— Restez en bas, d'accord ? Et n'ouvrez à personne avant mon retour. »

Dans la cour derrière la maison, les lumières halogènes des projecteurs éclairaient les silhouettes sans vie des gladiateurs meurtris, ensanglantés et plus de première jeunesse. Billy identifia les acolytes de Medford.

Swartz gisait sur le dos, la gorge béante. Mutilé. Couvert de plaies sombres pareilles à celles de Crapaud. Le corps de Willie Quat' Planches, affalé à l'endroit où le champ rencontrait la cour herbeuse, fumait encore. De la pointe de sa botte, Billy poussa tour à tour les deux *mountain curs*. Morts aussi.

Chacun avait la cage thoracique criblée de balles. Il secoua la tête.

« Si c'est pas malheureux d'avoir perdu deux bons chiens comme ça ! »

Il n'avait toujours vu aucune trace de Medford, de Peau d'orange et de Jacque. Il scruta la lisière du champ. Puis la cour. Près d'un projecteur, des bottes accrochèrent soudain son regard. Quand il s'approcha, il découvrit leur propriétaire, toujours fumant lui aussi : Jacque. À en juger par l'odeur, il avait été arrosé d'essence et brûlé.

Billy s'accroupit à côté de lui. Posa deux doigts sur le poignet noirci et visqueux de son ami, rongé par la chevrotine et par les flammes. Sentit une pulsation à peine perceptible. Alors qu'il luttait contre les larmes suscitées par la vue de cet homme qu'il avait connu toute sa vie, son estomac se noua, puis se contracta brusquement. Il vomit un flot de bile jaune sur Jacque, dont il fit grésiller la chair.

Après s'être essuyé les lèvres sur sa manche, il saisit la radio accrochée à sa ceinture. « Donna ? Je suis à la ferme de Jacque Bocart, c'est un vrai massacre. Bocart est gravement blessé. Il respire à peine. On a trois morts. Je répète, un blessé grave, trois morts. Il nous faut une ambulance. Tâche aussi de rassembler toutes les unités disponibles… »

Un canon scié vide, manié comme une batte de base-ball, s'abattit sur son crâne. Des Rangers émergèrent de derrière l'arbre qui les dissimulait jusque-là. Une silhouette s'éloigna rapidement dans le champ.

Se fondit dans la nuit de septembre. De la radio à côté de Billy allongé sur la terre froide s'éleva la voix de Donna : « Billy ? Billy ? Billy, tu m'entends ? »

Cela faisait dix ans que la longue allée truffée de nids-de-poule avait été colorée en bleu et en rouge par les gyrophares des voitures de patrouille. De l'ambulance et des véhicules de la police d'État. La fille, sa grand-mère et sa mère les avaient regardés approcher depuis la fenêtre de la cave. Puis elles s'étaient ruées dans l'escalier, vers la cour qu'elles devinaient transformée en scène de carnage par la folie meurtrière des hommes.

Cela faisait dix ans que Jacque avait été transféré du service des grands brûlés à la prison du comté de Harrison. Depuis que l'État lui avait proposé un arrangement en échange de son témoignage sur les événements qui avaient entraîné la mort sur ses terres. Et qui l'avaient laissé défiguré. Il avait affirmé ne garder aucun souvenir de cette nuit-là. Il avait passé plusieurs années derrière les barreaux, mais il était mort avant la fin de sa peine.

Cela faisait dix ans également que Billy Hines avait été démis de ses fonctions de marshal et remplacé par un des adjoints véreux d'Elmo Sig — lequel, moyennant finances, fermait les yeux sur les opérations d'un père et de son fils, qui répandaient la meth dans les veines d'un comté frappé par la misère et dans les artères des comtés environnants.

Dans le 4 × 4 Chevy, la fille inclina la tête à l'adresse de la silhouette âgée assise près d'elle, et murmura : « Il est temps. » Puis elle sortit, serrant le 45 dans sa paume droite brûlée à la poudre, les cheveux rassemblés en queue-de-cheval. Les semelles usées de ses bottes ouvrirent une trouée dans les hautes herbes. Frappèrent le bitume gondolé de la petite route. La silhouette dans le 4 × 4 la regarda pousser la grille bordée d'une clôture métallique corrodée qui entourait les restes squelettiques des nombreux véhicules gisant sur des hectares d'argile rouge. À ses yeux, la fille qui avançait au clair de lune avait des allures de cobra royal avec ses épaules de joueur de softball, son dos en forme de V et sa taille de guêpe.

Elle s'arrêta devant le bâtiment en tôle rouillée. Écouta le bruit à l'intérieur — celui d'un pistolet à air comprimé, utilisé pour dévisser les écrous d'une roue. L'odeur d'huile de moteur et d'essence aviva encore la soif de vengeance qui la dévorait depuis dix ans. Elle se rappela toutes ces fois où la silhouette âgée était venue la chercher chez son grand-oncle, avant de se garer près de la ferme abandonnée de l'autre côté de la route pour surveiller le père et le fils.

Elle approcha un œil du rai de lumière filtrant par une fente dans la porte métallique et observa le fils. Mèches noires striées de gris, grasses et filandreuses. En le voyant manipuler le pistolet à air comprimé, elle se souvint de ces dix doigts qui avaient fait naître des hématomes sur sa peau de porcelaine alors qu'elle le suppliait d'arrêter.

Le père était assis derrière lui, sur un seau. Sa longue tresse grise pendait dans son dos jusqu'à la chaîne de son portefeuille en cuir. Il avait des bras semblables à du caramel mou, balafrés et déformés par la chevrotine. De temps à autre, il portait à ses lèvres un clou de cercueil.

La fille arma le chien du Colt calibre 45. Ôta le cran de sûreté. Medford pensait s'en être bien sorti après ce qu'il avait fait dix ans plus tôt. Il avait été interrogé. Il avait un alibi. Ensuite, tout le monde l'avait oublié après que Jacque eut refusé de parler.

Mais il en irait tout autrement une fois que Abby aurait écarté la porte. Parce qu'elle incarnait désormais la sagesse de l'Ancien Testament. Et en la regardant du 4 × 4, Billy Hines sut qu'il pourrait enfin se pardonner et que Jacque pourrait enfin reposer en paix lorsque sa petite-fille aurait pressé la détente encore et encore, comme il l'avait fait lui-même cette nuit-là dix ans plus tôt, jusqu'à vider le chargeur.

À la frontière entre le paradis et l'enfer

De petites explosions de lumière vive, pareilles à l'éclat du flash sur un vieux Polaroïd, se succédaient sans relâche dans la tête d'Everett, qui s'efforçait de faire disparaître les traces rouges sur les minuscules zébrures de sa ligne de vie. Derrière ses grosses lunettes à monture noire, il ferma ses yeux injectés de sang en essayant d'occulter la voix des morts. Tout au souvenir des deux tunnels creusés dans l'obscurité par le faisceau de ses phares entre les remparts d'arbres qui bordaient la route séparant la terre de la rivière. Et de la petite silhouette qui avait heurté le pick-up avant de disparaître en dessous.

Ses roues s'étaient bloquées sur le gravier tandis que Hank Williams braillait « I Dreamed About » dans le lecteur de cassettes du pick-up. Everett avait ouvert la portière. Inspiré une grande bouffée de la poussière qui polluait la nuit. Expédié dans les fourrés sa canette vide de Pabst Blue Ribbon.

Parvenu derrière le véhicule, il s'était agenouillé. Avait placé sa paume dans le cou du gamin, que la chaleur désertait déjà. Son esprit avait remonté le temps, le ramenant à cette guerre qu'il avait faite sur une terre étrangère, et aux cris d'un homme de sa section, Double Face, dont il entendait toujours les paroles : « J'ai trop mal ! Putain, fais quelque chose, j'ai trop mal ! » Pour lui, les voix et les souvenirs du passé étaient indissociables du quotidien.

Il contempla la forme étendue sur la route, baignée par la clarté rouge des feux arrière du pick-up. Il avait éclusé pas mal de bières, inutile de se le cacher. Mais il n'était pas question pour lui de se retrouver derrière les barreaux parce qu'un parent n'avait pas su protéger sa progéniture. Avait laissé ce gosse cavaler librement dans la vallée, sur des terres appartenant à d'autres — des terres acquises grâce à un dur labeur. Fort de cette pensée, il souleva le petit corps inerte, le porta jusqu'à la berge et écouta le chant du courant. Songeant à la mère du gamin qui, entre les moments où elle replongeait dans la drogue et ses séjours en prison, faisait la honte de la vallée. À cette maison où elle vivait, autrefois un joli cottage blanc aux volets bleus, bien entretenu, coiffé d'un toit de tôle brillant, que l'ancien propriétaire repeignait chaque printemps. Aujourd'hui, il ne subsistait plus de ces volets que des montants de bois pourri encadrant le carton qui remplaçait les vitres brisées.

Everett se répéta qu'il n'irait pas en prison, qu'il ne foutrait pas en l'air le peu de temps qu'il lui restait. Il en avait déjà suffisamment perdu comme ça.

Une déflagration retentit soudain dans sa tête, lui déchirant les tympans. Il perçut l'odeur de la fumée, sentit les fragments de terre chaude lui cingler le visage, et l'image de Double Face s'évanouit.

Alors il lâcha son chargement dans l'eau boueuse en dessous de lui et l'entendit heurter la surface. Il s'apprêtait à rejoindre le pick-up dont le moteur tournait toujours quand son regard fut attiré par une corde bleue à laquelle étaient accrochés des poissons, abandonnée sur le gravier. Il la ramassa, sachant pertinemment que c'était celle du gamin, puis la lança sur le plateau du pick-up. Se réinstalla au volant. Sortit une bière fraîche de la glacière posée sur le plancher. Enclencha la position Drive.

Rentré chez lui, Everett se lava soigneusement les mains à la Javel, faisant mousser une écume rose. Il ferma le robinet d'eau chaude. Prit un torchon accroché devant la cuisinière. Repensa à cette guerre qu'il avait faite. À tous ces hommes qu'il avait vus mourir.

L'adjoint du shérif Pat Daniels secoua la tête en regardant le corps du gosse qu'on sortait des eaux vertes de la rivière. Il se demanda pourquoi Dieu sacrifiait parfois des âmes simples et innocentes, alors qu'il laissait proliférer les fléaux inexpliqués de ce monde.

Quand elle fut allongée sur une civière, la dépouille du gamin — yeux laiteux devenus aveugles et lèvres violettes — lui fit penser à une triste journée de grisaille.

La veille au soir, il était encore au poste malgré l'heure tardive lorsque le dispatcheur lui avait passé Stace Anderson. Elle venait de signaler la disparition de son fils, Matthew. Elle n'avait plus de nouvelles de lui depuis qu'il était parti pêcher. Elle avait parcouru la route de la vallée, frappant à la porte de tous les voisins dont la maison était encore éclairée pour savoir s'ils l'avaient vu. Or personne ne l'avait ne serait-ce qu'aperçu.

Au début, Pat crut que le gosse s'était aventuré dans l'eau pour pêcher, qu'il était tombé et s'était noyé. Mais après que le légiste du comté, Owen, et l'inspecteur Mitchell eurent constaté des lésions révélatrices d'un traumatisme majeur — côtes et fémur brisés —, il conclut à un acte criminel, et non à un simple accident.

« Vaudrait mieux éviter d'ébruiter ça, Pat, dit Mitchell.

— Je sais. Si les médias s'en mêlent, ça deviendra vite l'enfer.

— T'as tiré quelque chose des Galloway ? »

Lorsque Pat était arrivé sur les lieux, il avait questionné Needle Galloway et son fils Beady. Le matin même, après la messe, ils partaient à la pêche au crapet lorsqu'ils avaient découvert le corps.

« Ils sont tous les deux aussi innocents que la vierge Marie, répondit Pat.

— T'es prêt à annoncer la nouvelle à la mère ?

— Quand le père Pip sera là. S'il daigne se montrer.

— Ça m'étonne quand même que la mère du petit soit pas venue nous demander ce qu'on fabrique. Tu dis qu'elle habite un peu plus loin ?

— À environ deux kilomètres d'ici, dans l'ancienne maison de la veuve Ruth. T'as jamais entendu parler d'elle, j'imagine ?

— Jamais, confirma Mitchell. C'est ton secteur, je te rappelle. Pourquoi ?

— Elle passe sa vie entre la taule et les centres de désintox. Un jour, elle s'est échappée de l'hôpital après l'explosion d'un labo de meth.

— À Lickford Road, c'est ça ? Y a déjà un moment ?

— C'est ça. Quand elle a été arrêtée, le juge l'a condamnée à des travaux d'intérêt général, avec mise à l'épreuve.

— Sage décision. Bon, j'ai appelé le shérif, je l'ai prévenu que ça avait tout l'air d'un homicide. Tu crois que la mère aurait pu faire le coup ?

— Si je devais me prononcer, je dirais que non. Même si elle est accro à la meth, elle l'aimait, son gosse.

— Elle voulait peut-être toucher l'argent de l'assurance ? suggéra Mitchell.

— L'assurance ? Tu rigoles, une nana comme elle, incapable de garder un boulot plus longtemps que de rester clean, c'est tout juste si elle a de quoi payer sa facture d'électricité.

— Et le père ?

— Nelson ? C'est plus le même depuis que Stace est devenue accro à cette merde. Il a recommencé à boire, et il a divorcé. Entre nous, le gamin, c'est tout ce qu'il lui restait.

— Tu verras bien comment elle réagira quand tu lui annonceras la nouvelle.

— À ton avis, il est mort comment, le gamin ?

— Je dirais qu'il a été heurté par un véhicule la nuit dernière, et que pour je ne sais quelle raison le conducteur a décidé de le jeter dans la rivière.

— Franchement, Stace aurait déjà du mal à tenir à deux mains un Whopper de chez Burger King. Alors de là à transporter un corps…

— Elle est frêle ?

— "Frêle" ? répéta Pat. T'es loin du compte ! La dernière fois que je l'ai rencontrée, elle avait que la peau sur les os.

— Elle a un petit copain ?

— Pas que je sache.

— Ton frangin habite dans le coin aussi, non ?

— Mouais, mais j'ai pas remis les pieds chez lui depuis qu'il a failli couper l'oreille de Sheldon.

— Ah oui, j'ai entendu parler de cette histoire.

— T'imagines même pas la quantité de sang ! On aurait dit qu'il avait une aile d'oiseau sur le côté de la tête.

— Une chance que Sheldon ait pas porté plainte.

— La chance ? Mon cul ! s'exclama Pat. Si le procureur du comté l'avait appris, mon frangin serait en taule.

— Des fois, quand je le croise en ville, j'ai l'impression qu'il a pas trop envie de parler.

— Le problème, c'est qu'il est tout le temps comme ça. Du coup, on se fréquente de moins en moins. Il s'est pas arrangé.

— Bah, c'est comme pour les flics : quand t'as vu certains trucs, ça te marque à jamais. »

Everett vida sa bière. Fit de nouveau un saut dans le passé. Se remémora les paroles de Preston ce matin-là, quand il avait secoué son paquet de cigarettes pour en faire sortir une. Revit la cigarette elle-même, sèche, intacte. La barbe naissante sur les joues de Preston, son visage constellé de gouttes de sueur dans la touffeur de la jungle. La section immobile dans le silence du petit matin, tous les gars aux aguets. Le casque vert de Preston incliné sur sa tête, ses yeux qui paraissaient irrités, comme s'il avait le rhume des foins, sauf que c'était dû au manque de sommeil. Il avait craqué une allumette, approché la flamme orange de l'extrémité de la cigarette et dit : « Si elle est pas humide, elle est pas foutue. »

Il précédait les autres dans le silence étouffant, la fumée de sa cigarette voilant l'air au-dessus de lui, quand une rafale de tirs avait forcé tout le monde à se jeter par terre pour se mettre à couvert. Seul Preston était tombé comme une masse, parce qu'il venait de rencontrer son destin.

« Je te ressers une Pabst, Everett ? »

Celui-ci revint au présent en cillant. Suivit du regard les plis de chair dans le cou de Poe jusqu'à la mâchoire tannée, s'attarda un instant sur la commissure des lèvres desséchées, où subsistaient des traces de salive blanc craie.

« Une quoi ?

— Une Pabst. T'en veux une autre ou tu préfères la Natural Light ?

— File-moi une Pabst. J'en ai marre d'avaler cette pisse de cerf. »

Poe était un grand échalas aux bras tatoués de drapeaux sudistes fanés et de têtes de mort autrefois noires qui avaient viré au verdâtre. Une mauvaise toux de fumeur l'interrompait souvent lorsqu'il parlait tout en servant la clientèle de la Leavenworth Tavern, un bar situé au bord de l'Ohio River où Everett se rendait pour se retrouver seul avec lui-même et avec cet enfer personnel qui le hantait depuis plus de trente ans.

Assis derrière lui, au fond de la salle, Nelson Anderson contemplait fixement de ses yeux tachés de rouge la vitre en verre teinté, ruminant inlassablement ses griefs envers la femme qui, quelques années plus tôt, lui avait préféré son addiction à la meth.

Ce jour-là, Nelson et Everett étaient les deux seuls clients quand la porte s'ouvrit brusquement, laissant la lumière du soleil enflammer le bar. Everett regarda dans le miroir en face de lui la silhouette sombre du nouveau venu approcher, puis prendre place à côté de lui.

« Y avait tout un tas de flics et une ambulance près de chez toi, Everett.

— Pourquoi tu me dis ça, Merritt ? Tu me conseilles de pas rentrer tout de suite, de traîner en route ? »

Merritt avait servi dans les marines pendant la guerre du Vietnam ; il n'avait jamais participé à l'action, se bornant à surveiller un dépôt de munitions près de la côte de Porto Rico. Il venait à la Leavenworth Tavern plusieurs fois par semaine, de même que dans la vallée de Blue River Village, où vivait Everett. Ce dernier le laissait pêcher près de chez lui. En retour, Merritt l'autorisait à chasser, de jour comme de nuit, sur les terres boisées héritées de sa famille.

Poe ouvrit la glacière chromée, en sortit des canettes de Budweiser et de Pabst. Les ouvrit. En posa une devant Everett, l'autre devant Merritt.

« Merde, fais pas durer le suspense, qu'est-ce qui se passe ?

— Tout ce que j'ai entendu dire, c'est que Needle et Beady Galloway étaient partis à la pêche ce matin quand ils ont trouvé le corps d'un gamin dans la rivière. »

Les pieds d'une chaise raclèrent le plancher. Puis la voix de Nelson Anderson se fit entendre derrière eux : « Un gamin, tu dis ? »

Merritt avait avalé sa première gorgée de Budweiser. Il se tourna vers Nelson, notant machinalement les yeux couleur d'aubergine profondément enfoncés dans leurs orbites et les joues déjà rougies. Il faillit recracher sa bière. Une sensation de froid se propagea le long de sa colonne ; il n'avait pas remarqué Nelson en entrant.

« J'en sais rien, c'est ce que Virgil MacCullum m'a raconté.

— C'est le seul gosse du village », intervint Poe.

Après avoir posé sa bière sur le comptoir, Merritt tira une bouffée de sa Camel en regardant Nelson foncer hors du bar comme un kamikaze en pleine action.

Il secoua la tête.

« Merde, je l'avais pas vu, sinon j'aurais peut-être réfléchi avant d'ouvrir ma grande gueule. Son ex habite avec leur fils pas loin de chez toi, Everett. »

Celui-ci le regarda détacher la Camel de ses lèvres tandis qu'un filet de fumée s'élevait dans l'air, paresseux et spectral. Il repoussa sur son nez ses épaisses lunettes à monture noire, puis relâcha son souffle. « Ils ont trouvé le gosse… », murmura-t-il. Il inclina la tête d'une manière étrange et ajouta d'une voix éraillée, chargée de tristesse : « Maintenant, tout est humide et foutu. »

Merritt le dévisagea en se demandant ce qu'il voulait dire. Everett lui paraissait plus bizarre que d'habitude. « Comment ça, "humide et foutu" ? »

Everett secoua la tête, avant de plaquer sa paume sur son front : « Non, non ! T'as pas à t'en mêler, c'est pas tes affaires. »

Merritt jeta un coup d'œil à Poe avant de reporter

son attention sur lui. « Je comprends rien à ce que tu racontes, vieux. » Mais Everett n'était plus là ; il était de nouveau tapi dans la jungle, les balles sifflaient autour de lui, la terre grondait sous les tirs de mortier. Il revoyait Preston étendu un peu plus loin, le crâne béant, la cervelle éparpillée. Et il se sentait gagné par le même sentiment qu'il avait éprouvé alors : la peur inspirée par un monde qui ne tournait plus sur son axe.

La perplexité plissait les traits de Merritt.

« Everett ? Ça va ? »

Brusquement ramené à la réalité du bar enfumé, Everett agita la main droite dans l'air.

Il survola ensuite du regard le comptoir en bois, sa boisson humide de condensation, la place vide à côté de lui. « Ce gamin, il était plus lent qu'un escargot, dit-il. Tout le monde dans la vallée avait prévenu sa camée de mère qu'il fallait pas le laisser traîner sur la route. C'était qu'une question de temps. »

Les deux autres échangèrent un coup d'œil, puis Poe demanda : « Qu'est-ce que t'essaies de nous dire, Everett ?

— Depuis que Nelson a claqué la porte, cette femme et son fils sont une vraie plaie. »

Poe s'éclaircit la gorge. « T'es un peu dur, là, non ? »

Everett le regarda droit dans les yeux. « Tu veux savoir ce qui est dur ? C'est quand tu ferais n'importe quoi pour que ton pote arrête de saigner, sauf que ça change rien parce que de toute façon il est déjà mort. »

Le père Pip ne se présenta jamais. Pat dut annoncer seul la nouvelle à Stace. Elle était assise sur une causeuse décorée de brûlures de cigarette et de poils de chat. Elle avait une mine de rat musqué, des yeux gonflés à force d'avoir pleuré et un corps parsemé de croûtes. Lorsqu'elle eut recouvré son souffle, elle demanda : « Pourquoi écraser un gamin qui a rien fait à personne ? » Elle marqua une pause, passa une main osseuse sur sa joue creuse et dit : « Et le balancer après dans la rivière comme si c'était qu'un déchet ? »

Pat prit place sur le canapé miteux en s'efforçant d'ignorer les relents de litière sale, les mégots débordant des cendriers, les cadavres de bouteilles de soda et les assiettes encroûtées de restes desséchés. Tout ce qu'il trouva à répondre, ce fut : « Y a des vices chez certains qui s'expliquent pas, et malheureusement ça sert à rien d'essayer de comprendre. »

À peine avait-il prononcé ces mots que la porte à côté de lui s'ouvrit à la volée. Pat se raidit, prêt à dégainer. Nelson s'engouffra dans la maison, laissant entrer avec lui un flot de lumière qui réchauffa l'atmosphère fétide régnant dans cette maison où la vie était partie à vau-l'eau. « J'ai appris ce qui s'était passé. C'est vrai ? » Stace ne se leva pas ; elle se bornait à croiser les bras sur sa poitrine comme si elle avait froid. Quand elle inclina la tête, Nelson se laissa tomber à côté d'elle, puis serra contre lui le semblant de femme qu'elle était devenue. Il puait l'alcool, au point qu'il suffirait d'une étincelle pour embraser la pièce, songea Pat. Il se pencha néanmoins en avant pour s'adresser au nouveau venu, les coudes s'enfonçant dans les genoux à travers son pantalon kaki. « On a retrouvé Matthew tôt ce matin. »

Nelson agita la main. « Près de chez les Galloway, c'est ça ? »

Un frisson parcourut Pat, qui confirma : « C'est ça. » Il attendit quelques secondes avant d'ajouter : « Je sais que vous êtes bouleversés, mais il faut que je vous pose quelques questions. Alors, tâchez de faire de votre mieux pour répondre. »

Stace hocha la tête en essuyant ses larmes.

« Est-ce qu'il y avait des problèmes entre le gamin et vous ? Des conflits, peut-être ? demanda Pat.

— Non. » Elle sanglotait toujours, indifférente à la morve qui coulait de son nez. Peu à peu, cependant, la colère l'emporta sur le chagrin. « Pourquoi vous allez pas interroger tous ces bien-pensants qui passent leur temps à nous juger, Matthew et moi ?

— Comment ça ?

— Ce qu'elle veut dire, intervint Nelson, c'est que ça pourrait être n'importe lequel des habitants d'ici. Chaque fois que je viens chercher Matthew, c'est pour apprendre qu'on leur a encore cherché des emmerdes.

— Pourquoi ? De quoi se plaignent les voisins ? » s'enquit Pat.

Stace prit une profonde inspiration, le temps de se

donner une contenance, avant de répondre : « Ils sont tous venus me voir pour râler, parce que Matthew courait partout dans la vallée ou pêchait sur leurs terres. » Elle s'interrompit, esquissa un sourire en se rappelant quelque chose, puis continua : « Il rapportait toujours plein de poissons accrochés à sa corde bleue. Il connaissait les coins… » Son sourire s'évanouit.

Pat regarda Nelson.

« T'étais où, hier soir ?

— Hé ! Attends une min…

— Je suis obligé de poser la question, ça n'a rien de personnel. Alors, t'étais où ?

— Au bar, t'as qu'à demander à Poe. J'y suis resté jusqu'à la fermeture. »

Un silence embarrassé s'ensuivit, qui se prolongea jusqu'au moment où, n'y tenant plus, Pat se leva.

« Vous avez retrouvé sa canne, ou sa boîte à leurres ? lança Stace.

— Pour tout dire, je ne sais même pas où s'est produit exactement la collision ni à quel endroit on l'a jeté à l'eau. »

Cette remarque arracha de nouveau aux parents larmes et reniflements. Enfin, Stace se ressaisit suffisamment pour expliquer : « Il avait une Ugly Stik rouge et noir. Et la boîte à leurres qui allait avec. C'est moi qui les lui avais achetées, au Walmart. Bon sang, il aimait tellement la pêche… » Elle ramena ses jambes sous elle et, saisie de tremblements, se cacha le visage dans l'épaule de Nelson, dont la chemise se para bientôt d'une auréole humide.

N'ayant plus rien à leur demander, Pat déclara qu'il les tiendrait au courant s'il y avait du nouveau. Au moment où il arrivait près de la porte, Stace redressa la tête pour dire : « Si vous décidez d'interroger les gens du coin, commencez donc par votre frangin. C'est le pire de tous. »

Alors qu'il roulait sur la route infestée de moustiques, Pat repensait aux paroles de Stace, qui lui évidaient le cœur. Everett, « le pire de tous »… Son grand frère. D'accord, il était sournois, mais de là à renverser un enfant ? À jeter le corps dans la rivière ?

On pouvait dire beaucoup de choses sur Everett. Il était torturé par le souvenir de la guerre. S'il n'avait jamais touché à la drogue, il avait sombré dans l'alcool et ne tolérait pas les oisifs. Pour autant, était-il capable de tuer un gosse ? Pat secoua la tête. Par la vitre baissée lui parvenaient des senteurs d'érable et de noyer adoucissant les relents de poiscaille montés de la rivière, ainsi que le crissement des gravillons sous les roues. Des oiseaux pépiaient dans les arbres, et Pat se rappela ce jour où il était entré à la Leavenworth Tavern pour calmer les esprits échauffés. Everett avait plaqué Sheldon Noble au sol et, un genou enfoncé dans sa colonne, lui avait agrippé les cheveux d'une main tandis qu'il brandissait une lame de l'autre. Sur le moment, Pat avait cru que son frère allait scalper ce minable. Tout ça parce que Sheldon l'avait traité de crétin de marine ayant un faible pour les bridés.

À la sortie d'un virage, une nuée de moucherons vinrent piqueter son pare-brise et s'insinuèrent aussi par la vitre ouverte. Il les chassait de la main quand une silhouette indistincte — un jeune garçon ? — traversa comme une flèche la route devant lui. « Nom de Dieu ! »

Il écrasa la pédale de frein. Partit en dérapage.

« Merde ! »

Il arrêta la voiture de patrouille. En descendit. Ses jambes le soutenaient à peine, ses mains tremblaient. Il regarda sous le véhicule, le contourna. Rien. S'avança vers les herbes folles sur le bas-côté, survola du regard le rempart d'arbres. Le coin était totalement protégé des regards ; quelqu'un pouvait très bien heurter un animal ou un enfant sans que personne le sache. À la fois secoué et furieux, il lança d'une voix forte en direction des fourrés :

« Je suis Pat Daniels, l'adjoint du shérif du comté de Harrison. Je te conseille de sortir de ta cachette, et vite fait, parce que j'ai bien envie de te coller une raclée. »

Le moteur de la voiture tournait toujours derrière lui, et il entendait le murmure de la rivière en contrebas. Il n'y avait aucun signe du gamin, mais, soudain, alors qu'il scrutait les alentours, son regard fut attiré par un objet qui émergeait des hautes herbes.

« Putain, j'y crois pas. »

Une canne à pêche Ugly Stik, rouge et noir, à la peinture écaillée. La bobine était cassée, et quelques-uns des anneaux tout tordus. Il s'enfonçait plus profondément dans le feuillage vert et fauve quand sa botte heurta quelque chose. En se penchant, il découvrit une boîte à leurres, également rouge et noir.

Il explora attentivement les parages comme il le faisait à la saison de la chasse quand il avait blessé un cerf qui, galvanisé par l'adrénaline, prenait la fuite en semant derrière lui des gouttes de sang. Il lui suffisait alors de suivre cette piste jusqu'à ce que l'animal tombe d'épuisement. Mais, cette fois, ses recherches demeurèrent vaines. Au moment de rebrousser chemin, il vit l'éclat d'une boîte métallique cabossée. Se baissa pour la ramasser. Une canette vide de Pabst Blue Ribbon. Le logo luisait, rouge, blanc et bleu — des couleurs vives, pas du tout passées. Il approcha son nez de l'ouverture ; à en juger par l'odeur, la bière n'était pas éventée. La canette n'était pas là depuis longtemps.

Il fouilla les buissons environnants pour voir s'il y en avait d'autres. Or il n'en trouva pas plus trace que du gamin.

« Je te laisse encore une chance de te montrer, mon gars. »

Seule lui répondit la rumeur du courant en contrebas.

« Petit con. »

Pat revint vers sa voiture. Ouvrit le coffre, y jeta la canne et la boîte. Le ferma. Examina encore une fois le coin parfaitement isolé. Ajouta l'alcool à l'équation, ce qui rendait le scénario plus crédible. En se glissant de nouveau au volant, il repensa à la marque de bière que son frère affectionnait : la Natural Light, pas la Blue Pabst Ribbon. Rassuré, il se dit qu'il allait lui rendre une petite visite quand même, vu qu'ils ne s'étaient pas parlé depuis un bon bout de temps.

Everett croyait toujours sentir peser sur lui le regard de Poe et de Merritt, comme s'ils voulaient graver sur sa tempe leur pitié pour Nelson. Il attrapa une autre Pabst Blue Ribbon dans la glacière. L'ouvrit. L'inclina vers ses lèvres en conduisant le pick-up d'une main. Quand il aspira la mousse glacée, il eut l'impression que la colère se propageait en lui tel un acide lui rongeant les entrailles.

« Pour qui il se prend, ce connard de Poe, à me parler comme ça ? gronda-t-il. “T'es un peu dur, là, non ?” »

Les pneus du pick-up crissèrent sur le macadam quand il bifurqua pour s'engager dans l'allée de terre battue qui menait chez lui. Il songea au gamin dans la nuit, à son visage rougeoyant à la lueur des feux arrière, et se dit : Laisse tomber, c'était un accident.

Au moment où il avalait une autre gorgée de bière, il découvrit la voiture de patrouille stationnée près de la maison. Il tourna la tête et vit son petit frère Pat émerger de la remise à outils. Everett se gara, coupa le moteur et ouvrit la portière, les yeux fixés sur l'objet que tenait Pat : la corde bleue qu'il avait accrochée au clou rouillé planté dans la porte délabrée après avoir vidé et nettoyé les crapets la veille. Il renversa la tête pour vider sa canette. « Qu'est-ce que tu fous ici ? »

Pat entendit la question mais n'y répondit pas ; il refusait encore de croire à la réalité de ce qu'il avait trouvé, tentait toujours de se persuader qu'il s'agissait d'une simple coïncidence. Arrivé quelques minutes plus tôt, il patientait dans sa voiture lorsqu'il avait de nouveau aperçu le garçon courant cette fois vers la remise à outils. Il était sorti en se demandant ce qui pouvait bien se passer. Il n'était pas tombé sur le gamin, juste sur une corde bleue suspendue à un clou. L'odeur des viscères de poisson répandus sur le sol lui avait assailli les narines.

Et voilà qu'Everett venait de descendre de son pick-up avec une Pabst Blue Ribbon à la main.

« Je suis venu te demander un ou deux trucs, et j'ai vu un… » Pat allait mentionner la présence du gosse quand, au dernier moment, il se ravisa. S'éclaircit la gorge avant de rectifier : « Je me suis dit que t'étais peut-être dans la remise. J'ai vu la corde. Les entrailles de poisson. T'es allé pêcher, hier ? »

Everett tourna et retourna la question dans sa tête. L'alcool rendait son élocution pâteuse.

« Hier soir, ouais. J'ai attrapé quelques crapets. »

Pat cligna des yeux, éberlué, en voyant le gosse surgir de nulle part et courir vers le pick-up d'Everett. « Mais enfin, c'est quoi ce bordel ? » s'écria-t-il en s'élançant à son tour.

Everett lui emboîta le pas. « Hé, qu'est-ce qui te prend ? »

Parvenu devant le Silverado, Pat se baissa et jeta un coup d'œil sous le véhicule à la recherche du gosse. Remarqua les taches suspectes sur le pare-chocs. Avala sa salive, puis demanda : « Y a du sang sur ton pare-chocs, Everett. T'as tapé un animal, récemment ? »

Son frère écrasa la canette. La lâcha, puis se dirigea vers l'arrière du pick-up en réfléchissant à la façon dont évoluait la situation. Ce qu'il avait fait ne serait pas oublié de sitôt. Pour autant, il n'irait pas en taule. « Nan, pas un animal », répliqua-t-il en saisissant un pied-de-biche sur le plateau. Il rejoignit son frère au moment où celui-ci se redressait. Le regarda droit dans les yeux. Ceux de Pat exprimaient l'incrédulité.

Everett frappa en diagonale. Pat leva le bras droit pour parer le coup. Sentit se briser l'os de son avant-bras. Serra les dents, s'écarta d'un bond, tâtonna sur sa hanche. Ouvrit l'étui en cuir accroché à sa ceinture, en sortit la bombe métallique. Déjà, un froid intense se répandait dans ses veines. La douleur, intolérable, lui donnait envie de vomir.

« T'es peut-être mon frangin, mais je tiens pas à me retrouver au trou à cause de ce petit morveux », gronda Everett, menaçant. Il leva le pied-de-biche, prêt à cogner de nouveau.

Pat lui brandit la bombe au poivre sous le nez et pressa la détente. « Qu'est-ce qui va pas chez toi, bordel ? C'était qu'un gosse !

— Oh, merde ! » hurla Everett.

Il lâcha le levier pour griffer ses paupières et ses joues brûlantes.

Le bras de Pat, qui se déformait déjà, pendait le long de son flanc, traversé d'élancements cuisants. Il lui semblait qu'il allait s'embraser. Il s'approcha pourtant de son frère, jeta la bombe de Mace et saisit sa matraque. La sueur mouilla le visage en feu d'Everett, qui sentit le bâton s'enfoncer dans sa nuque pour le forcer à se pencher vers le capot du pick-up. La voix de Pat s'éleva derrière lui : « Je t'arrête pour meurtre. »

Everett secoua la tête, répétant : « Non, non, non, non », encore et encore. Il tenta bien de se dégager, mais la douleur l'en empêchait ; il lui semblait que sa figure avait été arrosée d'essence puis enflammée.

Pat s'appuya sur lui de tout son poids. Everett finit par céder, laissant son frère lui ramener les bras au niveau des reins. L'acier claqua autour de ses poignets. Pat le tira en arrière pour l'obliger à se redresser, et il le poussait vers sa voiture quand, stupéfait, il vit la silhouette meurtrie d'un enfant filer comme l'éclair près de la remise, puis disparaître.

Un lapin dans le carré de laitues

Après son rendez-vous avec Clay, Ina Flisport se sentait comme une vieille poupée de chiffon mise au rebut. Ils s'étaient retrouvés au Tuke's Bar, un rade perdu au fin fond du comté d'Orange, dans l'Indiana, où elle lui avait annoncé qu'elle avait quitté son mari Moon, employé à la protection de l'environnement, pour vivre avec lui. Contre toute attente, Clay s'était levé en ricanant. « Ah ouais ? Ben c'est que moi, j'ai pas du tout envie de me mettre à la colle avec une ménagère qui a le feu au cul ! Je voulais juste rigoler un peu, tu vois. Maintenant, c'est fini. »

Ainsi donc, après avoir fait draps communs pendant deux mois, ils avaient mis un terme à leur histoire. En cuisine, Lester, le barman, épiait leur conversation en pointant de temps à autre sa langue de reptile entre ses lèvres parcheminées. Puis Clay était parti. Et Ina, elle, était restée.

Lester composa le numéro de Kenny pour annoncer : « On a encore un lapin dans le carré de laitues. »

Il poussa ensuite la porte de derrière et sortit dans

la nuit froide. Arrivé devant l'entrée, il retourna l'écriteau indiquant « OUVERT » pour faire apparaître l'inscription « FERMÉ », prit ses clés dans sa poche et verrouilla discrètement le battant de l'extérieur.

Ina alluma une autre cigarette en se demandant si Moon avait trouvé la lettre qu'elle lui avait laissée, disant que trente années passées à lui préparer ses repas, à s'assurer que ses chiens de chasse avaient mangé, que la lessive était faite et la pelouse tondue, c'était vingt-huit de trop.

Elle veillait tard presque tous les soirs, fumant cigarette sur cigarette, jouant au solitaire devant le téléviseur allumé, avec David Letterman pour toute compagnie, pendant qu'il chassait le raton laveur. Guettant toujours une marque de tendresse, une caresse, un baiser, un signe de reconnaissance — autant de petites gratifications qu'elle espérait en vain : lorsqu'il rentrait, Moon ne semblait même pas s'apercevoir de son existence. Alors elle avait décidé qu'elle ne voulait plus faire partie des meubles, qu'il fallait tourner la page de leur mariage.

Elle avait quinze ans quand ils s'étaient rencontrés, pendant l'été 73. Elle était jeune, bien sûr, mais à l'époque des hommes mûrs épousaient des filles encore plus jeunes. À seize ans, elle était mariée et enceinte. À dix-sept, elle accouchait du deuxième, et à dix-huit du troisième.

De retour dans la salle, une tasse de café à la main, Lester lança : « Vous voulez une autre Bud Light ? »

Elle délaissa sa bière pour l'observer à travers un voile de fumée, en se disant qu'il avait l'air sous-alimenté, et décidément peu ragoûtant avec sa tignasse grasse autour de son visage blême. « Pas encore », répondit-elle.

Derrière le comptoir, Lester porta sa tasse à ses lèvres pour dissimuler un sourire lubrique. Il avait toutes les peines du monde à contenir son impatience devant le spectacle de ces seins épanouis qu'effleuraient les pointes d'une chevelure fauve à peine nuancée de gris. Il s'imaginait déjà enfoui dans ce corps appétissant, se repaissant de cette peau hâlée par le soleil de l'été passé. Pour un minable tel que Lester Money, le sexe était toujours une perspective appréciable quel que soit l'âge de la partenaire ; il ne pouvait s'offrir le luxe d'être difficile. En attendant, celle-là ne semblait guère avoir plus de trente, trente-cinq ans, même si elle était probablement plus vieille.

En regardant la vapeur s'élever de la tasse du barman, Ina songea qu'elle n'avait qu'une envie : reprendre la route au plus vite, trouver un motel ou un *bed & breakfast* et s'effondrer comme une masse pour oublier qu'elle venait de se faire larguer. Mais d'abord, elle avait besoin de dessaouler, aussi demanda-t-elle : « Je pourrais avoir un café ?

— Un café ? » Lester se dit qu'elle voulait sans doute partir. Or il ne tenait pas à tout faire foirer encore une fois. « Bien sûr », répondit-il.

Il retourna en cuisine, saisit un mug propre suspendu à un crochet au mur et le remplit aux trois quarts. Sortit de sa poche un petit flacon de Georgia Home Boy. Dévissa le bouchon, versa le liquide incolore dans le café. L'apporta à Ina, s'assit sur le tabouret voisin en suçant ses dents jaunâtres, et déclara : « J'ai pas pu m'empêcher d'entendre votre conversation avec Clay, tout à l'heure. Je le connais, c'est un habitué. Vous avez parlé d'un certain Moon, et y a un type de ce nom-là qui vient de temps en temps boire un verre après la pêche. Il bosse pour la protection de l'environnement. »

Ina avala une gorgée de café, contrariée par la proximité de cet individu aussi répugnant qu'une limace. Rien que de le voir à côté d'elle, de l'entendre évoquer sa vie privée, le nom de son mari, elle se sentait salie.

« Je suis prêt à parier que Clay et vous, vous avez une histoire, et que l'autre, ce Moon que vous avez dit avoir quitté, c'est celui-là même qui fréquente ce bar. »

En proie à une étrange faiblesse, Ina termina son café. Elle ne voulait pas rester une minute de plus ici, à écouter ce vieux dégoûtant. « Mêlez-vous de vos affaires.

— Ce serait terrible pour ton mari de découvrir que sa femme a un amant, pas vrai, ma belle ? Tu sais, si t'es gentille, je veux bien garder ça pour moi… » Il lui encercla le bras de ses doigts tachés de nicotine pour l'attirer à lui.

Ina se dégagea d'un mouvement brusque. Lui expédia dans le menton un coup de coude qui fit claquer sa mâchoire et s'entrechoquer ses dents. Se détourna et attrapa le premier objet qui lui tombait sous la main, le gros cendrier en verre couleur émeraude dont elle s'était servie et qu'elle lui fracassa sur le crâne. Il s'écroula sous une pluie de cendres et de mégots, en braillant : « Salope ! » Ina saisit son sac, posa les pieds sur le plancher, et prit aussitôt conscience du problème. Le gouffre béant dans ses entrailles. La sensation élastique dans ses jambes. Les angles mouvants de la pièce, qui oscillait et tanguait. Le Georgia Home Boy.

Elle se traîna laborieusement jusqu'à la porte, dont elle entendit la serrure cliqueter. Un instant plus tard, le battant s'ouvrit à la volée, la propulsant de nouveau dans la salle. Deux barbus aux casquettes de camionneur noircies de cambouis se dressèrent devant elle. L'un brandissait un couteau à écorcher, l'autre un canif. Tous deux puaient l'air froid de la nuit, le bois brûlé, le boulot crade.

Le premier, aussi imposant qu'un chêne, lança : « T'es peut-être plus de première jeunesse, mais t'es quand même mignonne tout plein. » Quand elle tenta de se faufiler entre eux, Ina ne sut jamais si elle échoua à cause de l'alcool, du café ou de la crosse qu'elle n'avait pas vue et qui se précipita à la rencontre de sa tempe. Tout son corps était devenu une sorte de gouffre abyssal. La dernière chose dont elle eut conscience ne fut pas le bruit de l'impact sur sa tête ni le craquement du plancher sous son corps. Ce furent les mots de l'homme au canif : « Bon Dieu,

Lester, t'as bien failli laisser c'te vieille lapine sortir du carré de laitues. »

L'ancienne piste de terre battue menait à une maison où une Firebird recouverte d'une couche d'apprêt, un pick-up rouillé et le Land Cruiser gris d'Ina stationnaient sous les grands hêtres presque entièrement dépouillés de leurs feuilles. La maison n'était qu'une simple construction en bardeaux d'une centaine de mètres carrés, coiffée d'un toit en tôle qui fuyait. La peinture blanche s'écaillait sur l'encadrement de la porte, et les trous dans la moustiquaire avaient été colmatés à l'aide de papier journal jaunissant. Les fenêtres, occultées à l'intérieur par du contreplaqué et à l'extérieur par du plastique épais qui servaient d'isolants, ne laissaient pas entrer la lumière. Sur la façade, une pancarte proclamait, en grosses lettres orange sur fond noir : PROPRIÉTÉ PRIVÉE — INTERDIT D'ENTRER.

Quelque part à l'intérieur, Ina bataillait pour ouvrir les yeux. Au prix d'un immense effort, elle parvint à soulever les paupières en même temps qu'elle prenait une brusque inspiration. Elle avait l'impression de suffoquer, et une sueur glacée l'inondait tout entière.

Une odeur d'oignon cru empuantissait l'air stagnant, humide et froid, rendu plus oppressant encore par l'obscurité. Il lui semblait que la nuit était tombée sur elle comme un poids mort, la clouant sur place, l'enveloppant d'un souffle tiède et fétide. Quand elle fut capable de remuer les mains, elle palpa la forme vautrée sur elle. Un homme, dans les vapes ou juste endormi. Elle sentait sous ses doigts la chair flasque de son torse nu.

Elle était allongée sur un lit, nue elle aussi, constata-t-elle, et elle ressentait une vive brûlure à l'intérieur des cuisses. Totalement désorientée, elle tenta en vain de se rappeler comment elle était arrivée là ; ses efforts déclenchèrent une douleur sourde dans sa tête, l'empêchant de penser. Elle inhala les relents d'oignon, mêlés à ceux de tabac froid, de bière éventée, de salpêtre et de bois pourri. Elle aurait voulu repousser l'homme affalé sur elle, mais elle avait peur de sa réaction si elle le réveillait, d'autant qu'elle n'était pas en mesure de lui résister. Elle fit courir ses mains le long du lit — un simple matelas posé sur un sommier —, tourna la tête et laissa ses yeux s'accoutumer à la pénombre ambiante. Elle finit par distinguer des vêtements en tas par terre : sa veste et sa jupe, un jean avec une ceinture, des bottes de travail, une chemise en flanelle. Il y avait aussi des bouteilles vides de whiskey sur la table de chevet. Des canettes de bière par terre. Des papiers froissés. Un petit téléviseur affublé d'oreilles de lapin sur une commode. Un cendrier plein de mégots. Brusquement, l'inconnu se mit à ronfler. Il avait des bras énormes, qui reposaient de chaque côté de son propre buste, un dos large, des cheveux gras qui dégageaient la même odeur que son corps — une odeur qui rappelait à Ina les cageots de légumes pourris que son père rapportait autrefois des bennes du supermarché de la ville pour les quelques cochons qu'il élevait derrière la grange.

Ce qui lui était arrivé lui revenait peu à peu, par bribes — comme si elle récupérait puis dépliait une à une des pages arrachées à un magazine, roulées en boule et jetées à la poubelle. Pour reconstituer pièce par pièce un puzzle déformé, effarant.

Elle avait quitté Moon, son mari. Retrouvé Clay dans un bar pour lui annoncer la nouvelle. Ensuite, Clay l'avait plantée là, humiliée et déjà ivre, en compagnie de ce barman répugnant qui la draguait. Elle ne gardait en revanche aucun souvenir du trajet jusqu'à cet endroit, quel qu'il soit. Et où qu'il soit.

Elle survola de nouveau la pièce du regard en se demandant depuis combien de temps elle était là. Ses yeux remontèrent jusqu'au plafond constellé de grandes taches brunes qui ressemblaient à du café. Redescendirent le long d'un mur orné de lambeaux de papier peint, pour s'arrêter au niveau du mince rai de lumière délimitant l'encadrement d'une porte tout abîmée. Des éclats de voix retentissaient de l'autre côté.

« Combien tu lui en as refilé, frangin ?

— Une goutte, c'est tout. » Ina reconnut la voix du barman.

« Mon cul, ouais ! Ta gonzesse, elle est plus éteinte qu'une ampoule grillée.

— Parole de scout, Cecil.

— T'as jamais été scout, Lester.

— Et alors ?

— Alors, ta parole vaut pas tripette, et de toute façon t'en as pas plus dans le ciboulot qu'une tirelire vide.

— Ben, si elle est vide, y a rien dedans, forcément…

— T'as tout compris. Bon, montre-moi ce foutu flacon de GHB, que je me rende compte de ce que tu lui as fait avaler.

— Tiens.

— Nom de Dieu, Lester, tu l'as peut-être empoisonnée !

— Ah, merde. Ce serait ballot d'avoir empoisonné la femme d'un agent de l'environnement…

— Un quoi ? Attends un peu, tête de nœud, t'es en train de me dire que son mari est un poulet des champs et que tu le savais ? Que tu l'as quand même mise KO avant de nous demander de la traîner jusqu'ici ?

— Euh, ouais.

— Non mais c'est pas vrai, ça ! T'es plus con qu'un clébard fin de race ! Comme si t'ignorais qu'y a des mandats lancés contre moi. Merde, frangin. Bordel de merde ! »

La panique gagnait peu à peu Ina. Tous ses muscles étaient raidis, contractés, douloureux. Ces hommes avaient abusé d'elle, c'était évident, mais elle n'avait aucune idée de ce qu'ils avaient pu lui faire subir pour qu'elle se sente aussi éreintée, comme vidée de l'intérieur. Quoi qu'il en soit, ils savaient que son mari était un représentant de la loi et, à en juger par leurs intonations agressives, Moon risquait bien à son insu de précipiter la fin de celle qui l'avait quitté. Il fallait absolument qu'elle prenne la fuite. Sauf qu'elle n'avait toujours aucune idée de l'endroit où elle se trouvait.

Ina adopta la tactique de l'opossum : les yeux fermés, elle observa une immobilité de pierre quand l'homme qui l'écrasait sous son poids se releva. Elle l'écouta respirer bruyamment tandis qu'il enfilait son pantalon, faisant cliqueter la boucle de sa ceinture, puis sa chemise et ses bottes. Elle entendit les lacets fouetter le sol. Il s'arrêta ensuite pour sortir une cigarette de son paquet. Alluma son briquet. L'odeur du gaz précéda celle de la fumée lorsqu'il ouvrit la porte, emplissant la pièce de la lumière venue de la cuisine. La voix du dénommé Cecil s'éleva : « Melvin ? Tu veux savoir dans quel merdier le frérot nous a foutus ? » La porte se referma.

Et Cecil de continuer : « Celle-là, on va pas pouvoir l'abandonner sur une petite route au volant de sa bagnole, comme les autres, en se disant qu'elle sera complètement paumée quand elle reviendra à elle.

— Et pourquoi on pourrait pas, bon Dieu ? s'écria Lester.

— Parce que tu nous as refourgué un fruit pourri, pauv' tache ! Avec son mari qui est flic et tout le bazar, tu peux être sûr qu'on va chercher des empreintes partout sur elle, sur ses fringues, dans son 4 × 4... Sans parler de toutes ces conneries d'ADN. S'ils récupèrent de la terre tombée de nos bottes ou des tifs qu'on aurait perdus, les poulets seront bien capables de remonter jusqu'à nous.

— Tout juste. C'est pour ça qu'on n'a pas le choix, p'tit frère, enchaîna le dénommé Melvin. Pas question que je retourne en taule à cause d'une histoire de cul avec une vieille rombière qui s'emmerdait.

— Et s'ils lui font une prise de sang, ils découvriront à quoi on l'a shootée, et peut-être même qui nous a refilé la came, pas vrai ? raisonna Lester. Après, on aura les Stups sur le dos.

— Ça y est, p'tit frère, tu piges.

— C'est quoi, le plan, alors ?

— Facile. D'abord, pour ce qui est de la bagnole, on appelle Luke et ses frangins, qui ont hérité de la casse de Malone. Il leur faudra pas longtemps pour désosser ce satané Cruiser. Ni pour le vendre en pièces détachées entre ici, la Louisiane, l'ouest de la Virginie et la Pennsylvanie.

— Et la gonzesse ?

— On s'en débarrasse, décréta Cecil. Je vais passer un coup de fil à Nelson Dean la Truelle, dans le Tennessee. Il aura qu'à la couler dans les fondations d'une baraque.

— C'est pas un peu risqué, quand même ? On pourrait se faire prendre, non ? » Dans la voix de Lester, Ina perçut la nervosité.

« On s'est jamais fait prendre, frangin. En plus, j'ai l'impression que t'as eu la main lourde sur le GHB. Si ça se trouve, elle est dans le coma. Bref, dans tous les cas, faut qu'elle disparaisse, pour éviter que son mari vienne fourrer le nez dans nos affaires.

— Merde, Cecil, tu déconnes grave, là.

— T'as pas l'intention de nous lâcher, Lester, hein ?

— Réfléchis bien, frangin, renchérit Melvin. Je te répète que je retournerai pas en taule juste parce que mon taré de p'tit frère nous a mis dans la merde.

— Non, non, je suis avec vous, les gars, je suis avec vous, leur assura Lester. C'est juste que… que j'ai jamais liquidé personne. »

Au départ, Lester voulait seulement prendre son pied, s'amuser un peu. Mais ses frères étaient d'une tout autre trempe, au point qu'il avait peur, s'il s'opposait à eux, de finir enterré sous la cabane des chiottes ou dans la même fosse que la femme. Par conséquent, il n'avait pas d'autre solution que de suivre le mouvement.

« Melvin ? Va chez Kenny passer un coup de fil à Nelson. S'il est pas chez lui, laisse un message disant que Cecil a b'soin de lui pour l'aider à se débarrasser d'un autre écureuil coincé dans le transfo. S'il est là, tâche de négocier le prix. Mais s'il est pas là, tu lui donnes le numéro de Kenny, et tu dis à Kenny de se ramener dès que Nelson le rappelle. »

Ina écoutait toujours, consciente d'avoir vu juste : l'allusion à Moon et à ce qu'il représentait avait déclenché un mouvement de panique qui ne présageait rien de bon pour elle. Une vague d'angoisse la submergea. Ayant l'impression de sentir de nouveau ses jambes, puis ses pieds, elle tenta de se lever.

La pièce tangua. Son corps lui semblait aussi cassant que du verre, et son cœur battait à un rythme précipité. Elle manquait d'air, comme s'il n'y avait pas assez d'oxygène dans la pièce. La tête lui tourna quand elle fit quelques pas sur le plancher. Elle s'agenouilla tandis que les murs se resserraient autour d'elle, puis tâtonna à la recherche de ce qu'elle pensait être ses vêtements. Batailla avec sa culotte, sa jupe, son chemisier, ses chaussettes, sa veste et ses chaussures. Saisie de tremblements incontrôlables, elle sentit des larmes brûlantes lui inonder les joues.

Elle chercha du regard une fenêtre, ou une issue, n'importe laquelle, mais n'en repéra aucune. Il n'y avait que le petit téléviseur treize pouces posé sur la commode près de la porte. Et un souvenir lui traversa soudain l'esprit — une odeur de couche sale qui l'assaillait brusquement, accompagnée d'un gros rire. « Elle pourrait bien t'apprendre quelques trucs, Lester. »

Ina ferma les yeux et se passa les mains sur le visage pour essuyer ses larmes. Ce moment qu'elle venait de revivre dans sa tête était si éprouvant qu'elle en avait les muscles des bras tétanisés. Elle s'efforça de se ressaisir, tout en se concentrant sur les voix qui, à l'extérieur de la chambre, parlaient d'elle comme si elle n'était que la créature la plus insignifiante de la chaîne alimentaire. Pourquoi ? se demanda-t-elle. Mon Dieu, pourquoi s'en sont-ils pris à moi ?

Elle avait entendu dire que Melvin devait se rendre chez un dénommé Kenny pour téléphoner. Qui était ce Kenny ? Elle se posait encore la question quand une porte s'ouvrit. Se referma. Il y eut des piétinements dans la cuisine. Puis le silence. Le claquement d'une portière. Le brusque vrombissement d'un moteur qui, peu à peu, s'éloigna.

Lorsque la poignée de la porte tourna, Ina s'affola. Faible et chancelante, elle attrapa le premier objet qui lui tombait sous la main : le petit téléviseur. Rassemblant ses forces, elle le leva au-dessus de sa tête.

Avec l'énergie du désespoir, elle l'abattit sur le crâne de l'homme qui entrait — le dénommé Cecil, sans doute. Derrière lui, Lester — toujours partagé entre la peur d'être arrêté et sa réticence à supprimer leur prisonnière — éprouva un certain soulagement en le voyant s'effondrer. Jusqu'au moment où Ina se rua vers lui comme un lépreux affamé en quête de nourriture, hurlant : « Pourquoi ? Pourquoi vous m'avez fait ça ? »

Déchaînée, elle le repoussa brutalement vers la cuisine tandis que des images défilaient dans sa tête. Elle le revit au bar, en train de lui tendre un café. Ensuite, le trou noir. Quand elle avait rouvert les yeux, elle se trouvait dans la chambre, la tête lui tournait, et on lui arrachait ses vêtements. Tenant à peine sur ses jambes, elle n'avait même pas cherché à résister lorsqu'une paume l'avait forcée à reculer vers le matelas.

« Répondez ! s'écria-t-elle encore. Pourquoi moi ? »

Soudain, Lester perdit l'équilibre, et son crâne heurta l'angle du plan de travail. Lorsqu'il s'écroula sur le sol rongé par le salpêtre, toutes ses capacités motrices l'avaient lâché. Il ne pouvait plus que ciller frénétiquement, et Ina se mit à le bourrer de coups de pied, aveuglée par la rage au souvenir de ces mains rugueuses qui lui tripotaient les seins puis lui maintenaient les poignets au-dessus de la tête, de ces grognements de bête qui résonnaient dans son esprit alors qu'elle tentait désespérément de se concentrer sur le téléviseur.

Le corps de Lester était agité de soubresauts, comme s'il recevait une décharge électrique. Oppressée, les poumons en feu, Ina avait tellement de mal à respirer qu'elle se crut sur le point d'avoir une crise cardiaque. Images, goûts et odeurs repassaient en boucle dans sa tête, jusqu'au moment où elle cessa de s'acharner sur l'homme à terre.

Ce n'était plus qu'un amas inerte de sang et de peau livide. Tout en aspirant de grandes goulées d'air, Ina réussit à se traîner jusqu'à la porte. Portée par un mélange de fureur et de répulsion, elle sortit dans la cour recouverte de feuilles jaunes et orange. Il faisait froid, et elle sentait toujours son cœur cogner à grands coups sourds quand elle écrasa le feuillage sous ses pieds et reconnut son 4 × 4 dans l'allée. La portière était déverrouillée, les clés toujours sur le contact. Elle venait de démarrer, sans savoir où elle était ni où elle devait aller, lorsque Cecil ouvrit à la volée la porte-moustiquaire en gueulant comme un poivrot déboulant de son mobile home. Dès qu'elle le vit, Ina enclencha la position Drive avec l'impression que son cœur allait exploser. Elle braqua dans sa direction alors qu'il titubait vers le Cruiser, le visage dégoulinant de rouge, les traits fendus par des éclats de l'écran télé. Le percuta violemment, l'envoya mordre la poussière. Braqua de nouveau pour foncer dans l'allée, projetant boue et feuilles mortes sur le corps secoué de spasmes.

Elle roula pied au plancher malgré la gadoue et les nids-de-poule, cramponnée au volant pour résister aux cahots. Quand elle aperçut le bitume, elle vira aussitôt sur sa droite dans un grand crissement de pneus afin de s'engager sur la route forestière.

Dans sa tête résonnaient inlassablement les paroles prononcées par Lester et ses frères quand ils discutaient d'elle comme si elle n'était qu'un vulgaire bout de viande. Un animal à abattre, dont la mort serait vite oubliée. Les élancements cuisants entre ses cuisses avivaient ses souvenirs. On l'avait violée longuement, à plusieurs reprises. Elle songea aux vœux qu'elle avait rompus — la cause de ce cauchemar. Et éclata en sanglots.

La poitrine étreinte par une douleur sourde, la vue brouillée par les larmes, elle accéléra encore sur cette route inconnue qui se précipitait sous les pneus du 4 × 4. Jusqu'au moment où elle pensa : C'est ce qu'on doit ressentir quand on se noie.

Les battements de son cœur ralentissaient. Ses poumons se contractaient. Elle étouffait, tout se brouillait dans son esprit. Elle agrippa plus fort le volant. Le simple fait de respirer devenait une torture. Sa poitrine lui paraissait de plus en plus lourde, de même que son pied sur l'accélérateur. Une sueur glacée l'envahit soudain, qui fit courir des tremblements dans ses bras et ses jambes. La roue avant s'enfonça dans un fossé. Puis l'immense chêne qu'elle n'avait pas vu se matérialiser devant elle arrêta le Cruiser lancé à plus de cent vingt kilomètres/heure. Elle passa à travers le pare-brise et s'envola dans les bois qui l'engloutirent.

L'odeur du café dans la tasse de Moon emplissait sa cuisine. « Toujours aucune trace du corps ? demanda-t-il à l'inspecteur Mitchell.

— Non. Juste le Cruiser encastré dans ce chêne. Elle avait une raison d'aller dans le comté d'Orange ?

— Pas que je sache.

— Et donc, vous vous étiez disputés la veille ?

— C'est ça.

— Ensuite, quand vous êtes rentré chez vous après la fusillade avec Rusty Yates, vous avez constaté qu'elle n'était pas là ?

— Tout juste. J'ai pensé qu'elle avait dû faire un

saut chez sa copine Myrtle. Et j'ai pris un verre pour décompresser. Là-dessus, j'ai trouvé sa lettre. Elle disait qu'elle me quittait. »

L'inspecteur Mitchell examina la lettre en question, puis reporta son attention sur Moon.

« Désolé, vieux. »

Moon relâcha son souffle. « Ce que j'arrive pas à comprendre, c'est pourquoi on l'aurait enlevée sur les lieux de l'accident.

— Pour dissimuler un crime, j'imagine.

— D'après vous, elle aurait vu quelque chose qu'elle était pas censée voir ?

— La seule certitude qu'ont les collègues du comté et de l'État, c'est qu'elle est passée à travers le pare-brise quand elle a heurté cet arbre. Et qu'elle a atterri dans les bois. À l'endroit où elle a chuté, les gars ont découvert des empreintes de bottes.

— Rien d'autre ?

— Absolument rien. *Nada*. »

L'amour brut

Le dégoût collait aussi fort à la peau de Carol que l'odeur de graillon, venant s'ajouter aux douleurs concentrées dans ses poignets et dans ses chevilles, à la brûlure des cloques qui avaient gonflé sur ses mains à force de servir la clientèle du Jocko's Diner. « Faut que tu le fasses ce soir, Bellmont, dit-elle à son mari. J'en peux plus de cumuler les heures au boulot et d'entendre radoter ce vieux schnock jour après jour. »

Après dix ans de bons et loyaux services, Bellmont avait perdu sa place à la manufacture de tabac Brown & Williamson. Une fois ses économies et celles de Carol envolées, il avait été obligé de vendre leur maison et d'accepter de s'installer chez son beau-père, propriétaire d'une exploitation porcine de cinq cents hectares. Le couple logeait désormais dans la vieille cabane que le père de Carol avait construite près de l'habitation principale pour pouvoir veiller sur sa propre mère malade. Et aujourd'hui, Bellmont aussi se couchait tous les soirs perclus de douleurs après avoir passé la journée à trimer pour son beau-père. Ce jour-là, il avait posé les piquets de clôture destinés à un nouvel enclos. Et le mépris de Carol ne faisait qu'accentuer la souffrance physique. « Si on vendait ta bagnole, on pourrait miser sur quelques combats au bar et se refaire suffisamment pour tenir encore quelques semaines, non ? » suggéra-t-il.

Le rose monta aux joues de Carol, qui s'écria : « Faudrait que je renonce à mon Iroc ? C'est ça, ta solution ? Et après, hein ? On vendra les fringues qu'on a sur le dos, les godasses que t'as aux pieds ? Tu préfères attendre qu'il meure de sa belle mort ? Qu'il tombe d'un coup, comme ça ? Ben mon grand, c'est pas près d'arriver ! »

Bellmont passa une main dans sa tignasse desséchée couleur de rouille. Il savait que Carol avait raison, qu'ils ne pouvaient pas continuer comme ça, à tirer le diable par la queue en essayant vainement de s'en sortir. À bouffer les restes qu'elle rapportait du Jocko le soir, arrosés de Budweiser pour lui ou de Pabst pour elle. « On doit d'abord s'assurer qu'y a pas d'autre solution, répliqua-t-il. On parle d'un meurtre, là, merde ! »

Carol se raidit, arrachant des protestations à son dos courbatu. Levant les yeux au ciel, elle lança : « Et nous, alors, qu'est-ce qu'on devient ? Ça compte pas, pour toi ? »

Des failles s'ouvrirent sur le front de Bellmont. « Bien sûr que si, ma puce. Mais je voudrais juste qu'on puisse avoir une vie ensemble, pas que tu viennes me voir au parloir le week-end… »

Une goutte de sueur dégoulina de la chevelure terne de Carol, lui tomba dans l'œil qu'elle fixait sur le plat du jour de chez Jocko : steak-purée en sauce blanche, pain beurré rassis, légumes verts ou maïs. Elle cilla pour la chasser, et sentit ses lèvres se tortiller comme des vers, agacées par le goût acide dans sa bouche. « Me traite pas comme un bébé, OK ? C'est toi qui as eu l'idée de monter ce truc inspiré par tout le folklore de ton père. Et c'est toi qui remets à plus tard depuis des mois. »

Isaiah McGill, le père de Bellmont, avait abreuvé d'histoires l'esprit de son fils adolescent — des histoires de maquignons, de voyants, de bootleggers, de gitans, de boxeurs et de lutteurs qui se réunissaient une fois par an dans l'Irlande du dix-huitième siècle pour écluser des chopes de whiskey, jusqu'au moment où la joyeuse animation se transformait en bagarre générale, où les coups et les blessures s'échangeaient allègrement, donnant naissance à la légende du Donnybrook.

Bellmont rêvait de recréer le Donnybrook au fin fond du sud de l'Indiana. D'exploiter à son profit la terre, la roche et les arbres sur la propriété de son beau-père. De bâtir son projet lui-même, en misant sur le bouche à oreille. Il ressusciterait les histoires de son père. Sauf que l'événement ne se déroulerait pas sur une journée : ce serait un tournoi annuel de trois jours, réunissant fermiers, pêcheurs, ouvriers et chasseurs. Il se tiendrait là même où les travailleurs avaient encore une prise sur la vraie vie. La ferme offrait tout le potentiel nécessaire : de l'espace pour aménager plusieurs arènes de combat, des granges pour servir de dortoirs et de salles d'entraînement. Surtout, elle était isolée. Le problème, c'est qu'elle ne leur appartenait pas.

« Je peux pas juste me pointer là-bas et lui tordre le cou comme ça, ma puce, se défendit-il. Faut que ça ait l'air d'un accident. »

Les récits folkloriques de son mari nourrissaient sans relâche l'imagination de Carol depuis la première fois qu'il lui en avait parlé, lui donnant l'espoir d'une existence plus facile, où ils ne seraient pas obligés de batailler pour survivre. Alors, lorsque Bellmont, pris d'une soudaine envie de pisser, s'éloigna dans le couloir en direction de la salle de bains, il eut la surprise d'entendre un bruit de pas précipités derrière lui. Il se retourna, pour découvrir sa femme fonçant sur lui telle une tigresse. Cette vision stoppa net le cours de ses pensées. Déjà, les ongles de Carol griffaient ses joues râpeuses. Labouraient furieusement sa chair. Il perdit l'équilibre et, avant même d'avoir compris ce qu'il lui arrivait, sentit son crâner heurter le parquet. Quand Carol s'assit à califourchon sur lui, il hoqueta : « Mais enfin, qu'est-ce que t'as dans la caboche ? »

Les rêves qui enfiévraient l'esprit de Carol se transformèrent en larmes qui ruisselèrent sur ses joues et s'accumulèrent à la commissure de ses lèvres. « J'en ai marre, plus que marre de m'escrimer pour joindre les deux bouts alors que ce vieux salopard nous juge comme si on passait nos journées à faire la manche, sanglota-t-elle. T'avais promis, t'entends ? T'avais promis ! »

Un son sifflant s'échappa de la gorge de Bellmont, qui cherchait son souffle. Il attrapa d'une main le menton de Carol, contempla son visage tremblant et son regard chargé de désespoir, et de l'autre immobilisa ses doigts déchaînés. « Ça va aller, ma puce, ça va aller. »

Une seule chose pouvait la calmer quand elle était dans tous ses états. Elle libéra un de ses bras, se souleva légèrement, puis baissa la fermeture Éclair de son jean.

Alors qu'il essayait de se dégager, Bellmont lui cogna la tête contre le mur derrière elle. « Merde ! » s'écria-t-elle en se redressant. Elle se frotta le crâne, les yeux barbouillés de mascara. « Va te faire foutre ! » lança-t-elle encore sans lui laisser le loisir de s'excuser.

Assis par terre dans le couloir, il la vit se ruer vers la cuisine et saisir ses clés de voiture. « Je peux plus continuer comme ça ! lui assena-t-elle. Je te préviens, c'est ce soir ou jamais ! »

Il se releva en la regardant s'éloigner, conscient cette fois qu'il n'avait plus la possibilité de différer leur projet. Il entendit la porte claquer, le V8 de l'Iroc-Z rugir, les pneus projeter du gravier contre les murs de la cabane. Il savait où elle allait, et aussi qu'elle avait besoin de temps pour se calmer ; ce qu'il ne savait pas, en revanche, c'était ce qu'il allait devoir lui-même affronter sur le territoire inconnu où il s'apprêtait à pénétrer.

Les coups durs s'étaient accumulés au fil des mois. Bellmont et Carol envisageaient d'avoir un enfant quand il avait perdu son boulot, puis, un mois après qu'ils s'étaient tous deux installés à la ferme, Carol avait trouvé sa mère, Aggie, étendue par terre, sans vie, dans la salle de bains. Une violente quinte de toux, due à ses trois paquets de cigarettes quotidiens, lui avait fait perdre l'équilibre. Elle était partie à la renverse, et l'arrière de son crâne avait heurté la porcelaine des toilettes.

Le père de Carol, Jonathan, était un ivrogne mauvais comme la gale qui avait pris l'habitude de rabaisser sa fille depuis qu'elle s'était fait arrêter pour conduite en état d'ivresse. Il la traitait de petite pute trop gâtée parce qu'elle traînait toujours au bar avec les gens du coin, et qu'elle avait embouti quelques voitures. Même si elle s'était assagie quand elle avait rencontré puis épousé Bellmont, il ne lui avait jamais témoigné le moindre respect.

Avant sa chute fatale, Aggie avait eu une discussion avec sa fille et son gendre au sujet de ses dispositions testamentaires : la ferme appartenait à sa propre famille, pas à celle de son mari, leur avait-elle confié. Quand elle-même et Jonathan ne seraient plus, tout leur reviendrait.

Depuis la mort de sa mère, Carol y pensait souvent, surtout après que Bellmont lui avait parlé du Donnybrook. De la façon dont il comptait lancer l'affaire, des fonds dont il avait besoin, du site où il voulait l'implanter — la ferme et les bois environnants. C'était un projet que son père ne soutiendrait jamais, elle le savait. Quant à Bellmont, malgré toutes ses belles idées, il renâclait, tentait encore de gagner du temps, retardant d'autant leurs chances de mener une existence meilleure.

Elle inséra l'Iroc entre deux vieilles Ford garées sur le parking de la Leavenworth Tavern, et coupa le moteur en songeant que pour rien au monde elle n'accepterait de vendre cette voiture. Il allait falloir que Bellmont agisse ce soir, dût-elle faire elle-même le nœud coulant. Mais d'abord, elle avait besoin d'avaler un truc corsé pour se calmer pendant qu'elle regarderait un combat.

Elle s'engagea sur le parking gravillonné, puis contourna le bar. Chasseurs de ratons laveurs, fermiers et junkies étaient rassemblés à l'arrière de l'établissement, autour d'une fosse de quatre mètres cinquante de long sur quatre mètres cinquante de large. Tout en vidant bières et bourbon, ils négociaient et échangeaient des billets avec un homme qui avait un crayon derrière l'oreille et un calepin à la main. Cheveux gominés à la Ricky Ricardo. Lunettes à monture noire perchées sur un nez en forme de piment habanero, sillonné de petites veines éclatées. Il se faisait appeler Hemple. Il prenait les paris sur les matchs de boxe à mains nues qui avaient lieu tous les vendredis soir. C'était là, entre autres, que Carol et Bellmont comptaient recruter les invaincus, le sang neuf. Ils les chercheraient dans tous les rades perdus en pleine cambrousse, où les billets froissés passaient de main en main, où les spectateurs misaient sur des poings entrechoquant des os jusqu'à la victoire de l'un ou de l'autre des adversaires.

Ainsi, ils constitueraient une petite écurie de combattants, à qui ils offriraient un endroit où loger et où s'entraîner, en plus de les nourrir et de les emmener sur les sites des combats. Chaque victoire remportée permettrait d'augmenter la valeur des prix qui leur seraient attribués, et de doper les paris. La première année, ils se chargeraient de faire connaître leurs pugilistes, et de promouvoir le Donnybrook.

Hemple gratifia Carol d'un hochement de tête en guise de salut, puis demanda de sa voix de woofer déglingué :

« Bellmont est pas là ?

— Non, il est resté à la ferme. Il est vanné, il a planté des piquets toute la journée.

— T'as envie de parier sur le prochain combat ?

— C'est qui, le favori ?

— Ali Squares. »

Un pugiliste invaincu jusque-là.

« Et il affronte qui ?

— Un certain Angus. Cinq combats, cinq victoires.

— Où il est ?

— Là-bas, avec le Black. »

Il lui montra un type de couleur en maillot aux manches coupées qui, une serviette jetée sur l'épaule droite, parlait à l'oreille d'un Blanc respirant la confiance en lui. Carol nota les épaules pâles, les muscles saillants du torse, du ventre et des bras sous le tissu qui les couvraient. Ainsi, c'était lui, le nouveau superchampion : Angus la Tronçonneuse.

Elle reporta son attention sur Hemple et interrogea :

« Qu'est-ce qu'il a donné, dans l'arène ?

— Ses cinq adversaires, il les a étalés raides. Y sont même plus capables de réciter l'alphabet. »

Carol esquissa un sourire à la pensée des perspectives que leur ouvrirait la disparition prématurée de son père. Elle sortit de sa poche une liasse de billets crasseux de un et cinq dollars — ses pourboires —, avec une seule envie : humecter son gosier desséché, oublier pour un temps la culpabilité engendrée par le projet qu'elle avait formé avec Bellmont et dont il retardait sans cesse l'exécution. Mais elle n'avait pas assez pour parier et boire un coup.

Tant pis, je vais me démerder pour qu'un de ces connards en rut me paie un verre, pensa-t-elle avant de tendre l'argent à Hemple.

« Tout sur ce Angus. »

À côté d'elle, une voix lança : « La petite fille mise bien gros ! »

Elle tourna la tête, pour découvrir la silhouette hideuse de Mule Furgison. Il était chargé de ramener à la raison les fauteurs de troubles. Un mètre quatre-vingt-quinze, cent vingt-cinq kilos. Un mastodonte taillé dans du pin massif. Cheveux blonds gominés, un œil vert et l'autre brun. Ses gants de boxe pendaient au niveau de sa taille, et sa main droite reposait sur la matraque ASP accrochée à sa ceinture, qu'il sortirait en cas de nécessité, ou juste pour faire mal.

Carol laissa courir un index aguicheur sur le T-shirt bleu marine qui moulait le torse en barrique de Furgison, et minauda : « La petite fille serait pas contre un verre pour pouvoir supporter tout ce sang qui va couler. »

Au couchant, Bellmont se rendit chez son beau-père et toqua à la porte-moustiquaire branlante. Prit une profonde inspiration, sachant que l'élimination pure et simple de ce vieux tyran était la condition pour accéder à une vie meilleure avec Carole. Cette pensée ne lui facilitait cependant pas les choses.

Une voix bourrue à l'intérieur brailla : « Ouais, j'suis en bas ! »

Bellmont traversa la cuisine jusqu'à la porte du sous-sol. Il se sentait à deux doigts de perdre tous ses moyens.

Ses joues griffées par Carol avaient enflé. Quand il le vit déboucher de l'escalier, Jonathan s'esclaffa bruyamment. « Putain, mais qu'est-ce que t'as foutu ? »

Comme tous les soirs, il s'était installé sur sa chaise de prédilection en hickory, sous les poutres grisâtres auxquelles étaient fixés plusieurs crochets rouillés. Il y pendait les cerfs qu'il avait tués pour les laisser se vider de leur sang, avant de les écorcher et de les découper près de la table devant laquelle il était assis. Il était toujours vêtu de la salopette et du T-shirt blanc dont le col et les dessous de bras s'auréolaient de taches après cinq jours de boulot au grand air.

« Carol et moi, on s'est disputés, répondit Bellmont en effleurant une des boursouflures sur son visage.

— Je parie qu'elle t'a montré qui porte la culotte dans cette famille. »

Bellmont se tuait à la tâche pour son beau-père depuis qu'ils avaient emménagé à la ferme. En retour, ce vieux salopard se débrouillait toujours pour appuyer là où ça faisait mal. Carol avait raison, personne ne le pleurerait.

« Elle a piqué une crise, c'est tout. »

Jonathan saisit le verre rempli d'un liquide houblonné, posé devant lui près de huit bouteilles brunes vides. L'inclina vers ses lèvres. Le finit. Tendit la main vers une vieille glacière d'un rouge passé, souleva le couvercle. Pêcha une nouvelle bouteille dans la glace au fond et la plaça sur la table. Un petit sourire suffisant aux lèvres, il demanda : « T'en veux une aussi ? Tu crois que Carol aurait queq' chose contre ? »

Bellmont sortit ses clés de sa poche. Caressa le

décapsuleur Falls City. « C'est pas mon patron. Allez, sortez-m'en une de votre glacière rose. »

Jonathan hésita un instant, puis attrapa une autre bière dans la glacière et l'expédia à son gendre en rétorquant : « P'têt bien que ma glacière est rose, mais moi je suis pas homme à me laisser botter le cul par une gonzesse. »

Alors qu'il ouvrait la bouteille, Bellmont fut tenté de l'écraser sur la tignasse couleur feuilles mortes de son beau-père. Il y renonça cependant, conscient qu'il valait mieux éviter toute trace de lutte s'il voulait faire croire que Jonathan s'était donné la mort. « Elle m'a pas botté le cul », marmonna-t-il.

Son beau-père décapsula sa bière à son tour. Remplit encore une fois son verre. « Ce genre de conneries, ma femme Aggie s'y est essayée qu'une fois. Un soir, elle avait mis de l'eau à chauffer pour le thé quand je suis rentré après avoir payé la caution de Carol, qui avait encore été arrêtée bourrée au volant. Elle a rien trouvé de mieux à faire que de m'insulter parce que j'avais traité ma fille de garce. Alors je lui ai crié : "Va pas t'imaginer que je peux pas te coller une rouste !" Là-dessus, elle m'a balancé cette casserole d'eau bouillante en pleine gueule. C'est tout juste si la peau s'est pas détachée de l'os. Je lui ai réexpédié la casserole, qui lui a ouvert le menton. Après, elle m'a plus jamais dit un mot de travers, cette peau de vache.

— Vous auriez peut-être pas dû dire ça de la chair de votre chair…

— Aggie voulait rien savoir. Cette petite salope se

trimbalait avec une fausse carte d'identité bien avant d'être majeure, juste pour pouvoir traîner dans les bars et faire les yeux doux à tous ceux qui avaient une ardoise.

— Hé, doucement, Jonathan ! C'est de ma femme que vous parlez.

— Bah, avant de te connaître, mon gars, c'était une vraie pro du cintre. J'imagine même pas combien de vies naissantes elle a étouffé dans l'œuf. »

La colère bloqua les articulations de Bellmont comme de l'arthrite.

« Je vous le répéterai pas, Jon : c'est pas des façons de parler de votre fille !

— Cause toujours, mon gars ! Aggie l'a pourrie, c'est tout. Cette gamine, elle pensait qu'à claquer son fric en fringues et en coups à boire. Et après, bien sûr, fallait qu'on lui en redonne. »

Bellmont alla se camper derrière Jonathan en se demandant combien de fois il avait aidé ce vieux débris à éviscérer et à dépecer le gibier. Il contempla l'étagère sur laquelle s'alignaient rouleaux de ficelle, cordes en nylon et tout un assortiment de couteaux, de pinces et de scies. Puis leva les yeux vers le crochet juste au-dessus de la tête de son beau-père. Quand on tue un animal, songea-t-il, c'est pour survivre. Pour manger. Il regarda Jonathan finir sa bière. En sortir encore une autre, qu'il but cette fois directement au goulot.

« Carol et moi, on va monter une affaire, annonça Bellmont.

— Tiens donc ! Et avec quoi ? Vous deux, vous êtes aussi fauchés qu'une pute de bas étage ! »

Ayant troqué sa bière contre une corde en nylon, Bellmont fit un nœud coulant au bout. « En fait, on comptait profiter de vos terres. »

Jonathan faillit recracher sa bière par le nez. « Qu'est-ce que tu racontes ? »

La corde brûlait les mains de Bellmont, qui se répéta encore une fois qu'il n'avait pas d'autre solution pour assurer leur survie. Son beau-père se tournait vers lui quand il lui passa prestement le nœud autour du cou. Le temps de lancer l'autre extrémité par-dessus le crochet rouillé au-dessus d'eux, et il le souleva de sa chaise en disant : « Vous avez d'jà entendu parler du Donnybrook ? »

Ali feinta à droite. Angus se jeta sur sa gauche. Le direct d'Ali porta. Angus lui martela les avant-bras à coups de poing. S'acharna sur les cicatrices enflées au-dessus de ses paupières. Lui explosa les oreilles à coups de crochets rapides, gauche-droite.

Autour de la fosse, hommes et femmes s'égosillaient. Bière et whiskey giclaient.

Après le troisième round, Ali, hors d'haleine, recula. Angus attaqua cette fois d'un coin de l'arène. Se concentra sur les côtes, frappant comme un sourd, affaiblissant l'adversaire. Ali baissa les bras pour essayer de se protéger le torse. Angus lui colora le dessous de la mâchoire. Le fit cracher du rouge.

« Bouge-toi le cul, merde ! » s'écria le corner-man d'Ali.

Celui-ci tituba, des filets pourpres dégoulinant de ses lèvres. Angus doubla la cadence, frappant juste au-dessus du nombril, visant le point stratégique. Ali s'effondra, et Angus se déchaîna. Logea son tibia droit sur la gorge de son adversaire à terre, lui tordit le bras gauche sur son genou gauche et appuya de tout son poids jusqu'à sentir le poignet se briser. Certain de la victoire, il sourit en entendant les cris de soumission poussés par Ali.

Une pluie de huées et d'acclamations se déversa sur les pugilistes.

« Peuh, c'était même pas un combat », conclut Carol en comptant la pile de billets usés. Deux mille cinq cents dollars. Ce serait peut-être suffisant pour convaincre Bellmont de se secouer un peu et de faire avancer les choses. Voire, de recruter Angus. Il pourrait devenir leur premier poulain, pourquoi pas ? Au moment où cette pensée lui traversait l'esprit, une grosse paluche se referma sur son épaule. Mule Furgison l'attira à lui tout en grattant l'impressionnant renflement au niveau de son entrejambe. « Tu me dois quelques verres, ma belle. » Carol se dégagea. « Je crois pas, non », répliqua-t-elle en se dirigeant vers le parking pour récupérer son Iroc. « Hé, où tu vas comme ça ? » brailla-t-il encore. Mais elle l'ignora.

Les battements de cœur affolés de Jonathan lui ébranlaient les tempes. Il sentait la corde effilochée lui cisailler le cou. Jambes pliées, Bellmont tirait toujours, faisant contrepoids de toute sa masse.

« Espèce de… », hoqueta Jonathan. Le nœud coulant bloqua le passage de l'air dans sa gorge. Ses doigts tentèrent en vain de se glisser entre le nylon et sa peau. Son visage avait viré au rouge betterave, le blanc de ses yeux s'étoilait de minuscules vaisseaux roses. Sous le denim, ses jambes se tendirent, raides comme des bouts de bois. En nage, Bellmont s'escrimait à attacher la corde à la poutre bordant les rayonnages de contreplaqué. Enfin, il se redressa, encore tremblant, et alla se poster devant son beau-père. Renversa d'un coup de pied la chaise en hickory. Jonathan avait déjà les yeux révulsés.

Depuis plus d'un an, Carole et lui assistaient régulièrement aux jeux guerriers du vendredi soir derrière la Leavenworth Tavern. Ils voyaient les ardoises se remplir de paris, l'alcool couler à flots, la came s'envoler en fumée. Les hommes et les femmes rassemblés autour du trou dans la terre comme des bâtards attirés par l'odeur du sang.

Poussé par le désespoir, Bellmont avait eu l'idée d'une entreprise plus lucrative que ces bagarres hebdomadaires. Avec en tête l'image de tous les billets qui changeaient de main dans ces moments-là, il avait parlé à Carol des histoires que lui racontait autrefois son père, et de son projet pour sortir de la mouise dans laquelle ils pataugeaient. Quand ils lanceraient le Donnybrook, ils pourraient faire payer soixante à cent dollars pour trois jours de spectacle. Mais il fallait compter avec les cinq cents dollars que demandait un combattant ; sans parler de ce qu'il réclamerait pour parier lui-même, boire et s'octroyer comme pactole en cas de victoire. Alors il s'était dit que si certains voulaient vendre de la drogue, il accepterait moyennant une commission. Et l'événement serait reconduit d'année en année, parce qu'ils auraient enfin un endroit où l'organiser.

Des phares éclairèrent soudain la fenêtre de la cave, projetant des ombres sur le corps de Jonathan. Il pendait à la poutre comme un torchon mouillé accroché à une corde à linge. Une auréole sombre était déjà apparue sur le devant de sa salopette élimée, et une flaque s'était formée sur le sol en galets de rivière. L'odeur des fèces qui empuantissait l'air attestait sa fin.

Une portière claqua. Quelques instants plus tard, la porte-moustiquaire à l'étage grinça, et la voix de Carol s'éleva : « Bellmont ? T'es là ?

— En bas ! »

Des pas précipités firent craquer le parquet. La porte de la cave s'ouvrit, et Carol dévala les marches. Quand Bellmont se retourna, les genoux de Jonathan lui heurtèrent les épaules. Un sourire grimaçant aux lèvres, il lâcha : « Ce vieux débris a vidé sa vessie, mais sa poitrine se soulève encore. »

Le souffle coupé, Carol regarda son père suspendu à la poutre couverte de toiles d'araignée comme du tabac fraîchement coupé. « Je me demandais où t'étais, dit-elle. Je suis d'abord passée à la cabane, et j'ai vu de la lumière dans la cave, par la fenêtre. » Elle essuya une larme en se rendant compte que Bellmont s'était enfin décidé, et que Jonathan n'en avait plus pour longtemps. « Ce salaud a toujours été plus solide que de la fonte. Tu crois que ça y est, c'est fini ?

— Comment tu veux que je le sache ? J'avais encore jamais suicidé personne, moi !

— Tu devineras jamais sur qui je suis tombée, ce soir.

— Vas-y, crache.

— Une montagne de chair baptisée Angus, qui a filé à Ali son laissez-passer pour la maison de retraite.

— Sans déc... »

Par la fenêtre de la cave, ils entendirent un moteur approcher et virent d'autres phares balayer la vitre. Des pneus firent crisser le gravier. Une portière s'ouvrit, et une voix masculine rugit : « Où tu t'es planquée, Carol McGill ? »

Bellmont regarda sa femme.

« C'est qui, ce con ?

— Ben, on dirait Mule Furgison.

— Qu'est-ce qu'il fout ici ?

— Il m'a payé un verre au bar. »

Le visage en feu, Bellmont rétorqua : « Tiens donc ! Tu sais ce que je faisais moi, pendant ce temps, pour qu'on puisse changer de vie ? »

À l'étage, la porte-moustiquaire de la cuisine grinça.

Carol le fixa de ses yeux rougis. « Je m'en occupe », décréta-t-elle. Elle s'élança dans l'escalier avant que Bellmont puisse l'arrêter.

« Hé ! Où tu te crois, Mule ? s'écria-t-elle dans la cuisine.

— Si tu t'imagines que tu peux m'allumer comme ça et te tirer après, tu vas avoir une drôle de surprise, ma belle !

— Ôte tes sales pattes ! Mon mari est là, en bas. »

Bellmont distingua des piétinements au-dessus de lui. Puis le raclement des pieds de la table sur le linoléum. « Arrête, Mule ! » hurla Carol. Une gifle sonore la fit taire et la renversa sur la table.

Cette fois, Bellmont se précipita dans l'escalier. Découvrit la silhouette gigantesque de Mule Furgison debout devant Carol à moitié sonnée, allongée sur le plateau comme un morceau de viande sur un billot, les jambes dans le vide.

« Putain de dégénéré ! Éloigne-toi de ma femme ! »

Furgison pivota, pour prendre en pleine figure deux poings furieux. Stupéfait, il recula. Sa main droite tâtonna à la recherche de l'étui sur sa hanche, l'ouvrit, dégagea la matraque. Il se rua sur Bellmont et lui abattit le bâton sur le nez, pulvérisant le cartilage. Bellmont sentit ses jambes se dérober. Il tomba sur un genou, lécha le sang qui lui coulait sur les lèvres et s'écria : « ' chier ! »

Reprenant ses esprits après le coup qui lui avait enflammé la joue, Carol se redressa d'un bond, passa les bras autour du cou épais de Mule, noua les jambes autour de son torse en barrique, enfonça les doigts dans ses tresses et tira de toutes ses forces. Il grogna, et, alors qu'il levait vers elle sa main libre, elle lui enfonça ses dents dans la nuque.

Il se débarrassa de la matraque pour refermer ses deux mains sur elle. En un éclair, Bellmont ramassa le bâton. L'expédia dans le tibia de Furgison. Lui explosa le genou. Le colosse tituba, et Carol, relâchant son étreinte d'anaconda, chuta sur la table en crachant cheveux et bouts de peau.

Bellmont continuait de s'acharner sur Furgison, abattant sans relâche la matraque sur son torse, sur ses cuisses de grizzly, jusqu'au moment où il le fit tomber à genoux. La figure en sang, il gronda : « Celui qui serait tenté de se payer ma femme aurait tout intérêt à y réfléchir à deux fois ! » Il ponctua ces mots d'un coup sur le crâne qui transforma Furgison en grosse boule de pâte. Il s'apprêtait à frapper de nouveau quand Carol se précipita vers lui en criant : « Non, faut pas le tuer ! » Elle prit son mari à bras-le-corps tandis qu'il contemplait le visage tuméfié de la brute à terre, qui se nuançait déjà de violet et de rouille.

À l'instant où Carol le forçait à tourner la tête vers elle, puis écrasait ses lèvres sur les siennes et sentait leurs muscles tressaillir de concert, elle fut brusquement submergée par un flot de désir. Elle déboucla la ceinture du pantalon de Bellmont, le baissa. Se débarrassa de ses chaussures, puis de son propre pantalon. Son mari, qui tenait toujours la matraque dans sa main droite, lui arracha sa culotte de la gauche, sans quitter des yeux un seul instant Mule Furgison couché sur le flanc, dont les côtes se soulevaient et s'abaissaient lentement. Carol le plaqua contre le mur de la cuisine, lui enveloppa la taille de ses jambes et colla son bassin au sien, lui imprimant le rythme de l'amour brut, sauvage, qui déferlait en elle.

Après, essoufflés et luisants de sueur, ils considérèrent Furgison, qui gisait tel un arbre déraciné et débité en tronçons, le nez et les lèvres réduits à une pulpe sanguinolente.

Enfin, Carol leva les yeux vers Bellmont pour demander : « Et maintenant ? »

Le silence dans le sous-sol était assourdissant. Il étouffait même les halètements mouillés de Furgison. Bellmont regarda ses mains, sa femme, et ensuite ce qui était désormais sa cuisine. « Je vais charger ce fumier dans son pick-up et le ramener chez lui, déclara-t-il. T'as qu'à me suivre, on reviendra ensemble. Après, on nettoiera le sang par terre.

— On l'achève pas ?

— Bah, je l'imagine mal faire autre chose pendant un bon bout de temps que raconter à tout le monde qu'il vaut mieux pas emmerder Bellmont McGill et sa femme.

— Et pour papa ?

— On n'a qu'à le laisser accroché en bas comme

une carcasse dans une chambre froide, histoire de s'assurer qu'il est bien mort. Il sera toujours temps d'appeler les flics demain matin.

— On repart de zéro, alors ? »

Bellmont lui caressa le ventre en pensant à l'enfant qu'ils voulaient tous les deux mais qu'ils n'avaient pas pu avoir. Puis, les lèvres contre les siennes, il murmura : « Ouais, ma puce, on repart de zéro. »

Les crimes du sud de l'Indiana

La désolation suintait des parois de la fosse de cinq mètres sur cinq, où les muscles de quatre pattes canines s'agitaient convulsivement sous le pelage souillé. Boono, un *treeing Walker* noir et fauve, se dressait à côté, les babines dégoulinant d'un liquide pourpre qui s'accumulait sur le corps de Ruby, le *mountain cur* doré à l'agonie. L'arbitre le déclara vainqueur.

Iris, qui se tenait à l'écart de l'arène chauffée par les projecteurs comme un rejeton bâtard affligé d'un pied bot et d'une tronche à la Elephant Man, s'efforçait de refouler ses larmes et sa morve. Autour de lui, des hommes au teint blafard, en salopette sur un T-shirt ou torse nu, comptaient les billets fripés destinés aux parieurs qui avaient misé sur Boono. D'autres, à la peau couleur tabac, vêtus de jeans qui leur tombaient sous les fesses, échangeaient des petits carrés de Cellophane contre le cash que leur tendaient des Blancs grisonnants dont les bras énormes s'ornaient de tatouages de collimateurs de visée, de drapeaux américains, de M16 et de filles à gros seins.

Mais Iris se sentait coupé de tout. Il était au trente-sixième dessous maintenant que son troisième chien, Ruby, avait été vaincu.

Il avait tout perdu. Sa femme. Sa morale. Et aujourd'hui ses chiens. Une main s'abattit soudain sur son épaule, aussi pesante que le regret. Le parler traînant de Chancellor Evans, typique du sud de l'Indiana, résonna à son oreille :

« Dites voir, m'sieur Iris… Semblerait bien qu'vous en soyez pour quinze mille sur ce coup-là. »

Sans se retourner, Iris répliqua : « Je les ai pas. »

Chancellor aboya de rire. « Ça, c'est quatre mots que j'aurais préféré pas entendre ! » Il demeura silencieux quelques instants tandis que retentissaient les cris d'excitation des hommes édentés aux joues bleuies qui éclusaient de la bière ou sniffaient la poudre cristalline qu'ils venaient d'acheter. Sachant qu'il avait affaire à un dresseur renommé de chiens à ratons laveurs, il lâcha : « Y a deux solutions, m'sieur Iris. Ou vous faites bosser mes chiens selon mes règles, le temps de me rembourser, ou… »

Il s'interrompit, attendant manifestement une réaction.

Iris finit par se retourner. Ses yeux voilés par la cataracte rencontrèrent ceux de Chancellor Evans, brillant d'un éclat farouche dans son visage blafard, piqueté d'une barbe naissante et surmonté de touffes de cheveux gras semblables à des villosités intestinales. Épaules de déménageur, biceps d'acier, torse moulé par un T-shirt d'un noir passé. Un Glock calibre 45 dépassait de sa ceinture. Chancellor était un vétéran de la guerre d'Afghanistan qui, depuis son retour, en voulait à son pays d'avoir déclenché un conflit auquel il n'avait pas su mettre un terme. Il vendait des armes dans le Kentucky, le Tennessee et l'Ohio. Se procurait de la meth pour son business familial — les combats de chiens de niveau moyen —, et, comme beaucoup avant lui, ambitionnait désormais de monter en gamme.

La colère couvait derrière les yeux d'Iris, sillonnés de minuscules vaisseaux rouges. Il ravala sa fierté pour demander : « Ou quoi ? »

Chancellor sourit. Ses prunelles d'un bleu métallique survolèrent le pistolet logé dans sa ceinture, puis revinrent se poser sur Iris en même temps qu'il portait la main à sa tempe, index et majeurs tendus, pouce dressé comme le chien d'une arme. « … ou un des Salvadoriens vous emmènera derrière la grange pour vous coller un pruneau dans le crâne. »

Lorsque son fournisseur attitré de meth avait découvert un jour son labo clandestin de Lickford Bridge Road parti en fumée, Chancellor avait dû s'adresser ailleurs. Or il avait entendu parler de ces types qui distribuaient des amphétamines de meilleure qualité dans les petites villes plus à l'est, le long de l'Ohio River. Il les avait contactés et avait conclu un arrangement avec eux : ils lui enverraient des gros bras pour assurer l'ordre pendant les combats et l'approvisionneraient en came destinée aux habitants des environs, employés à la centrale électrique ou dans les usines automobiles et les raffineries des comtés environnants. Des hommes et des femmes d'un certain âge, aux mains devenues calleuses à force de trimer pour survivre, et qui aspiraient au carnage. Les nouveaux associés de Chancellor appartenaient à la Mara Salvatrucha ; dans son esprit, les membres de leur gang, la MS-13, étaient des soldats au même titre que ses acolytes et lui, n'obéissant qu'à leurs propres lois grotesques. Et ils s'étaient mis d'accord.

Peur et désespoir faisaient trembler Iris, l'ébranlant jusqu'au plus profond de son être. Il aurait voulu tuer ce monstre dont il était maintenant le débiteur.

Il s'efforça néanmoins d'affermir sa voix pour déclarer : « Je sais que presque tous ici sont venus pour parier. Pour voir du sang. C'est ce que je leur ai donné. Je vais bosser pour rembourser ce que je vous dois. Mais comptez pas sur un sou de plus. »

Les lèvres de Chancellor s'étirèrent en un sourire suffisant. « Débarrassez-moi de ce clébard qu'est dans la fosse. Passez par-derrière, z'aurez qu'à le balancer dans le pick-up de Crazy avec les autres. » Iris se détourna, assailli par une brusque bouffée de chaleur. Ses chiens ne seraient même pas enterrés… Il se faufila parmi les silhouettes dans la pénombre. Marcha vers la fosse éclairée où le corps inerte de Ruby gisait telle l'incarnation fatale de ses erreurs, puis enjamba la paroi en bois éclaboussée par le sang des bêtes mortes. Déjà, d'autres billets froissés changeaient de mains en prévision du combat suivant.

Les clowns gothiques tatoués sur les épaules de Crazy se transformaient sur ses bras en cordes qui s'enroulaient autour de ses coudes. Des poignards dessinés à l'encre lui lacéraient les avant-bras et le dessous des poignets qu'on lui avait menottés dans le dos.

Crazy, de son vrai nom Felix Martinez, était employé le jour dans un abattoir de volailles, et exerçait la nuit différentes activités plus répréhensibles : voleur et dealer, il convoyait également au besoin des cadavres de chiens.

L'inspecteur Mitchell se tenait en face de lui dans la salle d'interrogatoire — yeux explosés, cheveux noir carbone en bataille, mâchoire assombrie par une barbe de plusieurs jours. Il avait fait des recherches sur les empreintes de Crazy, parcouru son casier. Découvert qu'il s'agissait d'un lieutenant de la MS-13, recherché dans d'autres États pour vol de voitures, infractions diverses et violences aggravées. En possession de faux papiers.

Pour l'heure, il était plus vautré qu'assis sur une chaise métallique. Son caleçon noir et blanc, imprimé de tibias et de têtes de mort, dépassait de son jean trop large tacheté de rouge.

Mitchell se pencha vers lui. « Un certain Iris, ça te dit quelque chose ? » Ses paroles résonnaient de façon étouffée dans la petite pièce de deux mètres cinquante sur deux mètres cinquante aux murs lambrissés et au sol recouvert de moquette.

Il enquêtait sur les dépouilles de chiens éparpillées autour de White Cloud, Indiana. Où une seule route de bitume gondolé conduisait à quelques cabanes de pêche disséminées sur les bords de la Blue River et à l'ancienne station-service désaffectée depuis les années 60 ou 70. Les chiens, jetés derrière la station, avaient été trouvés par un habitant du coin.

Ils avaient la gorge déchiquetée. Des mouches avaient élu domicile dans leurs oreilles et leurs narines, déposé leurs larves dans leurs yeux. L'odeur de décomposition était déjà insoutenable. Son intuition avait soufflé à Mitchell qu'il était sur la piste d'un réseau organisant des combats de chiens.

Il ne savait rien de précis sur ces rassemblements — juste qu'ils n'avaient pas lieu toutes les semaines. Alors il avait surveillé la station-service le week-end. Garé son vieux pick-up dans l'ombre des saules et attendu. Et puis, un dimanche matin, des phares avaient éclairé l'herbe humide de rosée. Une cigarette entre les lèvres, un café froid à la main, Mitchell avait vu un pick-up Nissan ralentir, puis reculer jusqu'à la station-service et s'arrêter.

Crazy en était descendu, en jean baggy et grosses tennis blanches, une casquette de base-ball enfoncée sur la tête, visière sur le côté. « Qu'est-ce qu'il vient foutre ici ? avait marmonné Mitchell. C'est pas le genre du coin, ce gars-là. »

Le gars en question avait baissé le hayon, puis déchargé du plateau plusieurs formes raidies qu'il avait expédiées sur la berge pierreuse jonchée de feuilles mortes. Mitchell avait dégainé avant de sortir de son véhicule.

Il reporta son attention sur Crazy qui, encore imprégné de la puanteur des bêtes crevées, fixait du regard la table blanc et doré devant lui comme s'il voulait la transpercer. « Nan, jamais entendu parler », répondit-il.

Les chiens dont Crazy s'était débarrassé avaient été marqués ; les lettres I P étaient tatouées à l'intérieur de leurs oreilles. Les initiales de leur propriétaire. Iris Perkins. Cet éleveur faisait figure de légende parmi les chasseurs de ratons laveurs du comté de Harrison. Le propre père de Mitchell chassait avec lui autrefois.

Ils auraient pu être volés à Perkins et revendus. Mais personne n'avait signalé leur disparition. « Ces chiens ont été tués par d'autres chiens, c'est évident, reprit Mitchell. Ce que je pense, c'est qu'ils ont participé à des combats. Mais on veut pas de ça ici, tu piges ? Chez nous, on les aime, nos putains de clebs. Alors je voudrais savoir qui dirige les opérations. » Crazy garda le silence.

« Bon, tes empreintes me disent que tu t'es procuré de faux papiers. T'as aussi un casier ouvert depuis longtemps, et à mon avis t'es pas prêt de sortir de taule. » Crazy ne cilla même pas. « Alors comme ça, t'appartiens au gang le plus dangereux du monde ? Ben, crois-moi, quand tu te retrouveras derrière les barreaux, ta gueule et ton cul vont comprendre ce que c'est, le danger. »

Crazy ne réagissait toujours pas.

« Bon, venons-en à ce sac bourré de billets que j'ai trouvé dans ton pick-up. » Cette fois, Crazy leva les yeux vers lui. Sachant qu'il avait réussi à capter son attention, Mitchell lâcha : « T'es foutu. »

Sur ce, il quitta le local. Laissant ses propos faire leur chemin dans la tête de Crazy. Il se dirigea vers la salle de repos pour se resservir un café. Passa dans une autre pièce, où il baissa le thermostat de la salle d'interrogatoire jusqu'à quatorze degrés. Qu'il se les gèle, ce con ! Compte tenu de ses origines, il n'avait sûrement pas l'habitude du froid.

Resté seul dans la salle, Crazy repensait à la façon dont tout avait commencé treize ans plus tôt au Salvador, où la misère et la faim rongeaient les entrailles de ses parents dans leur bicoque en bois flotté au toit de tôle, érigée sur un petit monticule. Là-bas, il ne rêvait que d'économiser suffisamment pour pouvoir émigrer aux États-Unis. Jusqu'au jour où il avait choisi une nouvelle famille, qui affichait son nom à l'encre verte parmi les tibias, les dagues et les larmes tatouant de la tête aux pieds le corps de ses représentants. Ses frères d'adoption et lui avaient sauté dans des trains en partance pour le Nord. Traversé le Rio Grande. Payé des passeurs, six ans plus tôt, pour leur amener dans le Midwest, à Angel — leur leader — et à lui, dix autres membres. Ils avaient un objectif : élargir leur influence aux petites villes de bouseux. Trouver le même genre de boulot que les autres immigrants pour mieux se fondre dans la masse. Recruter en sous-main pour la MS. Établir des circuits pour faire circuler came et humains.

Aujourd'hui, il était le bras droit d'Angel, lui-même chef de cette famille. Mais cette vie de voleur, de contrebandier et de meurtrier avait commencé à lui peser, car il se savait condamné, tôt ou tard, à n'être qu'un mort de plus dans les statistiques de la police. Alors il avait décidé de prélever son dû sur l'argent de la dope que sa bande se procurait auprès d'un autre gang de la MS l'apportant par bateau sur l'Ohio River, puis revendait à travers tout l'Indiana, le Kentucky et l'Ohio. Une fois qu'ils avaient reçu leur part du gâteau, ses potes et lui s'en servaient pour reconstituer leurs stocks — parfois, des briques d'herbe sous Cellophane, parfois de la meth. Crazy chargeait la came dans une bagnole, et, au besoin, une autre faisait diversion pour déjouer la surveillance éventuelle des agents de l'environnement ou des flics d'État et du comté. Ensuite, ils coupaient et reconditionnaient la marchandise pour la distribuer aux habitants des comtés voisins. Crazy envisageait de prendre la fuite avec le magot qu'il avait détourné, de disparaître de la circulation et d'entamer ailleurs une existence sans violence.

Récemment, Angel avait formé une alliance avec

un trafiquant d'armes local qui donnait aussi dans les combats de chiens, pensant ainsi toucher les zones les plus reculées de la région. Le bouseux en question, un certain Chancellor Evans, organisait tous les deux mois environ des rassemblements qui attiraient autant les natifs du coin que les étrangers de passage. Son fournisseur de came attitré avait coulé après qu'une malencontreuse étincelle eut réduit en cendres son labo de meth ; du moins, c'était ce que croyait le type. En réalité, Angel et Crazy, ayant appris où se trouvait le local, y avaient mis le feu afin de pouvoir élargir leur territoire. Outre la came, leur concurrent se chargeait aussi de recruter des gros bras pour faire le service d'ordre pendant les combats. Le marché proposé par Chancellor Evans était simple : Vous apportez la marchandise, vous touchez trente pour cent des gains. Angel avait accepté. Crazy avait été désigné pour se débarrasser des chiens vaincus — une mission dont il s'acquittait d'ordinaire sans se poser de questions, sauf que ce matin-là il avait prévu ensuite de filer avec le fric qu'il avait amassé au fil des mois dans le compartiment de la roue de secours derrière le siège. C'est pour cette raison qu'il avait laissé le sac en vue dans son pick-up — parce qu'il pensait quitter définitivement le territoire —, mais il avait fallu que ce foutu flic surgisse de nulle part.

Il lui semblait qu'il était assis dans cette salle depuis des heures. Transi, les articulations douloureuses, il n'avait qu'une envie : se tirer de là.

Enfin, l'inspecteur Mitchell reparut, une tasse de

café à la main. « Ah, ça réchauffe », dit-il après y avoir trempé les lèvres.

Saisi de frissons, Crazy se redressa sur sa chaise.

Mitchell l'examinait en repensant aux chiens : un doré, un brun, un noir corbeau. Réduits à des amas de poils couverts de morsures et de griffures. Nuques brisées, babines sanguinolentes, crocs limés en pointe. Pattes cassées et tordues.

Crazy, toujours silencieux, prit une profonde inspiration puis relâcha son souffle.

Tout en avalant une nouvelle gorgée de café, Mitchell regarda les cicatrices du jeune Salvadorien, typiques de blessures à l'arme blanche. Et ses yeux, dont les profondeurs insondables recelaient une sauvagerie sans bornes. Crazy ne jouait pas au dur ; c'était un dur. Mitchell aurait donné cher pour pouvoir pénétrer dans sa tête et découvrir quels arguments étaient susceptibles de le faire fléchir. De toute évidence, les chiens ne donneraient rien. Il songea à la façon dont Crazy avait réagi quand il avait mentionné l'argent. « Tout ce fric perdu, quand même, c'est dommage pour toi, hein ? Tu veux que je te dise ce qu'on va en faire ? Vingt pour cent vont automatiquement à l'oncle Sam. Le reste, c'est pour les flics. Grâce à toi, on pourra s'acheter de nouveaux équipements. »

Crazy sentit ses yeux le brûler à l'idée de tout ce qu'il avait dû faire pour amasser cette petite fortune. Du temps qu'il avait consacré à cette entreprise, des risques qu'il avait courus.

« Fumier. »

Un sourire se dessina sur les lèvres de Mitchell. « Non seulement j'ai mis la main sur ton magot, mais j'ai aussi ton numéro d'immatriculation, je sais où tu bosses et où tu roupilles.

— Il est à moi, ce fric. »

Mitchell revit le sac posé sur le siège du Nissan, à côté d'un autre contenant des vêtements, du déodorant et du savon. Le réservoir d'essence était presque plein. Crazy s'apprêtait-il à trahir ses comparses ? À prendre la tangente avec la recette ? Rien n'était moins sûr. Il résolut néanmoins de jouer cette carte. « Moi, je dirais que c'est plutôt celui de ton gang. »

Furieux, Crazy répéta : « C'est mon fric.

— Qu'est-ce qu'il représente pour toi ?

— Hein ?

— Jusqu'où tu serais prêt à aller pour le garder ? Entre nous, je pourrais faire passer le mot à tes potes, leur raconter que t'as voulu les doubler, et après te relâcher. Je serais curieux de savoir combien de temps tu tiendras. »

Le froid qui s'était insinué dans les os de Crazy sapait ses forces. Il n'avait plus peur d'Angel, à présent, même s'il était certain que ce dernier n'aurait de cesse de le traquer, mais il avait risqué sa vie pendant une année entière pour se constituer un magot, et ce porc de flic lui mettait la pression.

« Donne-moi des noms, Felix. Des lieux. Peut-être qu'on trouvera un arrangement. »

Un arrangement avec les flics, songea Crazy, ça

signifiait balancer Chancellor Evans, à qui il avait fauché une partie de ses gains. Le reste, il l'avait volé à la MS. Au cas où l'un ou l'autre apprendrait qu'il les avait balancés, il ne donnait pas cher de sa peau ; il était acculé au bord d'un précipice sans fond.

« Si je parle, je suis mort. »

Conscient de l'avoir coincé, Mitchell répliqua :

« Renonce à tes droits, sers-moi d'indic, obtiens-moi ce que je veux et je t'offre des garanties.

— Quel genre ?

— Protection fédérale. Nouvelle identité, nouveau job, nouvelle adresse dans un autre État. Mais pour ça, faut que tu déballes tout.

— Et pour le fric ? » demanda Crazy, conscient que c'était peut-être sa seule chance de salut.

Mitchell n'avait pas encore présenté le sac comme pièce à conviction ; pour le moment, il pouvait en disposer à sa convenance. « Je verrai ce que je peux faire. »

Et Crazy d'expliquer : « Le comté d'Orange. C'est là qu'on opère : mes potes et moi, on fournit la came pour les combats de chiens et on fait le service d'ordre. Après, c'est moi qui vais bazarder les clébards crevés. »

Un déclic se produisit dans l'esprit de Mitchell quand Crazy prononça le mot « came ».

« C'est de là qu'il provient, ton fric ? De la came ?

— Ouais.

— Ces combats, qui les organise ?

— Un type qui se fait appeler Evans.

— Chancellor Evans ? »

Crazy pinça les lèvres, avant de répondre : « Ouais, c'est ça. »

Chancellor Evans était issu d'une longue lignée de culs-terreux qui s'étaient fait une spécialité du trafic d'armes et des combats de chiens. Il avait le bras long et comptait pas mal d'appuis, y compris parmi les autorités du comté, ce qui le rendait presque intouchable. Le bruit courait que même les flics s'approvisionnaient auprès de lui. Mais de là à s'acoquiner avec la Mara Salvatrucha ? Dans la police, tout le monde connaissait l'histoire de ces gars-là — des immigrants salvadoriens arrivés sur la côte Ouest dans les années 80 qui, à force d'être harcelés par les autres, avaient formé leur propre gang pour pouvoir se défendre. Question de survie. Aujourd'hui, c'était sans doute le plus puissant et le plus dangereux de tous. Et ce, pour une bonne raison, songea Mitchell : parce qu'on les a serrés et accueillis dans nos prisons, où ils ont été formés à la violence. Ils ne se contentaient pas de tuer, ils éviscéraient leurs victimes et suspendaient leurs entrailles un peu partout comme des guirlandes de Noël. Et leurs méthodes faisaient des émules. Certains avaient même été recrutés comme soldats de rue par les cartels du Mexique, et Dieu sait que ces types-là n'étaient pas des tendres. Ils s'étaient incrustés dans la plupart des grandes villes, et de toute évidence ils voulaient désormais s'implanter dans les zones rurales, comme l'attestait la présence de Crazy. Tout le monde en avait entendu parler, tout le monde se doutait qu'ils allaient débarquer à un moment ou à un autre. Pour sa part, Mitchell savait que les Mexicains étaient en majorité employés à l'abattoir de volailles, mais à sa connaissance Crazy était le premier membre de la MS-13 à se retrouver en garde à vue.

Pour lui, c'était peut-être enfin l'affaire dont il rêvait, celle qui lui vaudrait une promotion.

« Comment Chancellor est-il entré en contact avec la MS ? demanda-t-il.

— Nous, les Crazy Blades, on a appris qu'il avait besoin de meth pour la vendre pendant les combats, et Angel voulait qu'on se développe.

— Qui ?

— Angel. Le boss.

— Ces combats, ils ont lieu dans le comté d'Orange, tu dis ?

— Dans le comté d'Orange, sûr. Mais pas chez Chancellor.

— À quel rythme ?

— Tous les je sais pas combien de mois. Faut le temps de les organiser. En secret.

— Et la came ? »

Crazy marqua une pause, tourna le problème dans tous les sens. L'autre gang de la MS avec qui Angel et lui traitaient n'hésiterait pas à éliminer un flic ou une balance.

Mitchell devina son hésitation, se pencha en avant et dit :

« Si t'acceptes mon offre, faut que tu me dises tout.

— Deux fois par mois, on a rendez-vous avec l'autre gang de la MS au bord de l'Ohio River. Ils arrivent par bateau. Je leur file ce que nous ont rapporté les ventes de came, moins notre part, contre de l'herbe, ou plus souvent de la meth.

— Avant, on la fabriquait nous-mêmes, cette cochonnerie, observa Mitchell, comme s'il parlait tout seul.

— Ben, je sais pas… Les autres disent que votre dope, c'est de la merde. »

Mitchell reprit le cours de l'interrogatoire.

« Et le fric dans ton pick-up ?

— Il vient des ventes de cristal pendant les combats.

— T'as dit que c'était le tien.

— C'est le mien, ouais. Je me suis servi. Si vous voulez que je coopère, faut me le rendre pour que je puisse me tirer, ou je serai plus qu'un point d'interrogation flottant sur la rivière. »

Coopérer ? songea Mitchell. Crazy était prêt à parler. Il y avait des risques à le laisser garder le sac de billets, mais il n'était pas question pour l'instant de bousiller la couverture du Salvadorien. Les combats de chiens, il s'en occuperait plus tard ; d'abord, il allait tout faire pour démanteler le réseau qui sévissait le long de l'Ohio River et dans l'Indiana. Il avait plus à y gagner : la drogue lui vaudrait plus d'attention, lui permettrait certainement de gravir un échelon supplémentaire dans la hiérarchie de la police. C'était un gros coup. Il fallait absolument que Crazy livre son témoignage par écrit et en vidéo, qu'il explique au plus vite qui, où et comment.

Le soleil matinal chauffait le toit métallique rouillé de la grange où les aboiements et les gémissements des chiens en cage faisaient vibrer les cloisons et harcelaient la conscience d'Iris. Deux semaines s'étaient écoulées depuis le dernier combat. Deux semaines passées à les entraîner de l'aube au crépuscule. Tous les soirs il quittait la ferme de Chancellor et, rentré chez lui, avalait whiskey sur whiskey, essayant en vain d'oublier ses fautes, de revenir en arrière.

Ce jour-là, quand il ouvrit la cage de Spade, Iris avait les bras raides et douloureux, et les articulations traversées d'élancements fulgurants à force d'attacher les lourdes chaînes aux chiens, de poser des pièges et d'attraper des coyotes. Il accrocha néanmoins la laisse au collier du *bluetick* pour l'emmener dehors.

Iris était autrefois maître dans l'art d'élever et de dresser les chiens pour la chasse au raton laveur — une passion qu'il cultivait parallèlement à son travail d'employé municipal chargé de l'entretien de la voirie. Il venait de prendre sa retraite quand sa femme était morte du diabète, qui l'avait peu à peu privée de l'usage de ses membres. Tout avait changé. Après l'avoir enterrée, il avait sombré dans une existence morose, aussi vide qu'un puits sans fond. Il avait besoin d'un nouveau défi. C'est alors qu'il avait entendu les hommes à la Leavenworth Tavern parler à voix basse des combats de chiens, des affrontements et des sensations fortes qu'ils procuraient.

Quand il y eut goûté, Iris renonça à tout ce qui avait rempli sa vie pour nourrir sa nouvelle dépendance à la violence, au sang et à l'argent qui changeait de main.

Il s'arrêta devant l'arène d'entraînement, un espace de six mètres sur six dont le sol conservait les empreintes sanglantes d'animaux massacrés. Puis il se pencha, souleva le chien et enjamba les épaisses parois en bois sur lesquelles subsistaient les traces de tueries passées — ce que Chancellor appelait « le dressage ».

La voix de ce dernier, travaillée au cigare, s'éleva soudain au loin : « Alors, m'sieur Iris, comment va ce matin ? »

Iris l'ignora. Posa Spade par terre en repensant à ses propres chiens, Ruby, Ring et Checkers, qu'il avait préparés au combat. À leurs écuelles qu'il avait remplies d'eau froide et d'eau chaude afin de leur apprendre à endurer les chocs — un exercice dont les chiens de chasse n'avaient pas besoin : ils traquaient le gibier par plaisir, sachant qu'ils seraient ensuite récompensés par un raton mort ou par les marques de tendresse de leur propriétaire. Aucun d'eux ne risquait de finir mutilé en se battant pour sa vie. Mais tout comme les chiens de chasse, ceux qui étaient sélectionnés pour les combats devaient suivre un programme rigoureux : il fallait les promener le matin, les faire nager dans les cours d'eau et les étangs le soir… Iris se servait aussi de chaînes lestées qu'il leur fixait au collier pour leur muscler le cou dans la journée. Il les nourrissait deux fois par jour, ajoutant à leur ration de viande des vitamines qui renforçaient leur masse musculaire. Les emmenait à l'arène d'entraînement affronter les coyotes pris au piège et en général entravés par des lassos de contention, pour leur donner le goût du combat et du sang frais. Il y en avait justement un ce matin-là, la patte arrière déchiquetée par les dents métalliques d'un piège, enchaîné au poteau qui se dressait au milieu de l'enceinte, couvert de poils et de viscères en guise de graffitis.

Son corps décharné se raidissait et tressaillait chaque fois qu'il essayait de poser par terre son membre blessé. Il montrait les crocs tandis que des grognements sourds montaient de sa gorge.

Des pas firent craquer l'herbe desséchée aux abords de l'arène, puis Chancellor lança : « Z'êtes quand même une sacrée vieille tête de mule ! Encore une chance qu'à votre âge, puissiez toujours voir les jolies couleurs de ce monde. »

Accroupi dans un coin, Iris serrait Spade contre lui pour l'empêcher de regarder le coyote. « Y a rien de joli dans ce que je fais. C'est pas parce qu'on a passé un marché que j'aime ce boulot. » Il sentait le cœur du chien cogner contre ses côtes, ses muscles jouer sous la peau. Spade avait flairé l'animal, l'avait entendu griffer la terre et gémir. Iris lui ôta son collier, mais le retint comme il le faisait lors d'un vrai combat en songeant que, par chance, aucun de ses amis ne savait dans quoi il s'était embringué. Seul Dieu était témoin de ses fautes.

Spade se ramassa sur lui-même en grondant. Ses oreilles pendaient mollement de chaque côté de sa mâchoire. Iris s'écarta de lui. Il s'était attaché à cette bête au fil des semaines, car elle lui rappelait son premier chien de chasse, Eddie, qu'il avait eu tout gamin. « Désolé, mon vieux », lui murmura-t-il à l'oreille. Comme si le chien pouvait le comprendre. Chancellor secoua la tête. Et Iris libéra son protégé.

Le *bluetick* fonça droit sur le coyote. Se tapit devant son adversaire, dont le poil se hérissait tandis qu'il commençait par reculer, avant de se décider à faire face. La chaîne autour du cou de l'animal prisonnier se tendit, sa patte arrière gauche céda et il montra de nouveau les crocs. Spade se jeta sur lui, le mordit à la gorge et le secoua d'un côté et de l'autre tout en le labourant de ses griffes. Des glapissements emplirent l'air, faisant s'envoler les oiseaux perchés dans les arbres environnants. Chancellor termina son café et marmonna : « Ma main à couper qu'après ça, z'aurez les yeux brillants toute la journée. »

Ce fut pourtant l'estomac noué qu'Iris assista à la mise à mort du faible, qui poussait des gémissements désespérés — des appels au secours comme en lancerait un humain blessé et sans défense aux prises avec un assaillant impitoyable. Il regarda Spade s'acharner sur la gorge du coyote jusqu'à ce que celui-ci ne bouge plus du tout. Jamais auparavant la différence entre les chiens qu'il avait élevés et ceux de Chancellor ne lui avait paru aussi flagrante. Il sut alors, au plus profond de lui, qu'il devait trouver un moyen de réparer ses torts, ou du moins de les redresser du mieux qu'il pourrait.

Yeux larmoyants, irrités par la puanteur régnant dans l'abattoir de volailles. Les paroles d'Angel résonnaient toujours aux oreilles de Crazy, qui se demandait ce que son boss avait en tête quand il lui avait dit la veille au soir : « Demain après le boulot, on file à la rivière pour un deal. »

Crazy n'en pouvait plus de n'être qu'un numéro condamné à gonfler les statistiques des morts par balles. Muni d'un couteau en Inox, il découpait les carcasses et plumait les poulets suspendus à la chaîne. Il avait posé des questions à droite et à gauche. Envoyé des textos. Passé des coups de téléphone. Refilé à Mitchell des tuyaux sur les transactions organisées dans l'Illinois, l'Indiana, le Kentucky, l'Ohio et même la Pennsylvanie et la Virginie-Occidentale. Il lui avait parlé de cette baraque en pleine cambrousse où sa bande coupait, pesait et réemballait la came pour la revendre. Mitchell connaissait désormais tous leurs itinéraires autour de la Highway 62 ; il n'attendait plus que le moment de coincer les passeurs et le gang de Crazy, une opération prévue lors du prochain échange au bord de l'Ohio River — au vieux phare. Il s'arrangerait ensuite pour confier Crazy à la garde des marshals, qui lui donneraient la possibilité d'entamer une nouvelle vie.

Jusque-là, Crazy était bien obligé de faire profil bas, de continuer de bosser à l'usine comme si de rien n'était. Mais la situation le consumait de l'intérieur. Jour après jour, les questions incessantes d'Angel et la peur d'être démasqué lui mettaient les nerfs à vif, le condamnant à vivre dans une tension permanente.

D'une main gantée de latex, Crazy retira les entrailles filandreuses du volatile devant lui, puis les flanqua dans un récipient métallique. Le jour où les flics l'avaient serré, où il avait conclu cet accord avec Mitchell et accepté de coucher son témoignage par écrit pendant qu'on le filmait, il avait trouvé Angel qui l'attendait dans son appartement quand il était rentré. Son boss voulait absolument savoir ce qu'il avait fabriqué pendant tout ce temps. Crazy lui avait raconté qu'il était sorti avec une fille. Dans ce cas, pourquoi n'avait-il pas envoyé de texto ni appelé pour prévenir ? Crazy avait affirmé qu'il ne s'était pas rendu compte de l'heure, que ça ne se reproduirait pas. Ce à quoi Angel avait répliqué : « Oh non, ça risque pas. » Il l'avait ensuite interrogé sur les sommes manquantes ; les grands patrons se posaient des questions.

Les grands patrons, c'étaient les leaders aux commandes des opérations depuis la prison. Ils avaient eu vent de certaines rumeurs, remontées des gangs qui, dans d'autres États, étaient amenés à traiter avec Crazy et sa bande : on disait d'eux qu'ils avaient tendance à se tromper dans leurs calculs. Crazy avait assuré à Angel qu'il n'était pas au courant. Lui avait suggéré de creuser du côté de leurs partenaires. Angel avait approuvé l'idée.

Depuis, l'attente et les doutes sur ce qui pouvait bien se passer dans la tête d'Angel étaient une véritable torture.

Alors qu'il alignait sur le tapis roulant les volailles plumées, Crazy avait l'impression de recevoir une décharge électrique chaque fois qu'il repensait aux paroles d'Angel. De toutes ses forces, il se raccrochait à l'espoir d'être bientôt tiré d'affaire.

Quand la sonnerie annonçant la première pause retentit, il laissa Hyena et les autres ouvriers défiler devant lui. Il leur emboîta ensuite le pas, en bottes de caoutchouc et combinaison blanche tachée d'entrailles tièdes qui dissimulait sur son corps cicatrices et tatouages de la *Santa Muerte* — la Sainte Mort —, d'anges gothiques, de clowns et de chiffres romains.

Prenant soin de rester à distance, il regarda les autres entrer dans la salle de repos carrelée. Après s'être assuré qu'il était seul, il envoya à Mitchell un texto : deal.demain@phare.

Puis il s'engagea à son tour dans la salle, ôta ses gants et les jeta à la poubelle, où ils rejoignirent d'autres paires pareillement maculées de sang.

Devant les lavabos, il attrapa une savonnette en jetant un coup d'œil en direction de Shank et de Flame — silhouettes au crâne rasé, au corps maigre et noueux. C'étaient les deux premiers jeunes qu'Angel et lui avaient recrutés une fois de l'autre côté du Rio Grande, quand ils avaient payé des passeurs pour leur amener ces deux-là et dix autres membres de la MS-13 dans le Midwest. Ils leur avaient fait subir l'épreuve du tabassage en règle dans ces mêmes toilettes. Six ans plus tôt. Et aujourd'hui, il venait de les balancer contre une chance d'accéder à la liberté.

Le pied appuyé sur la barre métallique en dessous de la cuvette, Crazy fit couler de l'eau et se savonna les mains. Quand l'odeur de viande sur sa peau eut disparu, il s'avança vers un des sèche-mains en porcelaine alignés le long du mur de brique et pressa du coude le bouton chromé qui lui renvoyait son reflet. Ce faisant, il surprit le signe de tête adressé par Shank et par Flame à la poignée d'employés encore présents. Ceux-ci sortirent aussitôt, et le silence revint dans la salle.

Hyena alla se poster devant la porte.

Crazy prit une profonde inspiration en serrant les poings. Tout ça n'augurait rien de bon.

Shank et Flame se tenaient côte à côte dans leur uniforme couleur caramel, chemise boutonnée jusqu'au col, dos à la porte d'une cabine. Flame donna un petit coup sec sur le battant derrière lui. Des bottes s'écrasèrent lourdement sur le sol — celles d'un homme vraisemblablement perché jusque-là sur la cuvette. La porte s'ouvrit, et Crazy se retrouva en face d'Angel, dont le visage grêlé et balafré témoignait de leur passé commun. Le mot MARA s'étalait en toutes lettres sur son front, donnant naissance à des larmes d'encre qui coulaient jusqu'au bas de sa mâchoire gauche. Il brandit le sac de billets que Crazy avait caché dans son pick-up, le lança sur le ciment et demanda : « Pourquoi t'as fait ça, Crazy ? »

Celui-ci ne cilla pas, malgré la sensation de froid glacial qui se répandait dans ses tripes. « Fait quoi ?

— Me prends pas pour un con. Tu sais pour combien y en a, là-dedans ? Beaucoup plus que ce que les grands patrons imaginent. »

Crazy passa une main dans l'ouverture de sa combinaison blanche, la glissa dans sa poche et appuya sur la touche de rappel automatique. Le dernier numéro enregistré était celui de Mitchell. Il allait y avoir du grabuge.

Refusant de se laisser intimider, il lança : « J'en ai par-dessus la tête de jamais savoir. Je veux pas passer ma vie à me demander quand elle va se terminer. »

Angel étouffa un petit rire. « T'es devenu pire qu'un ver de terre. Une chienne américaine. »

Crazy sentait le regard des autres le transpercer de toutes parts. Ces types-là — sa famille — avaient de toute évidence l'intention de le tailler en pièces, de le jeter en pâture aux chiens de Chancellor. « Non, rétorqua-t-il. Je suis salvadorien. Et je veux devenir un jour un vieux Salvadorien. »

Au Salvador, il fallait se battre pour survivre. Aux États-Unis, ce même combat était compliqué par la langue qu'on ne parlait pas, les vêtements qu'on ne portait pas et les bagnoles qu'on n'avait pas les moyens de s'offrir. Trafiquer de la came permettait d'abattre beaucoup de ces barrières, jusqu'au moment où on se rendait compte qu'on n'était qu'un numéro appelé à être remplacé par un autre.

« Moi, je suis *primera palabra*, reprit Angel, inflexible. Toi, t'étais *secunda palabra.* » Autrement dit, Angel était le premier mot, Mara, et Crazy le second, Salvatrucha. Les deux leaders de leur gang, les Crazy Blades. « Mais maintenant, t'es *el ladrón.* » Le voleur. « Tu dépouilles la main qui t'a accueilli et nourri. Tu sais comment on traite les voleurs, pas vrai ? »

Ladrón. Donc, c'était à cause du fric, songea Crazy. Angel ignorait tout du marché qu'il avait lui-même passé. De sa poche s'éleva soudain une voix étouffée : « Felix ? Felix ? Allô ? »

Angel jeta un coup d'œil à la main que Crazy venait de sortir de sa combinaison. Lui aussi entendait la voix, et se demandait manifestement de qui il s'agissait.

Brusquement, ses traits se crispèrent, et il lâcha entre ses dents serrées : « Les grands patrons nous ont donné le feu vert. T'es mort. »

Crazy hurla dans le combiné : « L'abattoir ! » Sans quitter du regard les autres, il recula jusqu'au mur.

Shank, Flame et Hyena se ruèrent sur lui comme des requins sur un bout de viande crue. Flame feinta à droite avant de le poignarder à deux reprises dans l'épaule droite. La douleur fusa, rouge sang. Crazy grogna, lâcha le téléphone, agrippa l'oreille de Flame et lui enfonça ses dents dans les cartilages du nez. Indifférent à ses piaillements, il lui arracha le couteau des mains et lui en passa le tranchant sur les yeux, le rendant définitivement aveugle. Flame tomba à genoux sur le sol, les paumes plaquées sur le liquide tiède jaillissant de son nez mutilé et de ses globes oculaires fendus.

Lorsque Shank se jeta à son tour sur lui, Crazy lui planta la lame crantée dans le gras de la hanche gauche. La retira. Sectionna le fléchisseur du coude ; veines, tendons et ligaments cédèrent. Shank fit un bond en arrière, bousculant Angel, puis abandonna sa propre lame pour palper sa blessure.

Hyena attaqua alors par-derrière : en un éclair, il enroula un fil électrique autour du cou de Crazy, qu'il serra à le broyer. Hoquetant et écarlate, Crazy lui taillada la cuisse, encore et encore, jusqu'à attendrir le muscle. Hyena lâcha prise, partit à la renverse et s'écroula sur le carrelage, le manche du couteau émergeant de sa jambe. Les dents serrées, il le retira d'un coup sec.

Au même moment, Angel fit jaillir sa lame et ouvrit la mâchoire de Crazy juste sous le dessin d'une double larme en disant : « À l'hosto. » Crazy vacilla, l'épaule toujours en feu, et effleura son visage mouillé. Angel lui porta un coup à la poitrine en disant : « En taule. » Il enfonça plus profondément la lame en plongeant ses yeux de dément dans ceux de Crazy qui, soudain, perçut un mouvement à la périphérie de son champ de vision. Une silhouette floue surgie sur sa gauche planta un couteau dans les reins d'Angel et le tordit jusqu'à briser le manche. « Ou dans la tombe », conclut Hyena. Les trois étapes dans la vie d'un membre de la MS.

Angel grimaça de douleur autant que de stupeur, puis jeta un regard horrifié à Hyena en articulant : « Pourquoi ?

— Parce que le jour où je sortirai, je serai le premier mot, pas le second. Je veux qu'on m'envoie au pénitencier, pour que j'apprenne tout ce qu'y a à savoir. »

Déjà, Crazy ramassait le sac de billets puis se précipitait vers la porte. Hyena leva les yeux vers lui, sachant qu'il ne pouvait pas l'arrêter ni l'empêcher d'obtenir quelque chose que lui-même n'aurait sans doute jamais — une chance d'accéder à la liberté —, mais que si leurs routes se croisaient de nouveau, il le tuerait sans hésiter. Il était maintenant prêt à passer à l'étape suivante, la prison, où il prendrait du galon, et s'il était libéré un jour il deviendrait un véritable dieu dans la rue. Il allongea Angel sur le carrelage, tourna la tête vers Shank et ordonna : « On le finit. » Tous deux s'abattirent sur leur ancien boss.

Figé sur le seuil, le corps trempé par le sang de ses blessures, le cœur battant à se rompre, Crazy vit

Hyena enfouir ses doigts dans les cheveux d'Angel pour lui cogner le crâne sur le ciment. Au Salvador, après le tabassage rituel, on lui avait demandé de verser le sang pour sceller son initiation. Peu après, il avait vu un membre d'une bande rivale voler une poule à un villageois, puis s'enfuir en la tenant par ses pattes jaunes. Sans se faire repérer, Crazy l'avait suivi jusqu'à une cour où la cendre se mélangeait à la terre ; là, il l'avait vu écraser la tête du volatile sous sa botte avant de l'arracher comme un vulgaire masque d'Halloween, et de la jeter dans la poussière. Son couteau à la main, Crazy s'était approché du type par-derrière et lui avait tranché la gorge. Il l'avait regardé vaciller puis s'effondrer comme l'oiseau décapité, et se contorsionner jusqu'à se vider de son sang.

Or ces hommes avec qui il venait de se battre n'étaient même pas des rivaux. Juste d'autres numéros.

Flame gisait sur le sol, gémissant, le blanc des yeux sectionné, transformé en bouillie visqueuse. Avant de se détourner, Crazy traça un signe de croix au-dessus de lui, inclina la tête et implora le pardon de la *Santa Muerte*. Puis il se coula hors des toilettes, pour se retrouver plongé dans une foule d'hommes et de femmes qui, s'ils lui ressemblaient physiquement, n'avaient rien d'autre en commun avec lui. Il vit au loin une silhouette accourir, arme au poing, en T-shirt et casquette noire sur laquelle se détachaient les lettres blanches du mot POLICE. Visage mûr plissé par l'inquiétude. Mitchell. Crazy baissa la tête, se laissant entraîner par le flot des autres employés vers le parking où l'attendait sa liberté.

Dans les toilettes, des flaques pourpres s'élargissaient sur le sol, alimentées par les blessures de Shank, d'Hyena, d'Angel et de Flame. La seule poitrine qui ne se soulevait plus était celle d'Angel.

La sonnerie retentit de nouveau. Fin de la pause. Les survivants de l'affrontement savaient que leur travail auprès des autres immigrants ne pouvait plus leur servir de couverture. Impossible pour eux désormais de dissimuler leur appartenance à la Mara Salvatrucha. Ils étaient déjà en route pour la deuxième étape de leur parcours, le pénitencier d'État, où ils seraient initiés à de nouveaux rituels et règlements, différents de ceux qui régissaient la prison du comté. D'autres numéros, dehors, prendraient leur place dans l'éternel écosystème de la violence. Pourtant, l'un d'eux allait tout de même avoir droit à une seconde chance, à un nouveau départ dans l'existence facilité par un sac bourré de billets ; Mitchell en eut la révélation à l'instant même où il pénétra dans les toilettes et comprit qu'il avait foiré dans les grandes largeurs.

Iris avait passé mille fois en revue les détails de son plan. Il glissa une main sous les pans de sa chemise en flanelle, et, déterminé à réparer ses torts, effleura le H & K calibre 40 logé dans sa ceinture.

Il se tenait dans la grange de Chancellor, un bidon vide, rouge et argent, renversé à ses pieds. Le plancher grinçait sous son poids. Une forte odeur d'essence flottait dans l'air, mêlée aux relents âcres des chiens entraînés depuis plusieurs semaines. Chacun d'eux, couché dans une cage métallique, les muscles sculptés sous leur pelage noir et blanc, attendait son tour pour être muselé et attaché avant une nouvelle journée de préparation au combat. Iris secoua la tête, regrettant de ne pas avoir d'autre solution.

Il introduisit le pistolet dans la cage la plus proche de la porte en évaluant de nouveau les risques. Cinq chiens enfermés. Des hommes dans la maison, au moins trente mètres plus loin. Certains endormis, d'autres en train de cuver. Autour de lui, un sol recouvert de foin et des stalles. Il repensa à l'itinéraire qu'il avait emprunté ce matin-là. Au pick-up garé juste derrière le bâtiment, au cas où il se déciderait à agir. Ses oreilles bourdonneraient après le premier coup de feu, il le savait. Qu'il vive ou qu'il meure, peu lui importait ; il voulait juste se racheter après ce qu'il avait fait avec ce Chancellor, une créature encore plus sauvage qu'une bête.

Il avait toujours été un homme de parole, sauf que sa parole ne valait plus grand-chose aujourd'hui. Il braqua le pistolet sur le premier chien, Archie. « Pardonne-moi », murmura-t-il. Il plongea son regard dans les yeux bruns encore emplis d'images de carnage qui encadraient la truffe froide. Pressa la détente. Les autres chiens s'agitèrent et grondèrent. Celui de la cage voisine avait été éclaboussé par des éclats d'os et des bouts de cervelle. Iris s'en approcha en tremblant, le visa et pressa de nouveau la détente. Recommença jusqu'à la dernière cage, qui abritait Spade. Si, à moitié assourdi par les détonations, il n'entendait pratiquement plus rien, il prit soudain conscience d'une présence dans la grange. Il tourna la tête, survola du regard la silhouette en bottes délacées et jean délavé, exhibant sur son torse nu le tatouage d'un aigle perché sur le globe terrestre, devant une ancre, et serrant un pistolet dans sa main droite. Le visage crispé de Chancellor vira au rouge cerise à mesure qu'il découvrait ses chiens abattus derrière les barreaux. Il pointa son Glock sur Iris en hurlant : « Qu'est-ce que t'as fait, espèce de vieux… » Iris leva son arme, tira et acheva ce que le monde avait pu créer de plus inhumain. Chancellor rendit l'âme avant même de toucher le sol.

Toujours tremblant, Iris fourra le pistolet dans son pantalon. Attrapa la laisse accrochée à la cage de Spade, ouvrit la porte, attacha le chien. Dit en sentant la caresse d'une langue sur ses doigts : « Je vais te sortir de là, mon vieux, t'es peut-être récupérable. » Il se hâta vers le fond de la grange, où les stalles bordaient trois ouvertures pour les chevaux. Au moment d'en franchir une, il plongea la main dans sa poche, récupéra une pochette d'allumettes, en craqua une et la lança sur le foin. La flamme embrasa aussitôt l'essence qu'il avait répandue en arrivant.

Une fois Spade installé près de lui à l'avant de la Chevy Silverado, Iris fit rugir le moteur, puis démarra en trombe, projetant autour du véhicule des gerbes de gravier et de terre. Il fonça dans l'allée, passa près de la fosse sur sa droite, laissa la grange en feu derrière lui. Plus loin sur sa gauche se dressait la vieille maison en brique de style colonial hollandais, d'où jaillissaient des hommes titubants, à moitié habillés. Iris continua de rouler, tourna pour s'engager sur la route du comté, et, jetant un coup d'œil par-delà les champs et les hectares de cèdres, vit de la fumée s'élever vers le ciel. Il tendit la main pour gratter Spade derrière les oreilles. Il ignorait encore où les mènerait leur voyage, et il s'en fichait ; il savait juste qu'il ne s'arrêterait pas avant d'avoir mis plusieurs États entre eux et les crimes du sud de l'Indiana.

Remerciements

J'aimerais remercier ma mère, Alice Weaver, et mon père, Frank Bill Sr., pour avoir nourri mon éducation de toutes sortes d'histoires et d'expériences enrichissantes. Et aussi Greg Ledford, qui m'a dit : « T'es doué, t'arrête pas. » Les copains de l'équipe de nuit : John, George, Larry, Kirk, Tim et mon boss, Greg. Ceux de l'entrepôt : Randy, Daryl et Ted. Ainsi que Glen, Gary, John et Harvey, de la maintenance, et tous mes frères du syndicat. Merci à Denny et à Matt Faith, pour avoir été à mes côtés dès le début. À Donnie Ross, le spécialiste de la loi, pour m'avoir apporté son soutien et son amitié pendant des années et pour avoir répondu à mes questions sur les procédures policières : t'es comme un grand frère pour moi, et tu le resteras. À Zack Windell, mon ami depuis toujours.

Les familles : Gayle et Israel Byrd, Jamie et Amy Pellman, Terry Crayden, Sharon Crayden, Brandon Crayden, Jessica Chanley, les Trindeitmar, les Muncy, ma tante Trudy, ma tante Becky et mon oncle

Dennis, mon oncle Jack et mon cousin John. Marly Thevenot Howard. Julie Bill. Allison et Marisa Faith. Pete et Suzie Hardsaw. Et Myrtle Bill : tu as soufflé tes 101 bougies, tu es pour toujours dans nos cœurs. Encore merci à tous pour votre soutien.

Je tiens également à remercier : Allison (Lady D) et Todd (Big Daddy Thug) Robinson, de *Thuglit*, pour les premières corrections. Anthony Neil Smith, véritable ami et rédacteur de *Plots with Guns*, qui a publié beaucoup de mes nouvelles quand personne d'autre n'en voulait. David Granmer et Elaine Ash, de *Beat to a Pulp*, merci de m'avoir donné l'heure. Aldo Calcagno, le pro du crime, merci pour tout. Gary Lovisi, qui a fait imprimer mes textes. Tony Black, de *Pulp Pusher*. Jedidiah Ayres et Scott Phillips pour m'avoir invité au premier « Noir at the Bar » : merci, les gars. Kyle Minor pour tous ses conseils et pour nos séances tardives. D'autres écrivains et amis : Keith Rawson, Kieran Shea, Greg Bardsley, John Rector, Steve Weddle, John Hornor Jacobs, Dan O'Shea, Joelle Charbonnean, Victor Gischler, Christa Faust, Roger Smith, Craig Clevenger, Rod Wiethop, Anonymous-9, Rhonda Abbott, Stephanie Stickels, Thad et Dana Holton. Mary Cunnigham, qui demeurera à jamais ma tante de cœur. La famille Griffee. Kjell Kristiansen. La famille Reed. Et tous ceux qui m'accompagnent sur Twitter, sur Facebook, et sur mon site, Frank Bill's House of Grit.

Merci à Donald Ray Pollock pour son amitié, son soutien et ses conseils. À Stacia J. N. Decker, mon agent aux multiples talents, et à Sean McDonald et à Emily Bell, les meilleurs relecteurs de ce côté des États-Unis : personne ne travaille plus dur, vous avez rendu ma prose bien plus solide. Et merci à ma maison d'édition, Farrar, Straus and Giroux, pour avoir pris le risque de me publier.

DU MÊME AUTEUR

Aux Éditions Gallimard

Dans la Série Noire

CHIENNES DE VIES, 2013, Folio Policier n° 717
DONNYBROOK, 2014

COLLECTION FOLIO POLICIER

Dernières parutions

308.	José Giovanni	*Le deuxième souffle*
309.	Jean Amila	*La lune d'Omaha*
310.	Kem Nunn	*Surf City*
311.	Matti Y. Joensuu	*Harjunpää et l'homme-oiseau*
312.	Charles Williams	*Fantasia chez les ploucs*
313.	Larry Beinhart	*Reality show*
315.	Michel Steiner	*Petites morts dans un hôpital psychiatrique de campagne*
316.	P.J. Wolfson	*À nos amours*
317.	Charles Williams	*L'ange du foyer*
318.	Pierre Rey	*L'ombre du paradis*
320.	Carlene Thompson	*Ne ferme pas les yeux*
321.	Georges Simenon	*Les suicidés*
322.	Alexandre Dumal	*En deux temps, trois mouvements*
323.	Henry Porter	*Une vie d'espion*
324.	Dan Simmons	*L'épée de Darwin*
325.	Colin Thibert	*Noël au balcon*
326.	Russel Greenan	*La reine d'Amérique*
327.	Chuck Palahniuk	*Survivant*
328.	Jean-Bernard Pouy	*Les roubignoles du destin*
329.	Otto Friedrich	*Le concasseur*
330.	François Muratet	*Le Pied-Rouge*
331.	Ridley Pearson	*Meurtres à grande vitesse*
332.	Gunnar Staalesen	*Le loup dans la bergerie*
333.	James Crumley	*La contrée finale*
334.	Matti Y. Joensuu	*Harjunpää et les lois de l'amour*
335.	Sophie Loubière	*Dernier parking avant la plage*
336.	Alessandro Perissinotto	*La chanson de Colombano*
337.	Christian Roux	*Braquages*
338.	Gunnar Staalesen	*Pour le meilleur et pour le pire*
339.	Georges Simenon	*Le fils Cardinaud*
340.	Tonino Benacquista	*Quatre romans noirs*
341.	Richard Matheson	*Les seins de glace*

342.	Daniel Berkowicz	*La dernière peut-être*
343.	Georges Simenon	*Le blanc à lunettes*
344.	Graham Hurley	*Disparu en mer*
345.	Bernard Mathieu	*Zé*
346.	Ian Rankin	*Le jardin des pendus*
347.	John Farris	*Furie*
348.	Carlene Thompson	*Depuis que tu es partie*
349.	Luna Satie	*À la recherche de Rita Kemper*
350.	Kem Nunn	*La reine de Pomona*
351.	Chester Himes	*Dare-dare*
352.	Joe R. Lansdale	*L'arbre à bouteilles*
353.	Peppe Ferrandino	*Le respect*
354.	Davis Grubb	*La nuit du chasseur*
355.	Georges Simenon	*Les Pitard*
356.	Donald Goines	*L'accro*
357.	Colin Bateman	*La bicyclette de la violence*
358.	Staffan Westerlund	*L'institut de recherches*
359.	Matilde Asensi	*Iacobus*
360.	Henry Porter	*Nom de code : Axiom Day*
361.	Colin Thibert	*Royal Cambouis*
362.	Gunnar Staalesen	*La Belle dormit cent ans*
363.	Don Winslow	*À contre-courant du Grand Toboggan*
364.	Joe R. Lansdale	*Bad Chili*
365.	Christopher Moore	*Un blues de coyote*
366.	Jo Nesbø	*L'homme chauve-souris*
367.	Jean-Bernard Pouy	*H4Blues*
368.	Arkadi et Gueorgui Vaïner	*L'Évangile du bourreau*
369.	Staffan Westerlund	*Chant pour Jenny*
370.	Chuck Palahniuk	*Choke*
371.	Dan Simmons	*Revanche*
372.	Charles Williams	*La mare aux diams*
373.	Don Winslow	*Au plus bas des Hautes Solitudes*
374.	Lalie Walker	*Pour toutes les fois*
375.	Didier Daeninckx	*La route du Rom*
376.	Yasmina Khadra	*La part du mort*
377.	Boston Teran	*Satan dans le désert*
378.	Giorgio Todde	*L'état des âmes*
379.	Patrick Pécherot	*Tiuraï*
380.	Henri Joseph	*Le paradis des dinosaures*

381.	Jean-Bernard Pouy	*La chasse au tatou dans la pampa argentine*
382.	Jean-Patrick Manchette	*La Princesse du sang*
383.	Dashiell Hammett	*L'introuvable*
384.	Georges Simenon	*Touriste de bananes*
385.	Georges Simenon	*Les noces de Poitiers*
386.	Carlene Thompson	*Présumée coupable*
387.	John Farris	*Terreur*
388.	Manchette-Bastid	*Laissez bronzer les cadavres !*
389.	Graham Hurley	*Coups sur coups*
390.	Thierry Jonquet	*Comedia*
391.	George P. Pelecanos	*Le chien qui vendait des chaussures*
392.	Ian Rankin	*La mort dans l'âme*
393.	Ken Bruen	*R&B – Le gros coup*
394.	Philip McLaren	*Tueur d'aborigènes*
395.	Eddie Little	*Encore un jour au paradis*
396.	Jean Amila	*Jusqu'à plus soif*
397.	Georges Simenon	*L'évadé*
398.	Georges Simenon	*Les sept minutes*
399.	Leif Davidsen	*La femme de Bratislava*
400.	Batya Gour	*Meurtre sur la route de Bethléem*
401.	Lamaison-Sophocle	*Œdipe roi*
402.	Chantal Pelletier	*Éros et Thalasso*
403.	Didier Daeninckx	*Je tue il…*
404.	Thierry Jonquet	*Du passé faisons table rase*
405.	Patrick Pécherot	*Les brouillards de la Butte*
406.	Romain Slocombe	*Un été japonais*
407.	Joe R. Lansdale	*Les marécages*
408.	William Lashner	*Vice de forme*
409.	Gunnar Staalesen	*La femme dans le frigo*
410.	Franz-Olivier Giesbert	*L'abatteur*
411.	James Crumley	*Le dernier baiser*
412.	Chuck Palahniuk	*Berceuse*
413.	Christine Adamo	*Requiem pour un poisson*
414.	James Crumley	*Fausse piste*
415.	Cesare Battisti	*Les habits d'ombre*
416.	Cesare Battisti	*Buena onda*
417.	Ken Bruen	*Delirium tremens*
418.	Jo Nesbø	*Les cafards*
419.	Batya Gour	*Meurtre au Kibboutz*

420. Jean-Claude Izzo — *La trilogie Fabio Montale*
421. Douglas Kennedy — *Cul-de-sac*
422. Franco Mimmi — *Notre agent en Judée*
423. Caryl Férey — *Plutôt crever*
424. Carlene Thompson — *Si elle devait mourir*
425. Laurent Martin — *L'ivresse des dieux*
426. Georges Simenon — *Quartier nègre*
427. Jean Vautrin — *À bulletins rouges*
428. René Fregni — *Lettre à mes tueurs*
429. Lalie Walker — *Portées disparues*
430. John Farris — *Pouvoir*
431. Graham Hurley — *Les anges brisés de Somerstown*
432. Christopher Moore — *Le lézard lubrique de Melancholy Cove*
433. Dan Simmons — *Une balle dans la tête*
434. Franz Bartelt — *Le jardin du Bossu*
435. Reiner Sowa — *L'ombre de la Napola*
436. Giorgio Todde — *La peur et la chair*
437. Boston Teran — *Discovery Bay*
438. Bernhard Schlink — *Le nœud gordien*
439. Joseph Bialot — *Route story*
440. Martina Cole — *Sans visage*
441. Thomas Sanchez — *American Zazou*
442. Georges Simenon — *Les clients d'Avrenos*
443. Georges Simenon — *La maison des sept jeunes filles*
444. J.-P. Manchette & B.-J. Sussman — *L'homme au boulet rouge*
445. Gerald Petievich — *La sentinelle*
446. Didier Daeninckx — *Nazis dans le métro*
447. Batya Gour — *Le meurtre du samedi matin*
448. Gunnar Staalesen — *La nuit, tous les loups sont gris*
449. Matilde Asensi — *Le salon d'ambre*
450. Jo Nesbø — *Rouge-gorge*
451. Olen Steinhauer — *Cher camarade*
452. Pete Dexter — *Deadwood*
454. Keith Ablow — *Psychopathe*
455. Batya Gour — *Meurtre à l'université*
456. Adrian McKinty — *À l'automne, je serai peut-être mort*
457. Chuck Palahniuk — *Monstres invisibles*
458. Bernard Mathieu — *Otelo*

459.	James Crumley	*Folie douce*
460.	Henry Porter	*Empire State*
461.	James Hadley Chase	*Pas d'orchidées pour Miss Blandish*
462.	James Hadley Chase	*La chair de l'orchidée*
463.	James Hadley Chase	*Eva*
464.	Arkadi et Gueorgui Vaïner	*38, rue Petrovka*
465.	Ken Bruen	*Toxic Blues*
466.	Larry Beinhart	*Le bibliothécaire*
467.	Caryl Férey	*La jambe gauche de Joe Strummer*
468.	Jim Thompson	*Deuil dans le coton*
469.	Jim Thompson	*Monsieur Zéro*
470.	Jim Thompson	*Éliminatoires*
471.	Jim Thompson	*Un chouette petit lot*
472.	Lalie Walker	*N'oublie pas*
473.	Joe R. Lansdale	*Juillet de sang*
474.	Batya Gour	*Meurtre au Philharmonique*
475.	Carlene Thompson	*Les secrets sont éternels*
476.	Harry Crews	*Le Roi du K.O.*
477.	Georges Simenon	*Malempin*
478.	Georges Simenon	*Les rescapés du Télémaque*
479.	Thomas Sanchez	*King Bongo*
480.	Jo Nesbø	*Rue Sans-Souci*
481.	Ken Bruen	*R&B – Le Mutant apprivoisé*
482.	Christopher Moore	*L'agneau*
483.	Carlene Thompson	*Papa est mort, Tourterelle*
484.	Leif Davidsen	*La Danois serbe*
485.	Graham Hurley	*La nuit du naufrage*
486.	John Burdett	*Typhon sur Hong Kong*
487.	Mark Henshaw / John Clanchy	*Si Dieu dort*
488.	William Lashner	*Dette de sang*
489.	Patrick Pécherot	*Belleville-Barcelone*
490.	James Hadley Chase	*Méfiez-vous, fillettes !*
491.	James Hadley Chase	*Miss Shumway jette un sort*
492.	Joachim Sebastiano Valdez	*Celui qui sait lire le sang*
493.	Joe R. Lansdale	*Un froid d'enfer*
494.	Carlene Thompson	*Tu es si jolie ce soir*

495.	Alessandro Perissinotto	*Train 8017*
496.	James Hadley Chase	*Il fait ce qu'il peut*
497.	Thierry Bourcy	*La cote 512*
498.	Boston Teran	*Trois femmes*
499.	Keith Ablow	*Suicidaire*
500.	Caryl Férey	*Utu*
501.	Thierry Maugenest	*La poudre des rois*
502.	Chuck Palahniuk	*À l'estomac*
503.	Olen Steinhauer	*Niet camarade*
504.	Christine Adamo	*Noir austral*
505.	Arkadi et Gueorgui Vaïner	*La corde et la pierre*
506.	Marcus Malte	*Carnage, constellation*
507.	Joe R. Lansdale	*Sur la ligne noire*
508.	Matilde Asensi	*Le dernier Caton*
509.	Gunnar Staalesen	*Anges déchus*
510.	Yasmina Khadra	*Le quatuor algérien*
511.	Hervé Claude	*Riches, cruels et fardés*
512.	Lalie Walker	*La stratégie du fou*
513.	Leif Davidsen	*L'ennemi dans le miroir*
514.	James Hadley Chase	*Pochette surprise*
515.	Ned Crabb	*La bouffe est chouette à Fatchakulla*
516.	Larry Brown	*L'usine à lapins*
517.	James Hadley Chase	*Une manche et la belle*
518.	Graham Hurley	*Les quais de la blanche*
519.	Marcus Malte	*La part des chiens*
520.	Abasse Ndione	*Ramata*
521.	Chantal Pelletier	*More is less*
522.	Carlene Thompson	*Le crime des roses*
523.	Ken Bruen	*Le martyre des Magdalènes*
524.	Raymond Chandler	*The long good-bye*
525.	James Hadley Chase	*Vipère au sein*
526.	James Hadley Chase	*Alerte aux croque-morts*
527.	Jo Nesbø	*L'étoile du diable*
528.	Thierry Bourcy	*L'arme secrète de Louis Renault*
529.	Béatrice Joyaud	*Plaisir en bouche*
530.	William Lashner	*Rage de dents*
531.	Patrick Pécherot	*Boulevard des Branques*
532.	Larry Brown	*Fay*
533.	Thomas H. Cook	*Les rues de feu*

534.	Carlene Thompson	*Six de Cœur*
535.	Carlene Thompson	*Noir comme le souvenir*
536.	Olen Steinhauer	*36, boulevard Yalta*
537.	Raymond Chandler	*Un tueur sous la pluie*
538.	Charlie Williams	*Les allongés*
539.	DOA	*Citoyens clandestins*
540.	Thierry Bourcy	*Le château d'Amberville*
541.	Jonathan Trigell	*Jeux d'enfants*
542.	Bernhard Schlink	*La fin de Selb*
543.	Jean-Bernard Pouy	*La clef des mensonges*
544.	A. D. G.	*Kangouroad Movie*
545.	Chris Petit	*Le Tueur aux Psaumes*
546.	Keith Ablow	*L'Architecte*
547.	Antoine Chainas	*Versus*
548.	Joe R. Lansdale	*Le mambo des deux ours*
549.	Bernard Mathieu	*Carmelita*
550.	Joe Gores	*Hammett*
551.	Marcus Malte	*Le doigt d'Horace*
552.	Jo Nesbø	*Le sauveur*
553.	Patrick Pécherot	*Soleil noir*
554.	Carlene Thompson	*Perdues de vue*
555.	Harry Crews	*Le Chanteur de Gospel*
556.	Georges Simenon	*La maison du juge*
557.	Georges Simenon	*Cécile est morte*
558.	Georges Simenon	*Le clan des Ostendais*
559.	Georges Simenon	*Monsieur La Souris*
560.	Joe R. Lansdale	*Tape-cul*
561.	William Lashner	*L'homme marqué*
562.	Adrian McKinty	*Le Fils de la Mort*
563.	Ken Bruen	*Le Dramaturge*
564.	Marcus Malte	*Le lac des singes*
565.	Chuck Palahniuk	*Journal intime*
566.	Leif Davidsen	*La photo de Lime*
567.	James Sallis	*Bois mort*
568.	Thomas H. Cook	*Les ombres du passé*
569.	Mark Henshaw - John Clanchy	*L'ombre de la chute*
570.	Olen Steinhauer	*La variante Istanbul*
571.	Thierry Bourcy	*Les traîtres*
572.	Joe R. Lansdale	*Du sang dans la sciure*
573.	Joachim Sebastiano Valdez	*Puma qui sommeille*

574. Joolz Denby	*Stone Baby*
575. Jo Nesbø	*Le bonhomme de neige*
576. René Reouven	*Histoires secrètes de Sherlock Holmes*
577. Leif Davidsen	*Le dernier espion*
578. Guy-Philippe Goldstein	*Babel Minute Zéro*
579. Nick Stone	*Tonton Clarinette*
580. Thierry Jonquet	*Romans noirs*
581. Patrick Pécherot	*Tranchecaille*
582. Antoine Chainas	*Aime-moi, Casanova*
583. Gabriel Trujillo Muñoz	*Tijuana City Blues*
584. Caryl Férey	*Zulu*
585. James Sallis	*Cripple Creek*
586. Didier Daeninckx	*Éthique en toc*
587. John le Carré	*L'espion qui venait du froid*
588. Jeffrey Ford	*La fille dans le verre*
589. Marcus Malte	*Garden of love*
590. Georges Simenon	*Les caves du Majestic*
591. Georges Simenon	*Signé Picpus*
592. Carlene Thompson	*Mortel secret*
593. Thomas H. Cook	*Les feuilles mortes*
594. Didier Daeninckx	*Mémoire noire*
595. Graham Hurley	*Du sang et du miel*
596. Marek Krajewski	*Les fantômes de Breslau*
597. François Boulay	*Traces*
598. Gunnar Staalesen	*Fleurs amères*
599. James Sallis	*Le faucheux*
600. Nicolas Jaillet	*Sansalina*
601. Jean-Bernard Pouy	*Le rouge et le vert*
602. William Lashner	*Le baiser du tueur*
603. Joseph Bialot	*La nuit du souvenir*
604. Georges Simenon	*L'outlaw*
605. Kent Harrington	*Le serment*
606. Thierry Bourcy	*Le gendarme scalpé*
607. Gunnar Staalesen	*Les chiens enterrés ne mordent pas*
608. Jo Nesbø	*Chasseurs de têtes*
609. Dashiell Hammett	*Sang maudit*
610. Joe R. Lansdale	*Vierge de cuir*
611. Dominique Manotti	*Bien connu des services de police*
612. Åsa Larsson	*Horreur boréale*
613. Saskia Noort	*Petits meurtres entre voisins*

614.	Pavel Kohout	*L'heure étoilée du meurtrier*
615.	Boileau-Narcejac	*La vie en miettes*
616.	Boileau-Narcejac	*Les veufs*
617.	Gabriel Trujillo Muñoz	*Loverboy*
618.	Åntoine Chainas	*Anaisthêsia*
619.	Thomas H. Cook	*Les liens du sang*
620.	Tom Piccirilli	*La rédemption du Marchand de sable*
621.	Francis Zamponi	*Le Boucher de Guelma*
622.	James Sallis	*Papillon de nuit*
623.	Kem Nunn	*Le Sabot du Diable*
624.	Graham Hurley	*Sur la mauvaise pente*
625.	Georges Simenon	*Bergelon*
626.	Georges Simenon	*Félicie est là*
627.	Ken Bruen	*La main droite du diable*
628.	William Muir	*Le Sixième Commandement*
629.	Kirk Mitchell	*Dans la vallée de l'ombre de la mort*
630.	Jean-François Vilar	*Djemila*
631.	Dashiell Hammett	*Moisson rouge*
632.	Will Christopher Baer	*Embrasse-moi, Judas*
633.	Gene Kerrigan	*À la petite semaine*
634.	Caryl Férey	*Saga maorie*
635.	James Sallis	*Le frelon noir*
636.	Gabriel Trujillo Muñoz	*Mexicali City Blues*
637.	Heinrich Steinfest	*Requins d'eau douce*
638.	Simon Lelic	*Rupture*
639.	Jenny Siler	*Flashback*
640.	Joachim Sebastiano Valdez	*Les larmes des innocentes*
641.	Kjell Ola Dahl	*L'homme dans la vitrine*
642.	Ingrid Astier	*Quai des enfers*
643.	Kent Harrington	*Jungle rouge*
644.	Dashiell Hammett	*Le faucon maltais*
645.	Dashiell Hammett	*L'Introuvable*
646.	DOA	*Le serpent aux mille coupures*
647.	Larry Beinhart	*L'évangile du billet vert*
648.	William Gay	*La mort au crépuscule*
649.	Gabriel Trujillo Muñoz	*Mezquite Road*
650.	Boileau-Narcejac	*L'âge bête*
651.	Anthony Bourdain	*La surprise du chef*

Composition: IGS-CP
Impression Novoprint
le 26 janvier 2014
Dépôt légal : janvier 2014

ISBN 978-2-07-045664-2/Imprimé en Espagne.

261018